Volker Peckhaus
Hermann Ulrici
(1806-1884)

SCHRIFTENREIHE
ZUR GEISTES- UND KULTURGESCHICHTE

TEXTE UND DOKUMENTE

herausgegeben
von
Günter Schenk und Manfred Schwarz

Volker Peckhaus

Hermann Ulrici (1806-1884)
Der Hallesche Philosoph und die englische Algebra der Logik

mit
einer Auswahl von Texten
Ulricis zur Logik und einer
Bibliographie seiner Schriften

Hallescher Verlag
1995

CIP-Titelaufnahme der Deutschen Bibliothek

Ulrici, Hermann:
Hermann Ulrici: (1806 - 1884); der Hallesche Philosoph und
die englische Algebra der Logik; mit einer Auswahl von Texten Ulricis zur Logik
und einer Bibliographie seiner Schriften / Volker Peckhaus.
- 1. Auflage. - Halle/Saale : Hallescher Verl., 1995
(Schriftenreihe zur Geistes- und Kulturgeschichte : Texte und Dokumente)
ISBN 3-929887-03-7
NE: Peckhaus, Volker [Hrsg.]; Ulrici, Hermann: [Sammlung]; HST

Alle Rechte auch die des auszugsweisen Nachdrucks, der fotografischen Wiedergabe und der Übersetzung, hat sich der Hersausgeber vorbehalten. Dies betrifft auch die Vervielfältigung und Übertragung einzelner Textabschnitte durch alle Verfahren wie Speicherung und Übertragung auf Papier, Film, Bänder, Platten und andere Medien, soweit es nicht §§ 53 und 54 URG ausdrücklich gestatten.

Herausgegeben im Halleschen Verlag
Manfred Schwarz
Reilstraße 33, 06114 Halle/Saale
© Hallescher Verlag 1995
Herstellung:
Werbe-/graphisches Dienstleistungszentrum
Manfred Schwarz, 06114 Halle/S.
Typographische
und Einbandgestaltung: Beate Schwarz
1. Auflage 500

ISBN 3-929 887-03-7

Inhaltsverzeichnis

Hermann Ulrici (1806 - 1884)
Der Hallesche Philosoph und die
englische Algebra der Logik   9

Vorwort   9
1   Einleitung   11
2   Die Rezeption der englischen Algebra der Logik
      in Deutschland   14
3   Skizze der Biographie Hermann Ulricis   17
4   Die Rezensionen   25
5   Algebra der Logik und "Logische Frage"   32
Zur Auswahl und Gestaltung der Texte   37

Auszug aus Ulricis
Compendium der Logik (1860)   38

Vorrede   38
Einleitung   39
Erster Theil. Die logischen Gesetze und Normen (Kategorien)
      als Gesetze und Normen der unterscheidenden Tätigkeit.
      I. Die logischen Gesetze   67

Erste Rezension Ulricis
zur Algebra der Logik (1855)   87

Zweite Rezension Ulricis
zur Algebra der Logik (1878)   105

Nachruf auf Hermann Ulrici   108

Bibliographie der Schriften Hermann Ulricis   114

Personenindex zum Schriftenverzeichnis
Hermann Ulricis   162

Literaturverzeichnis   167

Personenverzeichnis   177

Sachverzeichnis   179

Herrmann Ulrici (1806-1884)

Hermann Ulrici (1806–1884)
Der Hallesche Philosoph und die englische Algebra der Logik

Vorwort

Als Hermann Ulrici am 11. Januar 1884 starb, war er nach 50 Jahren Lehrtätigkeit an der Universität Halle so etwas wie eine philosophische Institution, deren Leistungen und Verdienste drei Jahre zuvor in einer glanzvollen Feier aus Anlaß seines Goldenen Doktorjubiläums breite Anerkennung gefunden hatten. Dies allein kann nicht Grund genug sein, ihn hier mit einem eigenen Band zu ehren. Auch seine systematischen Beiträge zu Philosophie, Kunst- und Literaturwissenschaften waren zu sehr ihrer Zeit verhaftet, als daß sie über die Zeiten Bestand gehabt hätten. Hermann Ulrici war Vertreter des „spekulativen Theismus", einer philosophischen Richtung, die sich, in Anlehnung an Schellings positive Philosophie und im Gegensatz zum Hegelschen System konzipiert, gegen den im 19. Jahrhundert zunehmend dominierenden Neukantianismus nicht durchsetzen konnte und mit ihren Hauptvertretern Immanuel Hermann Fichte, Christian Hermann Weiße und Hermann Ulrici unterging. Auch Ulricis Shakespeare-Deutung erntete, trotz der Erfolge seines Werkes über Shakespeares dramatische Kunst,[1] schon recht bald eher hämische Kommentare.

Bleibende Bedeutung für die Philosophie als Fach erwarb sich Ulrici als langjähriger Herausgeber der *Zeitschrift für Philosophie und philosophische Kritik*, die 1837 von Immanuel Hermann Fichte als *Zeitschrift für Philosophie und spekulative Theologie* gegründet und von 1847 an zunächst von Fichte und Ulrici gemeinsam unter dem neuen Titel herausgegeben wurde. Sie erschien bis 1918 in 165 Bänden. Mit seiner Herausgeberschaft übernahm Ulrici eine Pionierrolle bei der

---

[1] Das Werk erlebte drei deutsche Auflagen, die letzte mit zwei Ausgaben (*1839.1*, *1847.1*, *1869.1*, *1874.2*), wurde zweimal ins Englische übersetzt, wobei die zweite Übersetzung drei Ausgaben erfuhr (*1846.2*, *1876.2*, *1890.1*, *1896.1*). Angaben der hier verwendeten Form (Jahreszahl und Ordnungszahl) verweisen auf die diesem Band beigegebene Bibliographie der Schriften Ulricis. Hinweise auf Schriften Dritter erfolgen durch Nennung von Nachname und Erscheinungsjahr und beziehen sich auf das Literaturverzeichnis am Ende des Bandes.

Etablierung philosophischer Fachzeitschriften, nachdem bis dahin nicht-monographische philosophische Arbeiten in „Intelligenzblättern" und periodischen Sammlungen von Akademieabhandlungen veröffentlicht worden waren und die „philosophische Kritik", also die kritische Auseinandersetzung mit philosophischen Veröffentlichungen, zur Domäne allgemeiner Literaturzeitschriften gehört hatte. Ulrici stand damit in der vordersten Front einer sich als Fachwissenschaft konstituierenden Philosophie, die sich der institutionellen Konkurrenz aufstrebender anderer akademischer Fächer wie Mathematik und Naturwissenschaften stellen mußte, die ehedem noch unter ihrem Dach vereint gewesen waren.

Hauptgegenstand dieses Bandes wird aber nicht Ulricis institutionelle Wirksamkeit, sondern ein Aspekt seiner extensiven Tätigkeit als „philosophischer Kritiker" sein, die ihm einen ausgezeichneten Platz in der Geschichte der modernen Logik einbrachte. Ulrici stand als Rezipient und Kritiker an der Schnittstelle mehrerer Entwicklungslinien der Logik, die den Anfang der revolutionären Wandlungen markieren, an deren Ende die heutige, meist der Mathematik zugerechnete mathematische oder symbolische Logik steht.

Ulrici propagierte eine Rehabilitierung der formalen Logik aristotelischer Provenienz gegenüber der Hegelschen Gleichsetzung von Logik und Metaphysik. Damit stand er in der lebhaften Logikdiskussion seiner Zeit nicht allein. Interessant wird er aber durch seine intime Kenntnis der englischen philosophischen Literatur, seine vehemente Opposition gegenüber der dort dominierenden empiristisch orientierten induktiven Logik, eine Opposition, die ihn wohlwollend die englischsprachige Kritik dieser Strömungen aufnehmen ließ. Er wurde damit zum ersten deutschsprachigen Rezipienten der britischen Algebra der Logik, deren grundlegendes Werk *An Investigation of the Laws of Thought* von George Boole er schon 1855, also ein Jahr nach Erscheinen der Erstausgabe für seine Zeitschrift rezensierte (*1855.8*).

Der vorliegende Band stellt die Auseinandersetzungen Ulricis mit der englischen Algebra der Logik ins Zentrum, will aber über den speziellen Fall hinausgehen, indem er sie in den breiteren Kontext der deutschen Logikdiskussion jener Zeit stellt. Er will damit einen Beitrag zum Entstehungskontext der modernen symbolisch-logischen Systeme leisten. Dies soll vor allem durch den einleitenden Essay geschehen, in dem die Biographie

Ulricis skizziert, seine Rezensionen über die englische Algebra der Logik besprochen und das Verhältnis von mathematisch orientierter Algebra der Logik und philosophisch motivierter Diskussion um die sogenannte „logische Frage" beleuchtet werden wird.

Dem Band sind vier kritisch edierte Dokumente beigegeben. Der Auszug aus Ulricis *Compendium der Logik (1860.1)* soll Ulricis systematische Position veranschaulichen, die von dem Versuch einer psychologistischen Fundierung der Logik geprägt war. Die beiden Rezensionen Ulricis zur Algebra der Logik sind vollständig wiedergegeben. Der erstmals in der *Chronik der Königlichen vereinigten Friedrichs-Universität Halle-Wittenberg* für das Jahr 1884 veröffentlichte Nachruf beruht auf Informationen aus Ulricis Familienkreis.

Die hier veröffentlichte, Vollständigkeit zumindest anstrebende Bibliographie der Schriften Ulricis erfaßt auch seine umfassende kritische Tätigkeit. Die von Ulrici rezensierten Titel erlauben einen Überblick über das logisch-erkenntnistheoretische Schaffen in der zweiten Hälfte des 19. Jahrhunderts.

Der Band geht auf Dokumentationsarbeiten im Rahmen des von Christian Thiel (Erlangen) geleiteten und von der Deutschen Forschungsgemeinschaft geförderten Projektes „Fallstudien zur Begründung einer Sozialgeschichte der formalen Logik" zurück. Ich danke Christian Thiel für zahlreiche Gespräche zum Thema und für seine weiterführenden Hinweise. Er hat zudem, ebenso wie Adelheid Hamacher-Hermes (Bovenden), wertvolle Hilfe bei den Korrekturarbeiten geleistet. Günter Schenk (Halle a. S.) danke ich für die Ermutigung, die Ergebnisse in Buchform vorzulegen.

1 Einleitung

In ihrer *logisch-semantischen Propädeutik* teilen Ernst Tugendhat und Ursula Wolf die Geschichte der Logik „grob" in drei Perioden ein (Tugendhat/Wolf *1983*, 7*f.*): die ältere Logik von Aristoteles bis zum ausgehenden Mittelalter, die neuzeitliche Logik, die von der sogenannten *Logik von Port-Royal* (Arnauld/Nicole *1662*) ihren Ausgang genommen habe, und schließlich die moderne Logik, die durch Gottlob Freges *Begriffsschrift (1879)* eingeleitet worden sei. Typisch für die moderne Logik sei „die kalkülmäßige Durchführung der Logik" und, wichtiger noch, die scharfe Trennung von spezifisch logischen und psychologischen Fragestellungen. Die „logische Forschung im engeren Sinne" sei „erneut aufgenommen und zu ungeahnten Weiterungen geführt" worden (8). Im Gegensatz dazu sei die neuzeitliche Logik „gekennzeichnet durch ein Vorherrschen erkenntnistheoretischer und psychologischer Fragestellungen, durch die die logische Forschung im engeren Sinne und auch die Klärung der logischen Grundbegriffe zurückgedrängt wurde" (7). Die zweite Periode sei die „logisch unergiebigste" gewesen (7). Tugendhat und Wolf belegen dieses Urteil mit einem Hinweis auf das logikhistorische Standardwerk von William und Martha Kneale (*1962*), in dem der Logik der ersten Periode vier, der Logik der dritten Periode sieben, der Logik der zweiten Periode aber nur ein Kapitel gewidmet sei (Tugendhat/Wolf *1983*, 16, Anm. 3). Kneale und Kneale beschreiben ihre Zielsetzung allerdings wie folgt: "our primary purpose has been to record the first appearances of these ideas which seem to us the most important in the logic of our own day" (*1962*, v). Das Urteil von Tugendhat und Wolf kann daher nur besagen, daß in der zweiten Periode der Logik nur wenige Ergebnisse inhaltlicher und methodischer Art erzielt wurden, die in der heutigen Gestalt der Logik weiterhin Bestand haben. Selbst wenn dem unter rein quantitativen Gesichtspunkten zuzustimmen sein sollte, so wird dieses Urteil schon allein durch die Tatsache in Frage gestellt, daß auch die großartigen Antizipationen moderner symbolisch-logischer Systeme eines Leibniz, die von den Vertretern der „modernen" Logik von Gottlob Frege bis Heinrich Scholz immer wieder zur Legitimation herangezogen wurden, in diese zweite Periode fallen.[2]

---

[2]Heinrich Scholz z. B. läßt in seiner *Geschichte der Logik* (*1931*) die „moderne Logik" mit Leibniz beginnen. Auch Wolfgang Lenzen wird nicht müde zu betonen, daß es eine Errungenschaft der heutigen Logik gibt, deren Wurzeln bei geeigneter Herausarbeitung der „von Leibniz *intendierten* Interpretation" (Lenzen *1990*, VII) nicht schon bei diesem gefunden werden könnten. Vgl. für einen Vergleich der Booleschen Algebra mit dem Leibnizschen Logiksystem Lenzen *1984* sowie Lenzens Rekonstruktion *Das System der Leibnizschen Logik* (*1990*). Desmond MacHale, der Biograph des britischen Algebraikers der Logik George Boole, propagierte die Auffassung, daß Boole der "Father of Symbolic Logic" sei (MacHale *1985*, 72), handelte sich damit aber einen Verweis Willard Van Orman Quines ein, für den die moderne Logik erst mit den Quantifikationstheorien von Frege und Charles Sanders Peirce beginnt (Quine *1985*, 767). Im Grunde ist der Streit müßig, da er ja je nach dem zugrundegelegten Logikbegriff oder der verfolgten historischen Methode

Das Urteil ist aber auch aus methodischen Gründen problematisch, denn der heutige auf eine symbolisch notierte formale Logik restringierte Logikbegriff ist Produkt der Diskussionen der zweiten Periode; das Urteil läßt also den Entstehungskontext der modernen Logik außer acht, indem es von der Verwurzelung dieser neuen Systeme in der zeitgenössischen Diskussion abstrahiert. Die Logik des 19. Jahrhunderts war von der Differenzierung der philosophischen Wissenschaften und der Philosophie selbst, der Herausbildung von Psychologie, Erkenntnistheorie und Wissenschaftstheorie, direkt betroffen. Durch diese Prozesse wurden klassische Gebiete aus dem angestammten Gegenstandsbereich der Logik herausgelöst. Gerade die Philosophie des 19. Jahrhunderts war um eine „Klärung der logischen Grundbegriffe" bemüht, an deren Ende freilich auch die Begrenzung der von der Logik überhaupt zu behandelnden Fragen stand. Die Entwicklung symbolisch-logischer Systeme in Deutschland durch Mathematiker wie Robert Grassmann, Ernst Schröder und Gottlob Frege war eng verbunden mit dieser kontroversen philosophischen Diskussion logischer Fragen. Zumindest in der Frege-Forschung ist dies inzwischen begriffen worden. Spätestens seit Hans Slugas Buch über Frege (*1980*) wird versucht, das Phänomen des Fregeschen Neuanfangs aus seinem Entstehungskontext heraus zu verstehen. Mit Hinblick auf die historische Kurzsichtigkeit der modernen analytischen Philosophie betont Sluga "Frege's mediating role between late-nineteenth-century philosophy and the linguistic philosophy of the present century" (*1980*, 5). Was hier für die analytische Philosophie formuliert ist, gilt in gleichem Maße für die mit ihr eng verbundene Logik. In einer ganzen Reihe von Studien ist in den letzten Jahren die Analyse von Kontinuitäten und Diskontinuitäten in der Tradition von Logik und analytischer Philosophie durch Rückgriff auf philosophische Systeme und Lehrmeinungen des 19. Jahrhunderts versucht worden.[3] Beispielhaft sei auf Eva Picardis Studie über Freges Stellung zur in seiner Zeit vorherrschenden psychologistischen Logikauffassung (*1987*), Leila Haaparantas Arbeit über die Diskussion alethischer Modalitäten im ausgehenden 19. Jahrhundert (*1988*) oder Uwe Dathes Leipziger Dissertation mit einer „mikroklimatischen" Untersuchung über *Frege in Jena* (*1992*) verwiesen.

(Problem-, Ideen-, Sozialgeschichte) unterschiedlich entschieden werden müßte.

[3] Vgl. für weitere Literaturhinweise Thiel *1993*.

Breiter angelegt sind Jarmo Pulkkinens Studie *The Threat of Logical Mathematism* (*1994*) über die Beziehungen zwischen Logik, Psychologie, Linguistik und Mathematik in Deutschland zwischen 1830 und 1920, Adelheid Hamacher-Hermes' Untersuchung *Inhalts- oder Umfangslogik?* (*1994*), in der die im Untertitel „Die Kontroverse zwischen E. Husserl und A. H. Voigt" angedeutete Prioritätsdebatte in der Logik des 19. Jahrhunderts im Zentrum steht, und Hartwig Franks Arbeiten (*1991*) zur Logikreformdiskussion nach Hegels Tod, die er bis zur Fregeschen *Begriffsschrift* (*1879*) verfolgt. Frank widmet sich damit einem Thema, das die Diskussion des 19. Jahrhunderts als „logische Frage" beherrschte und schon zeitgenössisch zusammenfassende Darstellungen anregte, wie z. B. Georg Leonard Rabus' *Die neuesten Bestrebungen auf dem Gebiete der Logik bei den Deutschen und Die logische Frage* (*1880*), in der Folgezeit aber nur noch einmal wiederaufgenommen wurde: in der großangelegten, aber nur in einem ersten Band fertiggestellten *Deutschen Logikarbeit* von Gerhard Stammler (*1936*).

2 Die Rezeption der englischen Algebra der Logik in Deutschland

Freges logische Arbeiten entstanden nicht lediglich als Antwort auf die philosophische Logikdiskussion seiner Zeit, sie konkurrierten auch mit anderen, ebenfalls mit symbolischen Mitteln operierenden und ebenfalls mit Reformansprüchen auftretenden logischen Systemen, insbesondere mit der von England kommenden *Algebra der Logik*. Entstehungsbedingungen und Rezeptionsverläufe dieser formal-logischen Systeme sind bisher nur wenig beachtet worden.[4] Nach den Leibnizschen, in der Mitte des 19. Jahrhunderts vergessenen Antizipationen fand die moderne symbolische Logik ihren ersten Ausdruck in der *Mathematical Analysis of Logic* (*1847*) des englischen Mathematikers George Boole (1815–1864), der *1854* mit *An Investigation of the Laws of Thought* sein logisches Hauptwerk vorlegte. Diese Arbeiten, mit denen die „Algebra der Logik" begründet wurde, fanden zunächst selbst in England nur eine geringe Resonanz. Dies änderte sich erst nach Booles Tod, wobei die katalytische Wirkung der logischen Arbeiten

---

[4] Für eine erste Skizze mit weiterem Material vgl. Peckhaus *1988*, bes. 177–203. Vgl. auch die weiterführende Studie von Pulkkinen *1994*.

von William Stanley Jevons (1835–1882) hervorzuheben ist. Jevons war *1864* mit einem kleinen Logikbüchlein *Pure Logic, or Logic of Quality Apart from Quantity* hervorgetreten, in dem die Genialität der Booleschen Algebra der Logik zwar betont, die Anlehung ihrer Symbolik an die der Mathematik aber zurückgewiesen wurde. Sehr einflußreich waren insbesondere die 1874 erstmals veröffentlichten *Principles of Science*, eine auf der Jevonsschen Modifikation der Booleschen Logik gegründete Wissenschaftslehre.[5]

Erst über die Jevonssche Bearbeitung der Booleschen Algebra der Logik wurde deren breitere Rezeption auch außerhalb Großbritanniens in Gang gesetzt. Dies hebt auch richtig Günter Buhl hervor, der schon 1966 in den *Kant-Studien* die bis heute grundlegende Studie über die Aufnahme der englischen algebraischen Logik in Deutschland vorgelegt hat (Buhl *1966*). Darin stellt er u. a. fest, daß die Erörterung der neuen symbolischen Logik in Deutschland erst mit Alois Riehls *1877* veröffentlichtem Artikel über „Die englische Logik der Gegenwart" begonnen habe. Riehl berichte dort vor allem über die *Principles of Science* von William Stanley Jevons. Bald danach habe Ernst Schröder in seiner kleinen Schrift *Der Operationskreis des Logikkalkuls* (Schröder *1877a*) das Boolesche System in klarer und knapper Form dargestellt und so wesentlich zur Verbreitung der Kenntnis der Algebra der Logik beigetragen. Durch diese Arbeiten ausgelöst sei in den folgenden Jahren in Deutschland das Interesse an der symbolischen Logik gewachsen. Louis Liards instruktive Darstellung *Les logiciens anglais contemporains* (*1878*) sei 1880 in deutscher Übersetzung erschienen, und schon 1883 sei eine zweite Auflage notwendig geworden.[6] Die erste kritische Beurteilung, so schreibt Günter Buhl (*1966*, 361), habe 1878 Hermann Ulrici in seiner *Zeitschrift für Philosophie und philosophische Kritik* vorgelegt.[7] In dieser Kritik zeichne sich bereits deutlich eine bestimmte Argumentationsrichtung der späteren Diskussion ab: die algebraische Logik werde zwar nicht verworfen, es werde ihr aber auch kein besonderer theoretischer Wert zugestanden.

Zu Günter Buhls Ausführungen über den Beginn der Rezeption muß dreierlei zu bedenken gegeben werden:

---

[5] Jevons *1874*, [2]1877, [3]1879.

[6] Liard, *1878*, weitere Auflagen 1883, 1890, 1901, 1907; deutsche Übersetzung: Liard *1880*, 2. Aufl., Leipzig 1883.

[7] Buhl bezieht sich auf Ulricis Rezension *1878.8*.

(1) Die erste *kritische* Auseinandersetzung mit der Algebra der Logik stammt tatsächlich von Hermann Ulrici, dieser hat aber schon 1855, also 23 Jahre vor Erscheinen der von Buhl besprochenen Kritik, in eben der *Zeitschrift für Philosophie und philosophische Kritik* eine ausführliche, 18 Seiten lange und durchaus kritische Rezension der Booleschen im Jahr zuvor erschienenen *Laws of Thought* veröffentlicht (Ulrici *1855.8*).

(2) Buhls Auffassung, daß Ulricis Haltung charakteristisch auch für die späteren Rezipienten sei, ist zuzustimmen. Buhl geht jedoch nicht auf die Gründe für diese Haltung ein. Diese Gründe scheinen aber wesentlich für eine Beantwortung der Frage, warum die Algebra der Logik in Deutschland erst mit dieser Verspätung zur Kenntnis genommen worden ist. Werden die Ulrici-Kritiken im Kontext der logischen Diskussion in Deutschland nach 1850 betrachtet, so ergeben sich Aufschlüsse über das problemgeschichtliche Umfeld, auf das Booles System in Deutschland gestoßen ist.

(3) Buhl unterscheidet nicht zwischen der philosophischen und der mathematischen Rezeption der Algebra der Logik. Die Interessen waren aber auf beiden Rezeptionsschienen unterschiedlich, und bereits in der ersten mathematischen Rezeptionsphase wurde die spätere Entwicklung angelegt: die Entwicklung der Logik zum Werkzeug für die mathematische Arbeit, zur Grundlegungsdisziplin für die Mathematik und schließlich die Herauslösung der mathematischen Logik aus dem Kompetenzbereich der Philosophie und ihre Eingliederung unter die mathematischen Subdisziplinen.[8]

In der philosophischen Debatte um die sogenannte „logische Frage", in der Ulrici eine der Hauptfiguren war, ging es um die Überwindung der Hegelschen Gleichsetzung von Logik und Metaphysik und um eine Neubestimmung des Verhältnisses zwischen der formalen Logik und den anderen philosophischen Teildisziplinen, insbesondere Metaphysik und Erkenntnistheorie. In der subtilen Debatte kann ein je nach Autor sehr unterschiedliches Verständnis dessen, was formale Logik überhaupt sei, festgestellt werden. Das, wie es schien, rein formalistische, die Grundlagen wenig reflektierende Verfahren der englischen Logik mußte angesichts dieser Diskussion als Rückschritt erscheinen.

---

[8] Zur Instrumentalisierung der Logik im frühen Hilbertschen Programm zur Axiomatisierung der Mathematik vgl. Peckhaus *1990*, 39–122; zum Beginn der Institutionalisierung der mathematischen Logik als Subdisziplin der Mathematik vgl. Peckhaus *1992*.

Im folgenden soll zunächst die Biographie von Hermann Ulrici skizziert werden, in einem zweiten Schritt wird auf die beiden genannten Rezensionen eingegangen und schließlich sollen in noch vorläufiger Form Gründe für die späte Aufnahme der Algebra der Logik in Deutschland angegeben und die unterschiedlichen Rezeptionsschienen verglichen werden.

3 Skizze der Biographie Hermann Ulricis

Hermann Ulrici wurde am 23. März 1806 in Pförten in der Niederlausitz geboren.[9] Sein Vater Christian Ferdinand Ulrici war dort Postverwalter. Zunächst 1811 zum Oberpostverwalter in Leipzig befördert, wurde er schließlich 1816 zum Geheimen Postrat in Berlin ernannt, dort zuständig für die Postverwaltung der von Preußen erworbenen früher sächsischen Landesteile. Hermann Ulrici wechselte nach dem unteren Schulbesuch auf der städtischen Bürgerschule in Leipzig auf das berühmte Friedrich-Wersche Gymnasium in Berlin, das er 1824 mit dem Zeugnis der Reife verließ. In seinem Zeugnis wurde besonders hervorgehoben, daß er „die Fähigkeit besitze, Begriffe zu zerlegen, an einander zu knüpfen und zweckmässige Gedankenreihen zu entwerfen."[10] Er studierte dem väterlichen Wunsch entsprechend in Berlin und Halle Jura, begann 1827 auch als Auskultator (Anwärter auf das Richteramt) die juristische Laufbahn und wurde schließlich Referendar in Frankfurt an der Oder. Nach dem Tod des Vaters gab er jedoch diese Laufbahn auf und widmete sich nun philosophisch-historischen Studien, u. a. bei Hegel in Berlin,[11] mit dem Ziel der akademischen Lehrtätigkeit. Ulrici promovierte am 16. Juli 1831 in Halle zum Doktor der Philosophie.[12] Sein Erstlingswerk, die *Cha-*

---

[9] Zur Biographie vgl. neben dem kritischen Artikel Ludwig Fränkels in der *Allgemeinen Deutschen Biographie* (Fränkel *1895*) vor allem den diesem Band beigegebenen Nachruf aus der *Chronik der Königlichen vereinigten Friedrichs-Universität Halle-Wittenberg für das Jahr 1884* sowie die Nachrufe von Julius Ludwig August Koch (*1885*) und Moritz Carriere (*1884*, wieder als Carriere *1890*) und die Schrift E. Grüneisens zum Zehnjahresgedenken (*1894*). Vgl. auch den Artikel in der *Enciclopedia Filosofica* (Rossi *1982*). Benutzt wurden zudem Personal- und Fakultätsunterlagen aus dem Universitätsarchiv Halle.

[10] Zit. nach dem Nachruf in der *Chronik*, 5.

[11] In seinem Gesuch auf Zulassung zur Promotion vom 1. Juni 1831 gibt er an, bei Hegel im WS 1830/31 „Philosophie der Geschichte" gehört zu haben (Universitätsarchiv Halle, Phil. Fak. II, Nr. 35, Bl. 51).

[12] Ulrici hatte am 1. Juni 1831 die Zulassung zur philosophischen Dok-

rakteristik der antiken Historiographie (1833.1), fand Wilhelm v. Humboldts Beifall und führte dazu, daß er an der Berliner Universität zur Habilitation zugelassen wurde. Schon bald nach der Habilitation erhielt Ulrici 1834 einen Ruf als außerordentlicher Professor für allgemeine Literaturgeschichte und Ästhetik an die Universität Halle. Nach seiner Heirat im Herbst 1834 mit Clara Villaume, der Tochter des im Jahr zuvor verstorbenen Geheimen Ober-Finanzrates Carl Samuel Villaume in Berlin, siedelte er nach Halle über.

Daß Ulrici erst 27 Jahre später zum ordentlichen Professor für Philosophie und Kunstgeschichte in Halle ernannt wurde, mag daran gelegen haben, daß er sich als Anti-Hegelianer profiliert hatte. So zumindest sieht es sein Biograph Ludwig Fränkel (*1895*, 261). Ulrici hätte dieses Etikett sicher nur mit Einschränkungen gelten lassen, da er sich als Vermittler zwischen verschiedenen post-hegelschen Richtungen verstand. Andererseits bestritt er mit Nachdruck seine verschiedentlich behauptete Zugehörigkeit zur „Hegelschen Schule".[13] Immerhin hatte er schon in seinen 1841 veröffentlichten Vorlesungen *Ueber Princip und Methode der hegelschen Philosophie (1841.1)* diese kritisiert und seinen Gegensatz in den beiden „ultra-idealistischen" (Fränkel *1895*, 263) Bänden seines *Grundprincips der Philosophie (1845.1, 1846.1)* weiter ausgebaut.[14] Mit

---

torprüfung und die Erteilung der *facultas legendi* (Zulassung zur Habilitation) für Geschichte und Philosophie beantragt (Universitätsarchiv Halle, Phil. Fak. II, Nr. 35, Bl. 51), am 4. Juli 1831 (Nr. 35, Bl. 52) den von der Fakultät eher befremdet aufgenommenen Antrag auf Erteilung der Lehrbefähigung aber zurückgezogen (vgl. Fakultätsgutachten Nr. 35, Bl. 53, und Examens-Protokoll Nr. 35, Bll. 56–57).

[13] Vgl. z. B. seinen „Protest gegen die Behandlung der Philosophie der Gegenwart seitens der Geschichtsschreiber der Philosophie" (*1876.12*), der sich gegen die Behauptung Eduard Zellers richtet, die Vertreter der „positiven Philosophie" (Immanuel Hermann Fichte, Christian Hermann Weiße, aber auch Hermann Ulrici, H. M. Chalybäus, Moritz Carriere und Johann Ulrich Wirth), hätten sich aus der Hegelschen Schule „abgezweigt" (Zeller *1873*, 902*f*. Ulrici zitiert Zeller *1876*, 903). Vgl. auch Ueberweg *1868*, 313*f*., der zwar Fichte, Weiße und Ulrici ebenfalls zur Hegelschen Schule rechnet, aber, wie Ulrici positiv vermerkt (Ulrici *1876.12*, 311; Ulrici bezieht sich auf die erste Auflage von 1866, 387), wenigstens Hegels Schüler im engeren Sinne von den Philosophen (zu denen auch Ulrici gehört) unterscheidet, die vom Hegelschen Standpunkt ausgehen.

[14] Gerhard Stammler spricht Ulrici eine Vorreiterrolle bei der Lösung der Philosophie von der Dominanz des Hegelschen Systems zu, wenn er schreibt, daß Ulrici „geradezu als ein Führer auf diesem Gebiet einer Neuorientierung der Philosophie abseits von dem durch Hegel beschrit-

ausschlaggebend für die späte Beförderung dürften daher auch äußere Gründe gewesen sein. So schreibt Wilhelm Schrader in seiner *Geschichte der Friedrichs-Universität zu Halle* (Schrader *1894*, 269f.), daß im allgemeinen das langsame Aufrücken seinen Grund darin gehabt habe, daß ein Bedürfnis zur Vermehrung der Ordinariate nicht vorgelegen habe.[15] Für Ulrici sei aber noch der besondere Umstand hinzugekommen,

> daß er seine Hauptwirksamkeit nicht, wie der Minister erwartet hatte, auf das Gebiet der allgemeinen Litteraturgeschichte und Aesthetik, sondern der systematischen Philosophie verlegte.[16]

Unter den Produkten von Ulricis philosophischer Wirksamkeit sind natürlich seine beiden Logikbücher, *System der Logik* (*1852.1*) und *Compendium der Logik* (*1860.1*) mit ihren weiteren Auflagen, für den hier behandelten Zusammenhang von

---

tenen Wege" gelten kann (Stammler *1944*, 238).

[15] Dies wird durch die Akten der Fakultät bestätigt. Danach wurde ein 1859 von der Fakultät gestellter Antrag, die außerordentlichen Professoren Hermann Ulrici und Julius Schaller zu ordentlichen Professoren zu befördern, vom Ministerium abgelehnt, weil sich dadurch die Anzahl der ordentlichen Philosophie-Professoren auf fünf erhöht hätte. Nach dem Tode des Philosophieordinarius Hermann Friedrich Wilhelm Hinrichs am 17. September 1861 (vgl. v. Prantl *1880*) war zumindest ein Teil der Bedenken des Ministeriums hinfällig, und die Beförderung wurde zum 28. November 1861 schließlich möglich (Universitätsarchiv Halle, Phil. Fak. II, Nr. 95).

[16] Die Akten zeigen deutlich, daß das Ministerium mit den Leistungen Ulricis in der Lehre in den ersten Jahren seiner Tätigkeit nicht zufrieden war. In einem Erlaß des Ministers an den Universitätskurator Delbrück vom 8. März 1837 wird ein Antrag Ulricis auf Erhöhung seiner Bezüge abschlägig beschieden, weil es ihm „bis jetzt noch nicht gelungen ist, unter den dortigen Studirenden eine lebendige Theilnahme für seine Vorträge hervorzurufen, und es nach dem bisherigen sehr untergeordneten Erfolge seiner Wirksamkeit noch zweifelhaft zu seyn scheint, ob er das erforderliche Talent zu einem Universitäts-Lehrer besitzt". Wegen der geringen Mittel der Universität sei es notwendig, „nur solche Docenten zu berücksichtigen und bei der dortigen Universität zu fixiren, die neben ausgezeichneten wissenschaftlichen Leistungen auch entschiedene Lehrgaben besitzen und durch die Gegenstände ihrer Vorlesungen einem wirklichen Bedürfnisse in der betreffenden Facultät abhelfen". Das Ministerium denkt, daß Ulrici den Bedürfnissen der Universität noch am ehesten genügen würde und sich einen angemessenen Wirkungskreis aufbauen könnte, wenn er den Kreis der Vorlesungen in Klassischer Philologie vervollständigen würde (Universitätsarchiv Halle, Rep. 6, Nr. 326). Auf die Differenz der Aktenlage zu den Ausführungen von Schrader sei hingewiesen.

besonderem Interesse. Als systematischer Philosoph wurde er aber vor allem durch seine breitangelegten Werke *Gott und die Natur (1862.1)* und *Gott und der Mensch* (I, *1866.1*; II, *1873.1*) bekannt, in denen er seine Anthropologie, Natur- und Religionsphilosophie entwickelt.[17] Für die Philosophie ist Ulrici als langjähriger Mitherausgeber der *Zeitschrift für Philosophie und philosophische Kritik* von Bedeutung. Diese Zeitschrift war 1837 als *Zeitschrift für Philosophie und speculative Theologie* von Immanuel Hermann Fichte begründet worden. 1847 übernahm Ulrici die Redaktion der Zeitschrift. Sie wurde nun als „Neue Folge" von Ulrici und Fichte unter dem geänderten Titel herausgegeben. Für die Jahre 1847 und 1848 erhielt Ulrici von der preußischen Regierung eine Unterstützung von jeweils 200 Talern, die unter der Maßgabe bewilligt worden war,

> daß die Zeitschrift durch energische Erfassung der philosophischen Literatur von ihrem Standpuncte aus eine größere Bedeutung gewinnt als sie bisher den Bewegungen der Zeit gegenüber gehabt hat.

Der Minister machte Ulrici

> noch besonders darauf aufmerksam [...], daß dieses nur durch Wahl tüchtiger und geistvoller Mitarbeiter gelingen könne und daß Zeitschriften, die dem Publikum breite und weitläufige Aufsätze bieten[,] am wenigsten in gegenwärtiger Zeit auf Anklang rechnen dürfen.[18]

Das ministerielle Wohlwollen verhinderte nicht, daß die Zeitschrift in der Reaktionszeit 1849 ihr Erscheinen einstellen mußte. Bei der Neugründung 1852[19] wurde sie von Fichte und Ulrici unter Mitwirkung des württembergischen Pfarrers Johann Ulrich Wirth herausgegeben, zwischen 1879 und 1883 von Ulrici allein. Ulrici nutzte seine Zeitschrift durchaus im Einklang mit der ministeriellen Empfehlung als Forum für die regelmäßige Veröffentlichung seiner ausführlichen Rezensionen,

---

[17] Zur Ulricischen Religionsphilosophie vgl. Schweitzer *1905*, Bammel *1927*. Zu Ulricis Fassung „eines modificirten Kantischen Dynamismus" vgl. v. Hartmann *1870/71*, 190–201, Zit. 190.

[18] Reskript des Preußischen Ministers für geistliche, Unterrichts- und Medicinal-Angelegenheiten Nr. 2896 v. 20. Dezember 1846, Universitätsarchiv Halle, „Acta betreffend der Übernahme einer Journal-Redaktion seitens des Professors Ulrici", Rep. 6, Nr. 455.

[19] Zur Neugründung der *Zeitschrift für Philosophie und philosophische Kritik* vgl. Köhnke *1986*, 121–124.

u. a. über die Neuerscheinungen in der Logik, aber auch mit einem gewissen Schwerpunkt in der englischsprachigen philosophischen Literatur.[20]

Das philosophisch-systematische Übergewicht in Ulricis Werk darf nicht darüber hinwegtäuschen, daß er auch in den ihm amtlicherseits zugedachten philologischen Fächern Bedeutendes geleistet hat. Insbesondere hat er sich als Shakespeare-Forscher einen Namen gemacht.[21] Er war Mitbegründer der 1864 ins Leben gerufenen Deutschen Shakespeare-Gesellschaft, ihr langjähriger Vorsitzender und zudem Herausgeber der von dieser Gesellschaft veranstalteten kritischen Neuausgabe der Schlegel-Tieckschen Shakespeare-Verdeutschung (Ulrici *1867.5*, *1871.17*).

1861 zum ordentlichen Professor befördert, bekleidete Ulrici 1867/68 das Rektorat der Universität Halle. Am 16. Juli 1881 erhielt er anläßlich seines 50jährigen Doktorjubiläums die Ehrendoktorwürde der Theologischen Fakultät der Universität Halle.[22] Er starb am 11. Januar 1884 in Halle, nachdem ihn Ende 1883 ein Schlaganfall getroffen hatte.

Ulrici wird philosophiegeschichtlich wie Immanuel Hermann Fichte, Moritz Carriere, Rudolf Hermann Lotze und andere dem Theismus zugeordnet. Gott wird als die notwendige Voraussetzung für die Ordnung der Natur, der sittlichen Welt und für die wissenschaftliche Erkenntnis darüber verstanden.[23] Auch die Naturwissenschaften müssen ein höheres, ideales Prinzip voraussetzen und stoßen mit ihrem Erklärungsvermögen an Grenzen, wenn sie z. B. Tatsachen wie Empfindungen, Frei-

---

[20] Stammler schreibt dazu (*1936*, 300): „Außerdem aber gehört *Ulrici* zu jenen nun immer häufiger werdenden Gestalten in der Deutschen Philosophie, die das Mittel des Zeitschriftenaufsatzes und der Rezension gründlichst ausnutzen, um ihre Gedanken in gedrängter Form oder bröckelnweise dem ‚gelehrten Publikum' vorzusetzen, wobei wegen der ‚Kürze des Raumes' häufig Verweisungen nötig werden, Beweise unterdrückt werden müssen usw. [...] Ihm stand ja als Herausgeber der *Zeitschrift für Philosophie und philosophische Kritik* der Zeitschriftenraum ziemlich unbegrenzt zur Verfügung, und er hat von dieser Gunst reichlich Gebrauch gemacht."

[21] In Hinblick auf seine Shakespeare-Deutung wird Ulrici allerdings von Ludwig Fränkel als „formalistischer Kathederästhetiker" bezeichnet (Fränkel *1894*, 392). Vgl. auch Roquette *1894*, 262.

[22] Vgl. den Bericht in der *Chronik der Königlichen vereinigten Friedrichs-Universität Halle-Wittenberg für das Jahr 1881*.

[23] So die Charakterisierung von Moritz Carriere in seinem Nachruf auf Ulrici *1884*, bes. 570; wieder abgedruckt in Carriere *1890*, bes. 343.

heit oder Gewissen behandeln wollen. Sie stehen daher, richtig verstanden, in bestätigendem Einklang zu diesem Gottesbegriff. Ulricis Philosophie wendet sich gegen den Materialismus und dessen Derivate Monismus und Empirismus. Sie lehnt aber auch „Sätze irgendeiner Kirchenlehre als fertige Wahrheit oder als Ziel der Forschung" ab (Carriere *1890*, 343). *Logik* ist für Ulrici „die *erste*, einleitende und resp. Grundlegende [sic!] Disciplin des philosophischen Systems wie aller Wissenschaft: keine andre kann ihr vorangestellt werden" (*1860.1*, 1). In der Sammelrezension „Die sogenannte induktive Logik", von der noch die Rede sein wird, weist Ulrici sich selbst einen Platz in der deutschen zeitgenössischen Diskussion zu:

> In Deutschland gehen diese neuen Regungen [sich nach Hegel wieder der Logik zuzuwenden] von dem Gegensatze der alten formalen Logik gegen die speculative Hegel's aus, indem sie entweder nur die letztere bekämpfen und die formale Logik zu vertheidigen suchen, oder nach einer Vermittelung der Gegensätze und damit nach einer Weiterbildung der formalen Logik streben, wie dieß Lotze's Logik, Trendelenburg's logische Untersuchungen, die zweite Ausgabe von Drobisch's Logik, und mein eignes kürzlich erschienenes System der Logik beweisen.[24]

In diesem *System der Logik* (*1852.1*) wie auch in dem später publizierten, gerafteren *Compendium der Logik* (*1860.1*) faßt Ulrici seine Theorie vom Denken als unterscheidender Tätigkeit zusammen. In der unterscheidenden Tätigkeit sieht Ulrici den grundlegenden Ausgangspunkt der Logik und damit auch jeder anderen Wissenschaft. Die Quelle der Logik ist die in der Gewißheit und Evidenz des Denkens liegende „Denknotwendigkeit", ihre Aufgabe und ihr Gegenstand die Art und Weise (Gesetze, Normen und Formen), „in welcher die *unterscheidende* Thätigkeit als eine besondre Kraft der Seele *ihrer Natur gemäß* sich vollzieht" (*1860.1*, 28). Die Logik ist formal, weil sie von den Inhalten der Denktätigkeit insofern absieht, „als sie [die logischen Gesetze, Formen und Normen] eben auf *jeden beliebigen* Inhalt anwendbar sind und angewendet werden müssen, also jeden beliebigen Inhalt haben können *und* doch als Denkformen dieselbigen bleiben."[25] Die Logik kann nicht

---

[24] Ulrici *1852.3*, 160. Ulrici verweist auf Lotze *1843*, Drobisch *1851* und Trendelenburg *1842*.

[25] Ulrici in seiner Positionsbestimmung „Zur logischen Frage" (*1870.1*,

mit Metaphysik und Erkenntnistheorie zusammenfallen, denn jeder Beweis für die Identität von Logik mit Erkenntnistheorie oder Metaphysik muß scheitern, da alle Beweisverfahren auf Logik sich gründen. Also muß notwendigerweise „eine den Begriff des Beweises und das Beweisverfahren feststellende Logik" der metaphysischen oder erkenntnistheoretischen Logik vorausgeschickt werden (Ulrici *1870.1*, 6–9, Zit. 7). Die logischen Grundgesetze werden nicht vorausgesetzt, sondern aus der Natur der unterscheidenden Denktätigkeit deduziert. Für die Identität veranschaulicht Ulrici dies in folgendem Schema:

Indem ich A als nicht B, aber auch zugleich B als nicht A fasse, setze ich:

$$\begin{aligned}
A &= \text{nicht } B \\
B &= \text{nicht } A \\
\text{und also} \quad A &= \text{nicht-nicht } A \quad \text{d. h. } A = A \\
\text{und} \quad B &= \text{nicht-nicht } B \quad \text{d. h. } B = B.
\end{aligned}$$[26]

Ulrici faßt allerdings den Satz der Identität und den Satz des (auszuschließenden) Widerspruchs in ein logisches Grundgesetz zusammen: der „Satz der Identität und des Widerspruchs" ist ihm „Ein und dasselbe Gesetz, d. h. er drückt nur Einen und denselben von unserem Denken bei jedem Gedanken nothwendig zu vollziehenden Act aus" (Ulrici *1860.1*, 38). Das zweite von Ulrici genannte Grundgesetz ist das Kausalitätsgesetz, durch das die Unterscheidung der Denkfähigkeit (Ursache) von der Tat (Wirkung) ermöglicht wird (*1860.1*, 39–42). In einer breitangelegten Kategorienlehre entwickelt Ulrici die „Normen der unterscheidenden Thätigkeit", die allgemeine Beziehungen bzw. Gesichtspunkte ausdrücken, in Hinblick auf welche die Objekte des Denkens unterschieden werden (*1860.1*, 52–53). Begriff, Urteil und Schluß und damit die Kernstücke der

---

4), wo er seine „formale Logik" gegen Vertreter der „materialen Logik", insbesondere gegen Trendelenburg absetzt.

[26] Ulrici *1860.1*, 35*f*. Stammler läßt diese Ableitung nicht als „Beweis" gelten, denn Ulrici setzt A und B als Begriffe, die kategorischen Gleichheitsaussagen als Urteile, die Transitivität der Gleichheitsbeziehung und den Satz der doppelten Negation (*duplex negatio affirmat*) voraus, ohne Begriff, Urteil und die logischen Sätze überhaupt eingeführt zu haben (Stammler *1936*, 313). Es ist aber auch zu bemerken, daß dem Denken als unterscheidender Tätigkeit eine Auffassung des in den Prämissen verwendeten Relators nicht als Gleichheit, sondern als Ungleichheit („= nicht") adäquater wäre. Dann ist aber die von Ulrici vorgenommene Substitution nicht zulässig. Ich danke Christian Thiel für diesen Hinweis.

traditionellen Logik behandelt Ulrici im Rahmen seiner Kategorienlehre als „Ordnungskategorien" (*1860.1*, 149*ff.*). Dem Begriff wird die Zentralstellung eingeräumt, insbesondere eine Priorität gegenüber dem Urteil (*1860.1*, 156–159). Urteils- und Schlußlehre werden nur kurz behandelt, die traditionelle Syllogistik polemisch abgetan.[27] Georg Leonhard Rabus, der zeitgenössische Chronist der Diskussion um die logische Frage, äußert einige Bedenken gegen Ulricis logisches System, betont aber,

> dass die Leistungen U.'s auf logischem Gebiete zu den wichtigsten der Gegenwart gehören und ohne sie in sich aufzunehmen ein wesentlicher Fortschritt der Logik trotz aller physiologischen und mathematisierenden Zuthaten nicht vor sich geht. Ihre Stärke liegt in der Fassung des Denkens von Seite des Unterscheidens und in der Erkenntnis desselben als eines Sichinsichunterscheidens; ihre Schwäche beginnt mit der Beschränkung auf eben diese Form des Denkens.[28]

---

[27] Vgl. z. B. Ulrici *1860.1*, 188*f.*, Fußnote. Es fällt dort auf, daß Ulrici offenbar die traditionelle Lehre nicht voll beherrschte. So bezeichnet er die Namen der syllogistischen Modi „Barbara", „Celarent" u.s.w. als „sinnlose Wörter, in denen nur die Vocale von Bedeutung sind." Dies ist nicht korrekt. Die Initialen der Merkwörter für die Modi der zweiten bis vierten Figur z. B. geben an, auf welche Modi der „vollkommenen" ersten Figur diese reduziert werden können. Die Konsonanten in Mittelstellung (außer b, d, l, n, r, t) bezeichnen die bei der Reduktion anzuwendenden Konversionsverfahren (vgl. Keynes *1894*, 276–279). Ulrici hätte es besser wissen können: Friedrich Ueberweg schreibt schon in der ersten Auflage seines *Systems der Logik und Geschichte der logischen Lehren* von *1857*, die von Ulrici rezensiert wurde (*1859.6*): „Die gültigen Modi der zweiten Figur haben die Formen *e a e, a e e, e i o, a o o*, und führen die Namen *Cesare, Camestres, Festino* und *Baroco*, in welchen die Vocale der drei Silben der Reihe nach die Form des Ober-, Unter- und Schlußsatzes bezeichnen, die Anfangsconsonanten aber auf diejenigen Modi der ersten Figur zurückweisen, auf welche die Scholastiker im Anschluß an Aristoteles dieselben zum Behuf des Beweises ihrer Gültigkeit zu reduciren pflegten, und von den übrigen Consonanten einige die Weise dieser Reduction [...] andeuten" (Ueberweg *1857*, 315). Bemerkenswerterweise gibt Ulrici 1860 als letzten neueren Logiker, „der diesen wüsten Kram verwirrender Distinctionen aufgenommen hat", den Anti-Hegelianer Carl Friedrich Bachmann an, dessen *System der Logik 1828* erschienen war.

[28] Rabus *1880*, 74. Zu Ulrici vgl. ebd., 69–74. Ähnlich äußert sich auch Stammler: „der Fortschritt von den überlieferten logischen Formen zu der (Beziehung der) unterscheidenden Tätigkeit als logischer Urbeziehung" sei „eine logische Großtat [...], die von fremden Mächten in der Deutschen Logikarbeit zu Unrecht verdunkelt worden ist" (Stammler *1936*, 312).

Bei den Herbartianern fand Ulricis Logik keine Anhänger. In ihrem Organ, der „im Sinne des neuen philosophischen Realismus" stehenden *Zeitschrift für exacte Philosophie* veröffentlichte Mathias Amos Drbal eine Rezension des *Compendiums*, in der er die spekulativen Elemente und die gleichwohl noch erkennbare Geringschätzung des formalen Teils der Logik hervorhob. Drbal (*1866*, 214) hielt es für

> gerade zu unbegreiflich, dass ein so vielseitiger, gelehrter Mann, von ungewöhnlicher Arbeitskraft seine Zeit und Mühe an die Restauration einer Philosophie verschwendet, die heutzutage als bereits kritisch überwunden gilt und die nur als verfehlte historische That in der Geschichte eine Stelle hat, als Warnungstafel für die jenigen, die etwa ihres Weges gehen.

4 Die Rezensionen

Bei der von Günter Buhl zitierten Rezension Ulricis von 1878 handelt es sich um eine Besprechung des im Januar jenes Jahres erschienenen Aufsatzes von George Bruce Halsted über "Boole's Logical Method" (Halsted *1878a*). Ulrici stellt darin durchaus zutreffend fest, daß Booles algebraische Logik bei ihrem Erscheinen weitgehend unbeachtet geblieben, daß aber in neuerer Zeit großes Aufheben von ihr gemacht worden sei (*1878.8*, 314). Er erwähnt wie auch Halsted die lobende Darstellung von John Venn "Boole's Logical System" in *Mind* vom Oktober 1876 (Venn *1876*) und Louis Liards Referat in der *Revue philosophique* vom September 1877 (Liard *1877b*). Ulrici erwähnt aber auch, anders als Halsted, Alois Riehls Aufsatz über „Die englische Logik der Gegenwart" (Riehl *1877*) im ersten Heft der 1877 von Richard Avenarius gegründeten *Vierteljahrsschrift für wissenschaftliche Philosophie*, die es, so Ulrici, „im Anschluß an ihre englische und französische Gesinnungsgenossin"[29] unternommen habe, „auch in Deutschland Propaganda für die Boole-Jevons'sche Logik zu machen."[30] Der Ton des Zitats deutet schon an, daß die Besprechung nicht nur der

---

[29] Gemeint sind die 1876 in ihrer ersten Folge gegründete Zeitschrift *Mind* ("A Quarterly Review of Psychology and Philosophy") und die im selben Jahr erstmals herausgegebene *Revue philosophique de la France et de l'Étranger*.

[30] Riehl stellte vor allem das Logiksystem vor, das William Stanley Jevons zur Grundlage seiner *Principles of Science* (*1874*) gemacht hatte. Er fand durchaus die Zustimmung des Rezensierten, der in der 2. Aufla-

Kritik an der Booleschen Logik gilt, sondern daß sie noch eine weitere Stoßrichtung hat. Sie ist auch gegen Alois Riehl geschrieben oder eher gegen die *Vierteljahrsschrift für wissenschaftliche Philosophie*. Ulrici befand sich nämlich damals in heftiger Fehde mit deren Herausgeber Richard Avenarius, die sicherlich in seiner Opposition gegen die Konkurrenz der neugegründeten Zeitschrift und deren positivistische Richtung begründet war, vordergründig aber um den nach Ulricis Ansicht anmaßenden Titel der Zeitschrift geführt wurde, mit dem sich, so Ulrici, die Redaktion zum Richter über Wissenschaftlichkeit oder Unwissenschaftlichkeit philosophischer Abhandlungen aufspielte.[31]

Ulrici geht in seiner Kritik von dem Urteil Alois Riehls aus, daß niemand, „der sich gegenwärtig oder künftig mit Reform der Logik beschäftigt, [...] am Werke Boole's vorbeigehen" darf.[32] Ulrici bemerkt, er habe die englische Logik studiert, aber gefunden (*1878.8*, 314 f.),

> daß diese neue Logik im Grunde nichts Neues biete, sondern im Wesentlichen nichts andres sey als eine Uebersetzung der alten formalen (s. g. Aristotelischen) Logik in mathematische Formeln.

Ulrici erkennt den hervorragenden Scharfsinn an, mit dem die Transformierung des Logischen ins Mathematische durchgeführt sei, er denkt auch, daß die mathematische Form Vorteile für die Klarheit der Darstellung logischer Schlußweisen bringe. Für die Logik als Wissenschaft — im Seitenhieb auf Avenarius —, d. h. für die Lösung von logischen und erkenntnistheoreti-

---

ge der *Principles* (1877, xxv) die Riehlsche Arbeit einen verglichen mit der Darstellung Louis Liards (Liard *1877a*) "equally careful account of the system" nannte. Die historischen Arbeiten Liards, insbesondere sein Buch *Les logiciens anglais contemporains* (Liard *1878*) lobte Jevons dort als "an interesting and admirable lucid account of the progress of logical science in England" (*1874*, Zit. ²1877, xxv, Fn. 1).

[31] Die Kontroverse begann mit Avenarius' programmatischer „Einführung" (*1877a*), die eine Betrachtung Ulricis „Ueber eine neue Species von Philosophie" (*1877.7*) auslöste. Die weiteren Stationen: Avenarius *1877b*, Ulrici *1878.1*, Avenarius *1878*, Ulrici *1879.9*, Avenarius *1879*, Ulrici *1879.19*. Vgl. Köhnke *1986*, 399–402, für den die Kontroverse, die 1879 „im Stadium bloßer Polemik und Konfrontation abgebrochen wurde, kaum mehr als ein bloßer Wortstreit gewesen zu sein scheint" (402).

[32] So geäußert in Riehls Rezension von Friedrich Albert Langes *Logischen Studien* (Riehl *1878*, Zit. 250).

schen Problemen, sei damit aber wenig oder nichts gewonnen. Ulrici fährt fort (*1878.8*, 315):

> Allein ich wagte es nicht, dieses Ergebniß meines Studiums gegenüber den Vertretern der „wissenschaftlichen" Philosophie zu äußern, weil ich es für unwissenschaftlich erachtete, mir, der ich kein Mathematiker von Profession bin, ein Urtheil über eine wesentlich mathematische Arbeit anzumaßen.

Nun habe sich aber, so Ulrici, der ausgezeichnete amerikanische Mathematiker George Bruce Halsted in ähnlichem Sinne geäußert.[33] Halsted weise nach, daß Boole die bekannten Gesetze der formalen Logik, die Sätze der Identität, des Widerspruchs, des ausgeschlossenen Dritten und das Axiom, daß das, was von einer Klasse prädiziert werde, auch von den Gliedern der Klasse prädiziert werden könne, stillschweigend in ihrer herkömmlichen Form voraussetze. Ulrici fügt dieser Liste bezeichnenderweise noch den Satz der Kausalität hinzu: Er werde nicht genannt, „vielleicht", so Ulrici, „weil Boole mit Mill u. A. ihn als logisches Gesetz nicht anerkennt, vielleicht nur weil er nicht wohl in eine mathematische Formel zu bringen ist" (*1878.1* 315, Anm.). Hätte sich Boole, so Halsted und Ulrici, auf diese Gesetze ausdrücklich bezogen, so hätte er sich einige Mühe und zahlreiche Fehler sparen können (Halsted *1878a*, 84; Ulrici *1878.8*, 315f.).

Ulricis Referat gibt nur einen Aspekt von Halsteds Kritik wieder. Es geht auf einige wichtige Ausführungen Halsteds, z. B. zum Problem der logischen Division nicht ein.[34] Insgesamt erscheint es etwas kühn, Ulricis Schrift mit gutem Gewissen als erste *kritische* Auseinandersetzung mit dem Booleschen System zu bezeichnen. Die Rezension ist eine polemische Gelegenheitsschrift, weniger gegen die Algebra der Logik als gegen Alois Riehl und den Herausgeber einer mit programmatischem Anspruch auftretenden Zeitschrift gerichtet, in deren erstem Heft die Jevonsschen *Principles of Science* als Paradigma für „wissenschaftliche Philosophie" hingestellt wurden. Der polemische Charakter dieser Schrift ist wohl auch der Grund dafür, daß sich Ulrici, entgegen seiner Gewohnheit, in Rezensionen ausführlich auf eigene Arbeiten einzugehen, nicht an seine Besprechung aus dem Jahre 1855 erinnern mochte. Er hätte seiner Polemik gegen die Vertreter der wissenschaftlichen Philosophie

---

[33] Zur Biographie von George Bruce Halsted (1853–1922) vgl. Lewis *1976*.

[34] Zum Booleschen Gebrauch von Brüchen und dem Auftreten von in der Logik nicht-interpretierbaren Ausdrücken vgl. Hailperin *1986*, 89–96.

die Pointe genommen. Andererseits hat er damit aber auch spätere Logikhistoriker gehörig an der Nase herumgeführt.[35]

Ulricis Rezension von Booles *Laws of Thought* (*1855.8*) steht nun auf ganz anderem kritischen Niveau, auch wenn sie ebenfalls in polemischer Absicht geschrieben ist: Ulricis antimaterialistische, anti-empiristische Haltung ließ ihn vehement gegen eine als „Philosophie der induktiven Wissenschaften" auftretende Wissenschaftslehre angelsächsischer Provenienz vorgehen, wie sie insbesondere über John Stuart Mills *A System of Logic: Ratiocinative and Inductive* (Mill *1843*) auch in Kontinentaleuropa fußzufassen begann, nachdem schon *1849* eine auszugsweise deutsche Übersetzung dieses Werkes erschienen war. Gegen diese induktive Logik Millscher Prägung führte Ulrici die Booleschen *Laws of Thought* ins Feld. 1852 hatte Ulrici, wohl angeregt durch die gerade erschienene Übersetzung eines Werkes des Niederländers Cornelis Willem Opzoomer über *Die Methode der Wissenschaft*,[36] eine Sammelrezension über „Die sogenannte induktive Logik" (*1852.3*) verfaßt und sich darin mit dem Werk Opzoomers, aber auch mit Arbeiten von Whewell, Herschel, Comte und vor allem mit der deutschen Fassung von Mills induktiver Logik auseinandergesetzt. In seiner Rezension erkennt Ulrici an, daß die induktiven Strömungen in England und Frankreich, ebenso wie die posthegelsche logische Bewegung in Deutschland, das Ziel hätten, die zum Formalismus erstarrte alte formale Logik auf aristotelischer Grundlage dahingehend fortzuentwickeln, daß sie den Anforderungen der modernen Naturwissenschaften und der philosophischen Forschung genügten (*1852.3*, 160*f.*). Doch den empiristischen Weg der induktiven Logik bei Beantwortung der erkenntnistheoretischen Frage „Auf welchem Weg gelangen wir zur Erkenntniß der logischen Formen, Gesetze und Funktionen?" lehnt er auf das Schärfste ab. Die Behauptung z. B., Mathematik sei eine Erfahrungswissenschaft, und auch alle ihre Axiome beruhten einzig und allein auf der Erfahrung, so Ulrici, „klingt deutschen Ohren so paradox", daß er dem Leser in seiner Rezension die „scharfsinnige Vertheidigung" der Auffassung näher darlegen wolle (*1852.3*, 161). Dieser Fehdehandschuh ist in England offenbar willig aufgenommen worden,

---

[35] Lediglich Stammler ist diese Rezension (Ulrici *1855.8*) nicht entgangen. Er erwähnt sie allerdings nur beiläufig (Stammler *1936*, 310, Fn. 6).

[36] Opzoomer *1852*, dt. Übersetzung von Opzoomer *1851*.

denn in seiner Rezension von Booles *Laws of Thought* (*1855.8*) berichtet Ulrici, eine englische Besprechung seines kritischen Aufsatzes habe mit der Bemerkung geschlossen, für deutsche Leser dürfte er die Ansicht Mills wohl widerlegt haben, nicht aber für Engländer (*1855.8*, 273):

> Diese Bemerkung, — die eine Art von Raçen-Unterschied, wie zwischen Deutschen und Englischen Pferden, so zwischen Deutschem und Englischem Denken vorauszusetzen und einführen zu wollen scheint, — ist ganz im Geiste der Mill'schen Logik. Giebt es keine allgemein bindenden Denkgesetze, so giebt es auch keine allgemein bindende Argumentation: gilt der Satz der Identität (A = A) nicht allgemein und nothwendig, so kann auch der Beweis des Satzes, daß die Winkel des Dreiecks = 2R seyen, keine allgemeine Gültigkeit haben; für mich kann er vollkommen zwingend seyn, für Mill und seinen Vertheidiger vielleicht nicht. Warum also sollte es dann nicht auch einen Raçen-Unterschied im Denken geben? Der constanten Gewohnheit der Engländer, nur das "matter of fact" gelten zu lassen und Alles aus der Erfahrung herzuleiten, tritt die constante Gewohnheit der Deutschen gegenüber, sich auf Denkgesetze und Ideen zu berufen. Damit bildet sich — *consuetudo altera natura est* — allmälig ein Unterschied der ganzen Denkweise, und was dem Deutschen unwidersprechlich festzustehen scheint, z. B. daß es ein hölzernes Eisen oder einen viereckigen Triangel schlechthin nicht geben könne, wird der Engländer nicht gelten lassen, sondern mit englischer Ruhe die mögliche Erfahrung des Gegentheils abwarten.

Mit den Booleschen *Laws of Thought* liege nun aber ein englischer Beweis gegen die Ansichten Mills vor, dem es vielleicht besser gelinge, „wenigstens einige im Raçen-Unterschied noch nicht völlig befangene Geister Englands von dem extremen Empirismus Mill's zu heilen" (*1855.8*, 274). Boole stelle sich zunächst ganz und gar auf englischen Boden. Ohne zu fragen, ob dem Gesetz der Kausalität mehr als phänomenale Bedeutung zukomme, und ohne die Natur des Denkens, den Ursprung der Vorstellungen, Begriffe und Urteile zu untersuchen, gehe er von einem "matter of fact" aus, von der Sprache und der Grammatik. Ulrici referiert Booles Einführung der Klassen und stellt wie später auch Halsted fest, daß Boole bei seiner Formulierung der Denkgesetze den Satz der Identität voraussetze, ohne ihn explizit zu nennen. Daraus schließt Ulrici gegen Mill, daß das Identitätsgesetz nicht aus der Erfahrung komme. Man könne nicht mathematische Zeichen und Sätze auf sprachliche Verhältnisse anwenden, ohne sich zuvor darüber im klaren zu sein, was "a matter of fact" überhaupt sei, denn sonst stoße man bei jeder logischen Operation auf stillschweigend vorausgesetzte Annahmen, Prinzipien o. ä. (*1855.8*, 278f.) Dennoch sei Booles Verfahren der Reduktion logischer Funktionen auf mathematische Verhältnisse philosophisch nicht ohne Interesse. Ausführlich setzt sich Ulrici mit der Beziehung zwischen dem "Universe of Discourse", also der Menge der zu betrachtenden Entitäten, und den Klassen als Teilmengen, die durch den „Fundamental-Akt" der Auswahl aus dem "Universe of Discourse" ausgeschieden würden, auseinander. Dieser Gedanke mußte Ulrici wegen der Nähe zu seiner eigenen Auffassung vom Denken als unterscheidender Tätigkeit sympathisch erscheinen. Ulrici führt Booles Versuch vor, die *a posteriori* aus der Beschaffenheit der Sprache gefolgerten Gesetze als die dem Auswahlakt zugrundeliegenden "Laws of Thought" zu erweisen und diese mit arithmetischen Zeichen zu repräsentieren, bis hin zur Einführung der „0"-Klasse und der das „Universum" repräsentierenden „1". Mit diesen beiden Klassen ließen sich kontradiktorische Gegensätze in mathematischer Form ausdrücken, und Boole behaupte schließlich, daß der Satz des Widerspruchs $x(1-x) = 0$, das Grundaxiom aller Metaphysik, aus dem Dualitätsgesetz $x^2 = x$ folge.[37]

„Gegen diese ganze Erörterung", so Ulrici (*1855.8*, 286),

> zusammt ihrem Schlusse erheben sich, wie Jeder sieht, so schwere Bedenken, daß sie den Punkt bezeichnen dürfte, auf dem die meisten Leser von dem Verf. sich trennen werden.

Ulrici hat vor allem drei Einwände: Es erscheint ihm „gewaltsam und unnatürlich", „Nichts" in dem gleichen Sinne als Klassenausdruck zu fassen wie andere Dinge. Ebenso „gewaltsam und widersprechend" erscheint es ihm, das Zeichen „1" mit

---

[37] Ulrici *1855.8*, 285. Boole erachtete die Ableitung des Satzes des Widerspruchs aus dem Dualitätsgesetz als seine wesentliche Entdeckung. Im Rahmen seiner "Derivation of the Laws of the Symbols of Logic from the Laws of the Operations of the Human Mind" (Chapter III, Boole *1854*, 39–51) formuliert er als "Proposition IV": "That axiom of metaphysicians which is termed the principle of contradiction, and which affirms that it is impossible for any being to possess a quality, and at the same time not to possess it, is a consequence of the fundamental law of thought, whose expression is $x^2 = x$" (49).

dem Begriff der Allheit oder des Universums zu identifizieren, da hier ein Quantum mit dem Ausdruck für den allzusammenfassenden Denkakt zusammengebracht werde. Da Klasse sprachlich ein Teilungszeichen sei, könne es eine einzige Klasse und damit auch die Universalklasse nicht geben. „In Wahrheit mithin widerspricht die Bedeutung des Wortes Universum der mathematischen Bedeutung des Zeichens 1" (*1855.8*, 287). Und schließlich sei auch der Satz des Widerspruchs nicht Konsequenz eines mathematischen Gesetzes, sondern Grundlage aller mathematischen Gesetze und Axiome. Ulrici resümiert (*1855.8*, 288):

> In der That bestätigt des Verf. Werk nur von neuem die alte Erfahrung, daß es ein vergebliches Bemühen ist und bleiben wird, die Logik auf die Mathematik zu gründen.

Wenn auch Ulrici hier auf einige wunde Punkte der Booleschen Darstellung hinweist, scheinen ihm doch einige Mißverständnisse unterlaufen zu sein. Booles bei den Cambridger Propagandisten einer *Symbolical Algebra* entlehnte Auffassung von der Unabhängigkeit schematischen Operierens mit Symbolen von der inhaltlichen Deutung dieser Symbole wird von Ulrici nicht nachvollzogen. Dazu kommt ein falsches Verständnis vom Sinn der Analogie zwischen Logik und Mathematik. Halsted hat darauf hingewiesen, daß diese Analogie nur dann verständlich wird, wenn Booles weite Auffassung von „Mathematik" berücksichtigt wird (Halsted *1878a*, 83). „Mathematik" steht danach nicht für quantitative Operationen, sondern bezeichnet alle Wissenschaften, die in algebraischer Form ausdrückbar sind. Als Schlüssel für seine Interpretation sieht Halsted Booles Satz an: "It is not of the essence of mathematics to be conversant with the ideas of number and quantity" (Boole *1854*, 12). Ulrici scheint dies aber wie auch andere (Halsted nennt Jevons) nicht zu berücksichtigen, wenn er mit seiner Kritik an der Universalklasse einen Fehler in der Analogie zwischen Sprachgebrauch und Arithmetik aufgezeigt haben will.

Mit seinen Vorbehalten gegen Booles Auffassung, daß der Satz des Widerspruchs eine Konsequenz des Dualitätsgesetzes sei, steht Ulrici allerdings nicht allein. Halsted bezeichnet die Ableitung als "curious error" (Halsted *1878a*, 86) und meint, daß der Satz des Widerspruchs eher der Grund als die Folge des Dualitätsgesetzes sei. Er kann sich dabei auf John Venn berufen, der das Dualitätsgesetz "doubtless a very elementary truth" nennt, "but to regard it as the *source* of the Law of Contradiction surely argues a strange inversion of order" (Venn *1876*, 491). Dies mag im Rahmen erkenntnistheoretisch motivierter, metalogischer Rede *über* Kalküle (die ja auch Boole intendierte) korrekt sein, für die Kalküle selbst spielt die Prioritätsfrage nur in Hinblick auf ihre durchaus Alternativen zulassende Gestalt eine Rolle. Die für eine solche Erkenntnis notwendige Unterscheidung zwischen Metalogik und Logik war aber in jener Zeit noch nicht getroffen.

Die von Günter Buhl als typisch für die deutsche Rezeption der englischen Logik herausgearbeitete Tendenz der zweiten, späteren Rezension trifft auch für die erste Besprechung zu. Symbolische Logik wird zwar nicht verworfen, es wird ihr aber auch kein theoretischer Wert zugesprochen. Selbst wenn Ulrici scheinbar fasziniert demonstriert, wie komplizierte Schlüsse mit Hilfe des logischen Kalküls dargestellt werden können, geht es ihm offenbar lediglich darum, den Eindruck einer technischen Spielerei hervorzurufen.

5 Algebra der Logik und „Logische Frage"

Woran hat es nun gelegen, daß Ulricis erste Rezension unbeachtet geblieben ist, oder, anders ausgedrückt, woran hat es gelegen, daß Booles Werk, obwohl es in einer angesehenen Zeitschrift von einem angesehenen Logikfachmann rezensiert worden war, dennoch weiterhin nicht zur Kenntnis genommen wurde? Die These ist, daß die logische Forschung in Deutschland in der Mitte des 19. Jahrhunderts auf einem anderen, philosophisch höheren Niveau als in Großbritannien stand. Booles *Laws of Thought*, nicht von einem Philosophen, sondern von einem Mathematiker verfaßt, hatten einen stark formalistischen Charakter, sie waren zudem in einer für die deutschen akademischen Philosophen ungewohnten, wenn nicht unverständlichen symbolischen Sprache verfaßt, so daß von ihr kein Beitrag für die die deutschen Logiker drängenden Probleme erwartet wurde. Und diese Probleme waren kompliziert genug. In den Augen der deutschen Philosophen repräsentierte Booles Logik im Grunde die alte aristotelische formale Logik, in deren Ablehnung die Teilnehmer an der Diskussion um die „logische Frage" sich mit Hegel einig zeigten. In der Debatte wurde aber die Hegelsche Auffassung eines Aufgehens der Logik (einschließlich der formalen Logik) in der Metaphysik in Frage gestellt. Die

Pole der Diskussion machte Ulrici in einer „rein alternativischen" Fassung der „logischen Frage" deutlich *(1852.4*, 260*f.*):

> formale oder speculative Logik? d. h. ist die Logik als rein formale Wissenschaft zu betrachten und demgemäß rein für sich ohne alle Beziehung zur Erkenntnißtheorie und Metaphysik zu behandeln, oder fällt sie mit der Metaphysik und resp. Erkenntnißwissenschaft in Eins zusammen?

Die Lösung wurde meist in einer vermittelnden Position gesucht, und die Auseinandersetzungen um die verschiedenen Ansätze implizierten eine philosophische Grundlagendiskussion, die zu vielfältigen Reflexionen über das Verhältnis von Logik, Psychologie, Erkenntnislehre und Metaphysik führte — in der Zeit der „Systemphilosophie" so vielfältig wie die philosophischen Systeme selbst. Rabus nennt im Inhaltsverzeichnis seines Werkes *Die neuesten Bestrebungen auf dem Gebiete der Logik bei den Deutschen und Die logische Frage* allein 41 Autoren, im Text noch weit mehr. Er behandelt die Vorschläge zu einem „Algorithmus der Logik" zwar recht ausführlich, aber doch nur am Rande. Den eigentlichen Wert dieser Vorschläge sieht er (1880) in der Idee „einer über die Unterschiede der Nationen hinweggreifenden wissenschaftlichen Universalsprache", auch er betont damit einen möglichen praktischen, nicht aber einen systematischen Wert (Rabus *1880*, § 28, 124–131, Zit. 131.) Die philosophische Grundlagendiskussion schien der, wie man dachte, rein technischen Reform der formalen Logik jedenfalls um einen Schritt voraus. Vor diesem Hintergrund ist es kein Zufall, daß das erwachende philosophische Interesse an symbolisch-logischen Systemen in den ausgehenden siebziger Jahren des vergangenen Jahrhunderts gerade von den Jevonsschen *Principles of Science* befördert wurde. Die Wissenschaftslehre als eine aus der alten Enzyklopädie der philosophischen Wissenschaften und dem Methodologieteil der traditionellen Logik entstandene philosophische Disziplin hatte nämlich auch in Deutschland Konjunktur. Dazu kam der wachsende Einfluß positivistischer Richtungen, die die sich immer weiter öffnende Kluft zwischen Philosophie und Naturwissenschaften zu überwinden versuchten. Eine sich in mathematisch-exaktem Gewande präsentierende Logik konnte diesem Versuch der Wiederannäherung der Philosophie an Mathematik und Naturwissenschaften nur dienlich sein.

Die philosophische Diskussion um die logische Frage war für die mathematische Rezeption der Algebra der Logik deshalb von Bedeutung, weil sie die Mathematiker von der philosophischen Relevanz ihrer in Problemen ihres Faches motivierten Überlegungen zur Neubestimmung des Verhältnisses zwischen Logik und Mathematik überzeugte. Dadurch sahen sich diese dann aber auch veranlaßt, ihre Ansätze in die Reformdiskussion einzubringen. Die mathematischen Interessen lagen in einer Nutzbarmachung der Logik für die Grundlegung der Mathematik. In Folge der Diskussion nicht-euklidischer Geometrien, von Grundlagenproblemen in der Analysis und in Arithmetik und Algebra durch die Entdeckung immer weiterer Zahlsysteme (imaginäre, komplexe, hyperkomplexe Zahlen, Quaternionen, Vektoren u. a.) in der zweiten Hälfte des 19. Jahrhunderts schob sich die Fundierung der Mathematik zunehmend als Problem in den Vordergrund. In der Algebra bereitete dies die Entwicklung abstrakter Algebren vor, da die alte, durch die Auffassung der Mathematik als Größenlehre vermittelte Einheit von Arithmetik und Algebra nicht mehr zu halten war.

Die Virulenz des Problems zeigen die Überlegungen des Stettiner Schulmanns und Verlegers Robert Grassmann (1815–1901), Bruder des heute sehr geachteten Mathematikers und Sprachwissenschaftlers Hermann Günther Grassmann, die dieser ohne Kenntnis der älteren englischen Pionierarbeiten entwickelt hat. Robert Grassmann ging in den logischen Teilen seiner in einzelnen Schriften ausgegebenen *Wissenschaftslehre oder Philosophie* ebenfalls von einer Kritik an der Hegelschen spekulativen Philosophie aus, die „unsägliches Unheil gestiftet und ein Mistrauen gegen alle Philosophie geweckt" habe.[38] Den spekulativen „Weg willkürlichen Erdenkens muss die Wissenslehre oder Philosophie ein für alle Mal verlassen, wenn sie eine Wissenschaft werden, wenn sie Achtung bei den Zeitgenossen, Einfluss auf ihre Bildung gewinnen will" (Grassmann *1875*, 119). Mit seinen Konsequenzen ging Grassmann aber weit über zeitgenössische Philosophen hinaus: Der zweite Abschnitt seiner *Denklehre*, so Grassmann (*1875*, 121),

> soll uns das streng wissenschaftliche Denken lehren, welches für alle Menschen jeglichen Volkes, jeder Sprache gleich gültig, gleich beweisend und strenge ist. Derselbe muss sich daher von den Schranken der einzelnen Sprache befreien und

---

[38] Zur Kritik an der Hegelschen Logik vgl. Grassmann *1875*, 115–119.

die Formen des Denkens an sich behandeln, er wird dadurch zur *Formenlehre* oder *Mathematik*.

Dieses Programm hat Grassmann in der 1872 in separat paginierten Broschüren vorgelegten *Formenlehre oder Mathematik (1872a-f)* durchzuführen versucht. Darin behandelt er in einem allgemeinen Teil die *Grösenlehre* als „Wissenschaft von der Knüpfung der Grösen" (*1872a*, 7; vgl. *1872b*)[39] und als spezielle Teile *Begriffslehre oder Logik (1872c)*, *Bindelehre oder Combinationslehre (1872d)*, *Zahlenlehre oder Arithmetik (1872e)* und *Ausenlehre oder Ausdehnungslehre (1872f)*.

In der *Begriffslehre oder Logik* entwickelt Grassmann einen dem Booleschen ähnlichen logischen Kalkül, in dem „+" für die logische Addition (Adjunktion) und „·" für die logische Multiplikation (Konjunktion) verwendet werden. Die „0" wird für den „niedrigsten Begriff, welcher allen Begriffen untergeordnet" ist, und das der Booleschen „1" entsprechende „T" für das „All" oder die „Totalität" eingeführt (*1872c*, 15). Die Logik setzt die Größenlehre voraus, in der die für die Verknüpfungsoperationen geltenden Gesetze entwickelt werden. Die speziellen Teile unterscheiden sich formal hinsichtlich der unterschiedlichen Geltung der „besonderen Gesetze" $e+e = e$ und $e \cdot e = e$, wobei mit „e" (neutrale) „Elemente" bezeichnet sind, also Größen, die selbst nicht wieder durch Knüpfung hervorgegangen sind — Grassmann nennt sie „Stifte". Diese Gesetze, die dem Booleschen "Law of Duality" $x^2 = x$ und seiner dualen Form (die bei Boole wegen seiner Interpretation der logischen Addition als ausschließendes „Oder" nicht vorkommt) entsprechen, gelten nur in der Logik beide zusammen.

Auch wenn die Grassmannsche Logik zunächst weitgehend unbeachtet blieb, wirkte sie doch auf den Mathematiker Ernst Schröder (1841–1902), bei dem sich die Idee einer symbolischen Repräsentation logischer Operationen mit Überlegungen zu einer formalen, in der letzten Ausbaustufe „absolut" genannten Algebra verband. Diese allgemeine Theorie der Verknüpfung, die als Reaktion auf die Weiterungen des Zahlbegriffs in jener Zeit verstanden werden kann,[40] formulierte Schröder program-

---

[39] Dieser Aspekt der Größen*verknüpfung* wurde schon in dem 11 Jahre zuvor erschienenen *Lehrbuch der Arithmetik* von Hermann Grassmann hervorgehoben: „*Mathematik* [...] ist die Wissenschaft von der Verknüpfung der Größen" (Hermann Grassmann *1861*, 1).

[40] Schröder bezieht sich u. a. auf Hermann Hankels *Theorie der complexen Zahlensysteme (1867)*.

matisch erstmals *1873* in seinem *Lehrbuch der Arithmetik und Algebra*, und er vertiefte sie ein Jahr später in der Baden-Badener Schulprogrammschrift *Über die formalen Elemente der absoluten Algebra (1874)*. Es war die Grassmannsche Logik, die Schröder zu der Überzeugung führte, daß die formale Logik als Modell einer solchen absoluten Algebra aufgefaßt werden könnte. Erst gegen Ende des Jahres 1873, also nach der Veröffentlichung seines *Lehrbuchs*, nahm Schröder Kenntnis von den Booleschen *Laws of Thought*, in denen fast 20 Jahre zuvor die Gesetze der logischen Operationen entwickelt wurden, die er als partikuläre Lösungen eines formal-algebraischen Algorithmus ansah (Schröder *1874*, 7). Schröders weiteres Schaffen war vor allem der Analyse dieses Modells gewidmet. Bereits im Sommersemester 1876 las er an der Polytechnischen Schule in Darmstadt über „Logik auf mathematischer Grundlage", und im darauffolgenden Jahr veröffentlichte er seinen *Operationskreis des Logikkalkuls (1877a)*, in dem er den Booleschen Logikkalkül modifizierte und insbesondere die Dualität von logischer Addition und Multiplikation herausarbeitete. Dieses Büchlein mußte Schröder auf eigene Kosten publizieren, da die von Felix Klein und Adolph Mayer herausgegebenen *Mathematischen Annalen* nur eine Kurzfassung veröffentlichen wollten.[41]

Selbst in den ausgehenden 70er Jahren des vergangenen Jahrhunderts war also in Deutschland die Zeit für eine breitere mathematische Rezeption der symbolischen Logik noch nicht reif. Dies sollte sich erst nach der Jahrhundertwende, dem Scheitern des Fregeschen Logiksystems und der dadurch ausgelösten mathematischen Grundlagenkrise ändern. Für die Algebra der Logik Boolescher Provenienz kam dieses erwachende Interesse zu spät, obwohl sie bis heute in einigen logischen Spezialgebieten überlebt hat. Grundlage für die nun vorherrschende mathematisch-logische Forschung wurden die Logiksysteme von Peano, Frege und Russell.

---

[41] Vgl. den Brief Felix Kleins an Adolph Mayer vom 5.4.1877: „In nächster Zeit nämlich hoffe ich fertig zu machen: [...] 5) eine Arbeit von *Schröder* über den Formalismus der Logik. Der Gegenstand ist sicher sehr interessant, aber ich werde wohl dem Verf. schreiben: wenn er den Aufsatz nicht stark zusammenzöge[,] werde er auf den Druck warten müssen", Zit. nach der Auswahledition des Briefwechsels Tobies/Rowe *1990*, 85*f*. In den *Mathematischen Annalen* erschien dann auch nur die kurze Note Schröder *1877b*, die einer Selbstanzeige gleichkommt.

Zur Auswahl und Gestaltung der Texte

Es folgen drei Texte aus Ulricis Feder. Bei dem ersten handelt es sich um einen Auszug aus Ulricis *Compendium der Logik*, das 1860 (*1860.1*) erstmals erschien und 1872 (*1872.1*) in einer neubearbeiteten und vermehrten Auflage herausgegeben wurde. Es handelt sich um eine für Selbststudium und Lehre an Universitäten und Gymnasien eingerichtete Kurzfassung seines schon 1852 erschienenen logischen Hauptwerks *System der Logik* (*1852.1*). Der hier wiedergegebene Auszug umfaßt Ulricis Vorwort, die Einleitung, in der er seine Bestimmung des Denkens als unterscheidender Tätigkeit entwickelt, und die ersten 10 Paragraphen des ersten Teils, in denen Ulrici die logischen Gesetze erläutert und den formalen Teil der Logik behandelt. Der Abdruck soll der Bestimmung der systematischen Position Ulricis dienen. Ulrici fundiert die Logik zwar psychologistisch über Denkakte, weist ihrem formalen Teil aber dennoch eine wichtige Rolle zu.

Die beiden Rezensionen Ulricis, die die Boolesche Algebra der Logik betreffen, sind vollständig wiedergegeben, ebenso wie der in der *Chronik* der Universität Halle-Wittenberg für das Jahr 1884 veröffentlichte Nachruf.

Die ursprüngliche Orthographie der Texte wurde beibehalten. Korrekturen und Einschübe des Herausgebers sind durch eckige Klammern gekennzeichnet. Hervorhebungen Ulricis (gesperrte Schrift im Fraktursatz der Vorlagen) sind durch kursive Type dargestellt. Das gleiche gilt für fremdsprachige Titel und Termini, die in den Vorlagen in Antiqua gesetzt sind.

Auszug aus Ulricis *Compendium der Logik* (1860)[1]

Vorrede.

Von mehreren Seiten bin ich aufgefordert worden, mein „System der Logik" (Leipzig, 1852)[2] unter Weglassung aller kritischen und historischen Ausführungen, in ein einfaches kurzes Compendium umzuarbeiten, das geeignet wäre, bei akademischen Vorlesungen und beim propädeutischen Unterricht auf Gymnasien zu Grunde gelegt zu werden.

Ich bin der Aufforderung gefolgt, ungeachtet ich mir keine Hoffnung auf großen Erfolg mache. Bei genauerer Erwägung nämlich glaubte ich zu finden, daß meine Auffassung und Behandlung der Logik in der That vielleicht mehr als manche andre geeignet seyn dürfte, Anfänger nicht nur in das Studium der Philosophie einzuführen, sondern auch zur Einsicht in das Wesen, Ursprung und Grundlage, Aufgabe und Ziel der Wissenschaft-überhaupt anzuleiten. Sie lässt die Logik in ihrer Integrität als formale, Grund legende Wissenschaft bestehen, und setzt sie doch zugleich zur Erkenntnißtheorie wie zur Psychologie und Metaphysik (und damit implicite zu den religiösen Ideen) in unmittelbare Beziehung. Sie giebt also dem Lehrer Veranlassung, nach allen diesen Seiten hin die Begriffe der Schüler aufzuklären. Diese Vortheile ihrer principiellen Stellung habe ich bei der Bearbeitung im Einzelnen zu verwerthen gesucht. Insbesondere habe ich mich bemüht, das logische und damit das letzte tiefste Fundament, auf welchem die Mathematik und die Naturwissenschaften sich aufbauen, darzulegen, d. h. zu zeigen, worauf die Gewißheit und Evidenz der mathematischen Sätze in letzter Instanz beruhe, durch welche Mittel die Naturforschung ihre Erfolge gewinne, kurz wie überhaupt exacte Wissenschaft möglich sey. Andrerseits führt meine ganze Darstellung und Auffassung mit innerer |[IV] Nothwendigkeit zu einer Weltanschauung, welche dem religiösen Bewußtseyn näher stehen dürfte als der Pantheismus der neueren

---

[1] Hermann Ulrici, *Compendium der Logik. Zum Selbstunterricht und zur Benutzung für Vorträge auf Universitäten und Gymnasien*, T. O. Weigel: Leipzig 1860. Ausgewählt wurden die folgenden Teile: „Vorrede" III–IV; „Einleitung", 1–29; erster Teil, I: „Die logischen Gesetze", 30–48.

[2] Ulrici *1852.1*.

deutschen Speculation und der materialistische Atheismus, in
den sie schließlich ausgeartet ist. Nach dieser Seite hin bedurfte
es daher nur einzelner Andeutungen über den einzuschlagenden Weg; wie weit ihn der Lehrer verfolgen will, muß seinem
Ermessen überlassen bleiben. Endlich habe ich alle Kraft aufgewendet, den Gedanken zu voller Klarheit zu bringen und in
größtmöglicher Einfachheit und Präcision auszudrücken. Diesem Zwecke vornehmlich dienen die den meisten Paragraphen
beigefügten Anmerkungen mit ihren Beispielen und Erläuterungen.

Es liegt in der Natur der Sache, daß bei einer zweiten Bearbeitung desselben Themas sich Ergänzungen, Verbesserungen, Berichtigungen der ersten ergeben werden. Die menschliche Wissenschaft ist nun einmal nur ein beständiges Ringen
und Kämpfen um die Wahrheit. Das vorliegende Compendium
enthält solche Verbesserungen, besonders hinsichtlich der Fassung und Begründung einzelner Punkte, in größerer Anzahl, als
sein geringer Umfang erwarten lässt. Insofern kann es für eine
zweite Auflage meines Systems der Logik[3] gelten, und dürfte
vielleicht auch einer Berücksichtigung der Männer vom Fach
nicht ganz unwürdig erscheinen. Es versteht sich von selbst,
daß mir jede wissenschaftliche Kritik, auch wenn sie auf eine principielle Widerlegung hinausliefe, höchst erwünscht seyn
wird. Ich werde stets bereit seyn, selber eine solche in der von
mir redigirten Zeitschrift für Philosophie und philosophische
Kritik dem urtheilsfähigen Publicum zur Entscheidung vorzulegen. Ja ich *bitte* ausdrücklich die Gegner meiner Auffassung
um widerlegende Kritiken. Denn die logische Frage ist von fundamentaler Bedeutung nicht nur für die Philosophie, sondern
für jede Wissenschaft, und es ist daher hohe Zeit, daß der Streit
zwischen der s. g. speculativen und der alten formalen Logik
zum Austrag gebracht werde. —
Halle, im Mai 1860.

H. Ulrici.

[...][4]

Einleitung

Die Logik ist die *erste*, einleitende und resp. Grundlegende Disciplin des philosophischen Systems wie aller Wissenschaft: kei-

---

[3] *1852.1*.

[4] Das Literaturverzeichnis S. V–VIII ist hier nicht abgedruckt.

ne andre kann ihr vorangestellt werden. Denn auf den logischen Gesetzen, Normen und Formen beruht alle Beweisführung, Induction und Deduction, Entwickelung und Darlegung, wie jede Entscheidung wissenschaftlicher Fragen und Probleme, mithin alles wissenschaftliche Wissen. Eben darum aber fragt es sich nothwendig zunächst, wie und wodurch ihr eigener Inhalt (die logischen Gesetze etc.), wie und wodurch überhaupt etwas festgestellt werden könne? —

Alles Wissen characterisirt sich durch die Gewißheit und Evidenz, die ihm anhaftet. Denn allgemein bezeichnen und erachten wir nur dasjenige als ein Wissen, von dem die Gewißheit und Evidenz seines Inhalts uns fest steht. Aber nicht Alles ist *an sich* gewiß und evident, das *uns so erscheint*. Die Wissenschaft sucht daher für alle ihre Behauptungen die ihnen zukommende Gewißheit und Evidenz besonders nachzuweisen, und nur soweit ihr dieß gelingt, können ihre Sätze auf wissenschaftliche Gültigkeit Anspruch machen, — d. h. durch diesen Nachweis unterscheidet sich das *wissenschaftliche* von jedem andern Wissen. So lange er noch nicht geführt ist, hat daher ein Wissen nur subjective Geltung für diejenigen, denen sein Inhalt gewiß und evident erscheint, d. h. es ist, vorläufig wenigstens, nur ein Glauben. — |²

Mit jenem Nachweise begnügen sich die mannichfaltigen Einzel-Wissenschaften. Allein die Wissenschaft überhaupt, diejenige Wissenschaft, die unser Denken, Wissen und Erkennen, Meinen und Glauben etc. selbst zum Gegenstande ihrer Forschung macht, d. h. die Philosophie, fragt nothwendig nach Grund und Wesen der Gewißheit selber. Denn wir können mit voller Sicherheit nur beurtheilen, was wir als gewiß und evident anzusehen haben, wenn wir wissen, worin die Gewißheit und Evidenz besteht. Dieß aber lässt sich nur erkennen, wenn wir darauf reflectiren, *wodurch* uns etwas, das uns unklar und ungewiß war, gewiß und evident *wird*. Es kann das auf sehr verschiedene Weise geschehen, und diese mannichfaltigen Weisen sind die verschiedenen *Beweis*arten, die es giebt, d. h. die verschiedenen Mittel, durch welche die Wahrheit einer Geschichte, einer Behauptung, eines Satzes, festgestellt wird. Denn für wahr kann wiederum nur *gelten*, was gewiß und evident ist; und darum ist jedes Wissen nur ein Wissen, soweit die Wahrheit seines Inhalts sich darthun lässt.*

---

*Daraus folgt indeß *keineswegs*, daß Alles, was sich nicht wissen-

In den historischen und den Naturwissenschaften, in der Rechtspflege wie in allen Gebieten des praktischen Lebens herrscht der s. g. Thatsachenbeweis oder der Beweis durch Autopsie vor. Wir sagen: es ist eine Thatsache (es steht thatsächlich fest), daß der Schnee weiß ist, daß Blei schmilzt, daß der siebenjährige Krieg 1763 endete, — und wollen damit ausdrücken, daß, weil es eine Thatsache ist, es eben damit gewiß und unzweifelhaft sey. Allein inwiefern ist es denn eine Thatsache, daß der Schnee weiß ist? Weil wir ihn so sehen? Aber diese Antwort ruft die neue Frage hervor, warum uns das, was wir sehen, gewiß ist oder worauf die Gewißheit dessen, was wir selber gesehen, gehört, erlebt haben, beruht? Auch in halber Dunkelheit, in weiter Entfernung etc. sehen wir Gegenstände, und doch gewährt uns dieß Sehen keine Gewißheit, sondern lässt es oft sehr ungewiß, was wir gesehen haben. Ziehen wir diese Differenz in Betracht und untersuchen die verschiedenen Fälle genauer, so werden wir anerkennen müssen: die eigne Erfahrung gewährt uns jene Gewißheit des Thatsächlichen nur da, wo wir, wie beim Anblick des |³ Schnees, *nicht umhin können*, die Vorstellung des Weißen zu haben, oder wo wir, das Blei im Schmelztiegel betrachtend, das Flüßigwerden desselben annehmen *müssen*. Diese *Nothwendigkeit* giebt uns die Gewißheit, daß wir etwas Weißes, Flüßiges vor uns haben oder vielmehr ein Weißes, Flüßiges sehen. Denn wo wir nicht umhin können, etwas *so und nicht anders* anzusehen, aufzufassen etc., da *vermögen* wir nicht ungewiß zu seyn, nicht zu zweifeln, weil ja alles Zweifeln die Möglichkeit voraussetzt, daß etwas so *oder* anders seyn, so oder anders aufgefasst werden könne. Wo diese Möglichkeit ausgeschlossen ist, da ist auch der Zweifel ausgeschlossen; wo es mir unmöglich ist, den Gegenstand, den ich sehe, anders denn als weiß zu fassen, da ist es mir unzweifelhaft, d. h. gewiß, daß ich etwas Weißes (weiß Erscheinendes) vor mir habe. Diese Gewißheit ist mithin selbst nichts andres als das unmittelbare Bewußtseyn (Gefühl) der Nothwendigkeit, das Gesehene, Gehörte, kurz das Selbsterfahrene nur so und nicht anders auffassen zu können. Nur soweit der Thatsachenbeweis mir diese Gewißheit, sey es durch eigne Anschauung oder durch das Zeugniß Andrer, zu geben vermag, ist er ein wirklicher Beweis. —

---

schaftlich gewiß und evident machen lässt, unwahr seyn müsse.

Eine andre Beweisart, die vorzugsweise in der Rechtspflege eine Rolle spielt, ist der s. g. Indicienbeweis. Der Richter nimmt als erwiesen[,] d. h. als gewiß und evident an, daß ein vorliegender Diebstahl von derjenigen Person begangen worden, die zur Zeit und an dem Orte, wo er verübt wurde, gesehen worden, sich im Besitz der gestohlenen Sache befunden, ohne über den Erwerb derselben Rechenschaft geben zu können, u. s. w. Worauf beruht hier die Gewißheit? Offenbar darauf, daß die angegebenen Umstände in ihrer Combination uns den Gedanken aufnöthigen, nur N. N. könne den Diebstahl begangen haben: das Bewußtseyn dieser Denknothwendigkeit wiederum ist die Gewißheit, die der Beweis hervorruft. Die Naturwissenschaften verfahren vielfach in ähnlicher Weise, indem sie z. B. die Rotation der Erde um die Sonne uns dadurch beweisen, daß sie eine Anzahl von Thatsachen vorführen, welche zusammengefasst oder vielmehr zusammenwirkend uns unwiderstehlich den Gedanken aufnöthigen, daß trotz des Anscheins des Gegentheils die Erde sich um die Sonne drehe. —

Die Mathematik dagegen, dieses Musterbild der Wissenschaften, |⁴ bedient sich meist der s. g. Demonstration zu ihren Beweisen. Sie setzt zunächst voraus, daß es gewisse Sätze, Axiome und Definitionen gebe, die unmittelbar (durch sich selbst) gewiß und evident seyen. Diese Axiome[,] z. B. Gleiches zu Gleichem ergiebt Gleiches, zwei Dinge die einem dritten gleichen, sind einander gleich etc., sind aber nur gewiß und evident, weil wir Gleiches *nur als* Gleiches und nicht als Ungleiches zu denken vermögen. Und ebenso sind die Definitionen z. B. der geraden Linie oder der Satz, daß zur Begränzung eines Raums wenigstens drei solcher Linien erforderlich seyen, nur Ausdruck einer Evidenz, die auf der Denknothwendigkeit beruht, uns eine gerade Linie nur als den kürzesten Weg zwischen zwei Punkten, einen Raum nur von drei Linien umschlossen denken zu können. Auf den Grund solcher Axiome und Definitionen errichtet dann die Mathematik ein Gebäude von postulirten inneren Anschauungen. Jede solche s. g. Construction und die daran sich knüpfende Demonstration ist im Grunde nur eine Combination der definirten Raumfiguren (Linien, Winkel etc.), aber eine Combination, in welcher diese Raumvorstellungen so verbunden und auf einander bezogen erscheinen, daß aus ihnen eine neue Anschauung hervorgeht und zwar nicht bloß überhaupt im Bewußtseyn sich einstellt, sondern auch in der durch die vermittelnden Anschauungen bedingten Bestimmtheit sich ihm aufdrängt. Einem Dreieck z. B. sieht man es nicht unmittelbar an, daß die 3 Winkel = 2 R sind; aber nachdem es mir der Mathematiker demonstrirt, d. h. nachdem er seine Hülfslinien gezogen und die dadurch entstehenden Figuren unter Berufung auf seine Axiome in Beziehung zu einander gesetzt hat, wird es mir vollkommen evident, d. h. ich gewinne nicht nur die klare bestimmte Anschauung von jener Gleichheit, sondern auch das Bewußtseyn ihrer Nothwendigkeit. Dieß Bewußtseyn ist eben die Gewißheit und Evidenz, welche die Demonstration bewirkt. —

Die specifisch logische Beweisführung, die der s. g. Syllogismus darstellt und von der wir noch ausführlich zu handeln haben werden, geht von derselben Gewißheit aus, auf welche die mathematischen Axiome sich stützen. Denn der Syllogismus will uns nur zum Bewußtseyn bringen, daß so gewiß wir $A = A$, das Gleiche *als* Gleiches denken müssen, so gewiß das, was vom Allgemeinen gilt, auch von dem unter ihm befassten Einzelnen gelten (gedacht |⁵ werden) muß, weil eben das Allgemeine nur das in allem Einzelnen Gleiche und Identische ist. Die Gewißheit[,] die ihm inhärirt, z. B. daß wenn alle Menschen sterblich sind, auch Cajus sterblich seyn müsse, ist nur das Bewußtseyn dieser Denknothwendigkeit. —

Was endlich die wissenschaftlich wichtigsten Beweise der s. g. Induction und Deduction betrifft, die wir ebenfalls noch genauer in Betracht ziehen werden, so gilt von ihnen ganz dasselbe, was von *allen* Beweisen gilt. Auch sie wollen nur Gewißheit geben oder die Sache[,] um die es sich handelt, evident machen; und auch sie erreichen dieß nur durch Combinationen von Thatsachen, Vorstellungen, Begriffen, die uns das Bewußtseyn aufnöthigen, daß wir die Sache nur so und nicht anders zu denken vermögen. Wenn Newton auf inductivem Wege nachwies, daß dasselbe Gesetz und dieselbe Kraft, welche das Fallen der Körper auf der Erde bewirke, die Bewegungen der Himmelskörper bestimme, so hat sein Beweis nur darum allgemeine Geltung gewonnen, weil bis jetzt noch Niemand zu zeigen vermocht hat, daß sich die Sache auch anders verhalten könne d. h. sich anders denken lasse. Und wenn die Mathematik deductiv nachweist, daß[,] weil die Winkel jedes Dreiecks = 2 R sind, der einzelne Winkel eines gleichseitigen Dreiecks = 2/3 R sey, so erscheint uns dieß wiederum nur deshalb so gewiß und evident, weil wir das bestimmte Gefühl (Bewußtseyn) haben, daß wir es schlechterdings nicht anders zu denken vermögen. —

Wir begnügen uns mit diesen Andeutungen, da es uns hier nur darauf ankam, zu zeigen, daß die Gewißheit und Evidenz, die aus einem wohl geführten Beweise entspringt, überall in Eins zusammenfällt mit dem Bewußtseyn der Nothwendigkeit, die Sache nur so und nicht anders ansehen, auffassen, denken zu können: je bestimmter und deutlicher dieß Bewußtseyn uns ergreift, desto stringenter ist der Beweis. —

Nun macht sich aber diese Denknothwendigkeit — wenn auch nur in der Form eines bestimmten Gefühls[,] das wir zunächst unbewußt haben — in vielen Fällen ganz unmittelbar und von selber geltend. Das sind die Fälle jener einfachen unmittelbaren Gewißheit und Evidenz, in denen wir zu sagen pflegen, die Sache sey durch sich selber klar, sie verstehe sich von selbst, sie bedürfe keines Beweises. Keiner von uns, und wäre er auch Skeptiker von Pro|⁶fession, zweifelt daran, daß es Dinge außer uns giebt oder daß hier ein Haus, dort ein Baum steht. Sprüchwörtlich sagen wir: das ist so evident wie $2 \times 2 = 4$, so gewiß wie meine eigne Existenz. Sehen wir näher zu, so ist diese Gewißheit und Evidenz doch keine so unmittelbare wie es scheint. Denn auch sie beruht auf der Denknothwendigkeit, auch sie ergiebt sich nur daraus, daß wir (durch jede sinnliche Empfindung) uns genöthigt sehen, das Daseyn äußerer Dinge anzunehmen, daß wir durchaus nicht im Stande sind, $2 \times 2 = 5$ oder $= 3$ zu denken oder unser eignes Daseyn in Zweifel zu ziehen. Der Unterschied ist nur, daß sich uns hier die Denknothwendigkeit in einem bestimmten Gefühle unmittelbar kundgiebt, während es in jenen andern Fällen einer bestimmten Combination von Thatsachen, Vorstellungen, Begriffen, Urtheilen d. h. einer Beweisführung bedarf, um sie uns zum Bewußtseyn zu bringen. Eben darum aber lässt sich auch das unmittelbar Gewisse und Evidente im Grunde noch beweisen. Denn alle Gefühle, obwohl an sich bestimmt und von einander verschieden, sind doch unmittelbar für uns selbst nur dunkle und unbestimmte Impulse unsers Denkens und Wollens, die für uns erst ihre Bestimmtheit erhalten und von dem, was in uns vorgeht, uns Kunde geben, nachdem und soweit sie uns zum Bewußtseyn gekommen. Alles Beweisen aber besteht im Allgemeinen darin, daß uns etwas gewiß und evident gemacht d. h. das Bewußtseyn seiner Denknothwendigkeit geweckt werde. Dieß kann auch bei der unmittelbaren Gewißheit dadurch geschehen, daß die nur gefühlte Denknothwendigkeit uns durch unsre eigne Reflexion oder durch die Vorhaltungen eines Andern zum klaren Bewußtseyn gebracht wird. In diesem Sinne lassen sich nicht nur alle jene unmittelbar gewissen Sätze, deren das Beweisen im *engern* Sinne, die Argumentation, als Prämissen und Medien ihrer Gedankenverknüpfungen bedarf, sondern auch alle s. g. Thatsachen, daß es äußere Dinge giebt, daß der Schnee weiß, Wachs schmelzbar ist etc., doch noch beweisen. Erst mit einem solchen Beweise entsteht uns eine schlechthin unbezweifelbare Gewißheit, weil eine Gewißheit, die Rechenschaft über sich selbst geben kann. Damit auch erkennen wir erst, daß *alle* Gewißheit und Evidenz auf dem Gefühle der Denknothwendigkeit beruht, und, zum Bewußtseyn über sich selbst gekommen, mit dem Bewußtseyn der Denknothwendigkeit in Eins zusammenfällt. — |[7]

Sonach aber giebt es eine doppelte Gewißheit und Evidenz. Die erste ist die unmittelbare, die, mit dem Gedanken, der Anschauung oder Vorstellung (Auffassung) der Sache selbst anscheinend unmittelbar verknüpft, auf dem bloßen Gefühle der Denknothwendigkeit beruht und daher ihre volle Stärke und Klarheit erst gewinnt, wenn uns dieß Gefühl und damit die Denknothwendigkeit selbst zum deutlichen Bewußtseyn kommt. Sie ist die Gewißheit, die allem Thatsächlichen anhaftet und durch die allein jede Thatsache Thatsache ist. Die zweite ist die vermittelte, die auf Beweisführung (Argumentation) beruht und dadurch erst entsteht, daß vermittelst einer bestimmten Combination von Gedanken (Thatsachen, Begriffen, Urtheilen) die Denknothwendigkeit eines bestimmten neuen Gedankens nach Form und Inhalt zum Bewußtseyn gebracht wird. Auf eine von diesen beiden Formen, auf unleugbare Thatsachen (der innern oder äußern Wahrnehmung) oder auf strenge Beweisführung, muß sich jede Wissenschaft stützen, wenn ihr Verfahren wissenschaftliche Geltung haben soll. —

Will man zwischen Gewißheit und Evidenz noch unterscheiden, so kann man sagen: die Gewißheit sey das (mittel- oder unmittelbare) Bewußtseyn, daß wir einen Gedanken nur überhaupt *denken (haben)*, ein Seyn nur *überhaupt* annehmen müssen; die Evidenz dagegen das (mittel- oder unmittelbare) Bewußtseyn, daß wir einen Gedanken, wenn wir ihn denken, ein Seyn, wenn wir es annehmen, nur in dieser und keiner andern *Bestimmtheit* des Inhalts und der Form zu denken vermögen. Die Gewißheit wäre also das Bewußtseyn der Denknothwendigkeit da, wo letztere die bloße *Existenz* des Gedankens und resp. seines Objects betrifft, die Evidenz dasselbe Bewußtseyn da, wo die Denknothwendigkeit auf die *Beschaffenheit* des Gedankens, des Gegenstandes geht. — (Es kann uns z. B. vollkommen gewiß seyn, *daß* Gott ist und *daß* er als ein geistiges Wesen zu fassen ist, aber keineswegs vollkommen evident, *was* er ist, *worin* das Wesen des Geistes überhaupt und Seine geistige Wesenheit insbesondere besteht.) —

Aber auch die Denknothwendigkeit selbst, die Voraussetzung und Grundlage aller Gewißheit und Evidenz, erweist sich als eine zwiefache. Denn unser Denken selbst ist ein zwiefaches. Im *weitern* Sinne, in welchem wir es hier zunächst nehmen, umfasst es unsre |⁸ *ganze* psychische Thätigkeit, *alle* Actionen und Bewegungen der Seele, und somit auch alle unsre Empfindungen, Gefühle, Perceptionen etc. Von ihnen aber zeigt sich nun sogleich, daß wir sie gemäß der Naturbestimmtheit unsers Wesen haben *müssen*, und zugleich nicht umhin können, sie auf ein gegebenes reelles Daseyn zu beziehen. Unsre Gefühle des Hungers, des Durstes, der Ermüdung, der Sympathie und Antipathie etc. drängen sich uns unwiderstehlich auf, ebenso unsre Gesichts-, Gehörs-, Geruchsempfindungen und resp. Perceptionen. Wir müssen sie haben und können auch an ihrer Bestimmtheit nichts ändern; wir müssen daher den Schnee als weiß, das Wachs als schmelzbar, den Stein als hart fassen: es erscheint uns nun einmal so und nicht anders, und diese Erscheinung können wir weder beseitigen noch umgestalten. Sofern diese Perceptionen nicht von der Seele allein frei und selbständig, sondern nur unter Ein- und Mitwirkung des reellen Seyns von ihr producirt werden (und nur deshalb müssen wir sie haben und auf ein reelles Seyn beziehen), kann man sagen, daß diese Denknothwendigkeit auf einem *Leiden* der Seele beruht. Sie umfasst alle äußere und innere *Thatsächlichkeit*, alle *Erfahrung* im engern Sinne des Worts. Denn Alles, was wir erfahren und aus der Erfahrung ableiten, gründet sich in letzter Instanz auf solche nothwendige Sinnesempfindungen und Gefühlsperceptionen, d. h. auf die äußere oder innere Wahrnehmung. Sofern diese Denknothwendigkeit stets von einem Gefühle ihrer selbst begleitet ist, fällt sie mit jener ersten Form der Gewißheit, die wir die unmittelbare genannt haben, in Eins zusammen. Allerdings hat sie an sich nur subjective Geltung, nur für das, was jeder Einzelne an sich selbst erfährt oder was sich ihm als Thatsache aufdrängt. Aber unwillkührlich übertragen wir sie auf alle Menschen und messen ihr eine allgemeine Gültigkeit bei, — mit Recht, weil wir uns unmittelbar genöthigt finden, alle Menschen als Menschen einander gleich zu setzen und anzunehmen, daß von Gleichem das Gleiche gelte. —

Die *zweite* Denknothwendigkeit dagegen betrifft unser Denken im *engern* Sinne, d. h. diejenige Thätigkeit unserer Seele, die sie allein und selbständig und wenn auch auf Anregung, doch ohne Ein- und Mitwirkung eines andern Factors übt, mit der also kein Leiden verbunden ist und die daher als ihre *Selbstthätigkeit* bezeichnet |⁹ werden kann. Sie umfasst alles das, was die Seele mit den gegebenen Sinnes- und Gefühlsperceptionen, mit den gewonnenen Wahrnehmungen, Vorstellungen, Begriffen etc., ihrerseits vornimmt, also nicht nur alles Reflectiren, Nachdenken, Ueberlegen etc., d. h. alles Scheiden und Verknüpfen (Analysiren und Synthesiren [sic!]) der Gedanken, sondern überhaupt alles Thun der Seele[,] das sie *mit* Bewußtseyn übt und durch das sie sich etwas *zum* Bewußtseyn bringt. Soweit sie dabei in einer bestimmten, unveränderbaren Weise verfahren muß, macht sich in diesem ihren Thun eine Nothwendigkeit geltend, die in der eignen Natur der Seele und näher in der gegebenen Bestimmtheit der fundamentalen, jenes Thun ausübenden Geisteskraft ihren Grund haben wird. Diese zweite Denknothwendigkeit äußert sich vorzugsweise in allem Argumentiren, Demonstriren, Deduciren und Induciren, und fällt daher, zum Bewußtseyn gebracht, mit der zweiten Form der Gewißheit und Evidenz, die wir die vermittelte genannt haben, in Eins zusammen. Denn kraft ihrer müssen wir $A = A$, Gleiches als Gleiches fassen und also annehmen, daß Gleiches zu Gleichem Gleiches ergiebt etc.; kraft ihrer müssen wir die gleiche Erscheinung (Wirkung) auf die gleiche Ursache zurückführen und überhaupt alles Geschehen irgend eine Kraft oder Thätigkeit, von der es ausgeht, voraussetzen; kraft ihrer müssen wir annehmen, daß das Ganze größer sey als sein Theil, daß vom Einzelnen dasselbe gelten müsse[,] was vom Allgemeinen gilt u. s. w. Ließe sich bestimmt nachweisen, daß alle diese Sätze Eine und dieselbe Quelle haben, so würde damit die Quelle aller s. g. *logischen* Nothwendigkeit, aller *logischen* Gewißheit und Evidenz, und somit aller logischen Gesetze, Normen und Formen entdeckt seyn.

In der That glauben wir dieß klar nachweisen zu können, und darum ist es diese zweite Form der Denknothwendigkeit, die uns hier vorzugsweise interessirt und die wir daher noch näher in Betracht ziehen müssen. Vor Allem kommt es darauf an, diejenige Kraft oder Thätigkeit unsrer Seele genauer zu bestimmen, in deren Acten diese Denknothwendigkeit sich geltend macht, d. h. in deren Naturbestimmtheit sie selber gegründet ist. Denn es ist klar, daß die Nothwendigkeit, durch welche die eigene *Selbst*thätigkeit der Seele bedingt und bestimmt wird, nicht eine *äußere* Nöthigung seyn kann, sondern der Seele selbst *inhäriren* muß, also *nur* auf ihrer eignen Natur |[10] und Wesenheit beruhen oder nur Ausdruck der Naturbestimmtheit einer ihrer wesentlichen Kräfte und Thätigkeitsweisen seyn kann. Nun manifestirt sich aber, wie gezeigt, jene Denknothwendigkeit vorzugsweise in der eigentlichen Beweisführung und deren allgemeinen Prämissen (den Axiomen, Definitionen etc.). Jeder Beweis aber ist nur eine Verknüpfung oder Zusammenstellung von Gedanken in einer bestimmten Ordnung. Allein ich kann offenbar zwei Gedanken (Begriffe, Sätze) nicht mit einander verbinden, ohne sie als zwei zu fassen, d. h. ohne sie von einander zu *unterscheiden* und jeden in seiner gegebenen Bestimmtheit (Unterschiedenheit vom andern) zu denken: nur sofern und indem ich dieß thue, kann mir ihre Verknüpfbarkeit, ihre nothwendige Zusammengehörigkeit zum Bewußtseyn kommen. Aber auch jede Prämisse eines Beweises, jedes Urtheil, jeden allgemeinen Satz, jedes Axiom, kann ich *als* Prämisse nur fassen, indem ich sie von andern Sätzen (welche die Natur einer Prämisse nicht haben) *unterscheide* und dieses Unterschieds mir bewußt bin. Alles endlich, was ich aus der Prämisse folgere, kann ich wiederum nur *als* Folge fassen, indem ich es von seinem Grunde *unterscheide*: nur dadurch ist es Folge, daß es aus dem Grunde zwar hervorgeht, aber doch zugleich ein von ihm Verschiedenes ist. Alles Beweisen setzt also ein Unterscheiden voraus und kommt nur durch Unterscheiden und durch ein Verknüpfen von Unterschieden zu Stande. Die Denknothwendigkeit, die sich in ihm kundgiebt, wird also in letzter Instanz auf der Natur unsers Unterscheidungsvermögens (des Verstandes) oder der unterscheidenden Thätigkeit der Seele beruhen.

Bei näherer Betrachtung zeigt sich nun aber weiter, daß nicht nur jede Prämisse eines Beweises, sondern überhaupt *jede Vorstellung* im engern Sinne, d. h. jeder *bewußte* Gedanke, *aller* Inhalt unsers *Bewußtseyns* durch die *unterscheidende* Thätigkeit vermittelt ist, und somit auf ihr unser Bewußtseyn selber beruht.

Um dieß darzuthun, haben wir etwas näher in Betracht zu ziehen, was bis jetzt über die Entstehung unserer Vorstellungen ermittelt ist. Da ist es nun zwar durch eine große Anzahl von Thatsachen vollkommen erwiesen, daß die Nervenreizung und die ihr entsprechende sinnliche d. h. durch den gereizten Sinnesnerven vermit|¹¹telte Empfindung eine der unerläßlichen Bedingungen ist, an welche die Entstehung unserer Vorstellungen gebunden ist. Allein abgesehen davon, daß uns die Physiologie noch nicht einmal zu sagen weiß, was mit dem Nerven geschieht, wenn er gereizt wird, daß also die physiologischen Vorgänge, die hier in Betracht kommen, noch keineswegs genügend ermittelt sind, so weiß sie uns noch weniger zu sagen, wodurch eine *Nerven*reizung zur *Empfindung* wird: sie hat bis jetzt noch nicht Einen sichern Schritt zur Beantwortung dieser Frage zu thun vermocht. Im Gegentheil[,] die neueren Entdeckungen und die auf sie gestützten Theorieen, namentlich über die Entstehung der Klang- und Lichterscheinungen, sind nur geeignet[,] die Sache noch mehr zu verdunkeln. Bekanntlich werden nach diesen Theorieen die Töne auf verschiedene Schwingungen der atmosphärischen Luft, die Farben auf ähnliche Schwingungen des s. g. Aethers zurückgeführt, d. h. physikalisch, abgesehen von unsrer Empfindung und Perception, existiren keine Töne und Farben, sondern nur Wellenbewegungen der Luft- und Aetheratome von verschiedener Geschwindigkeit und Richtung. Diese vibrirenden Bewegungen afficiren (oder übertragen sich auf) unsre Gehörs- und Gesichtsnerven, setzen sich von ihnen bis in's Gehirn fort und werden hier je nach ihrer verschiedenen Bestimmtheit zur Empfindung der verschiedenen Töne und Farben. Eine 32 malige Schwingung der Saite erzeugt die Empfindung des tiefsten Tons, den ein gewöhnliches menschliches Ohr zu vernehmen vermag (Manche hören schon eine 16 malige Schwingung in der Secunde); eine 458 billionenmalige Schwingung des Aethers in einer Secunde ruft die Empfindung der tiefsten Farbe, des Roths, hervor. Nun empfinden wir aber den Ton nicht als die vibrirende Bewegung eines Stoffes, sondern als ein selbständiges Continuum, das eine gewisse Zeit hindurch fortdauert, gleichsam als Eine einen bestimmten Zeitraum durchschneidende Linie. Und noch weniger erscheint uns die Farbe als eine undulirende [wellenförmige] Bewegung, sondern vielmehr als eine ruhende, bestimmt umgränzte Fläche im Raum. Zwischen dem, was Ton und Farbe physikalisch und was sie für unsre Perception sind, findet sonach eine bedeutende Differenz statt: jeder Veränderung der Geschwindigkeit der Luft- und Aetherwellen folgt zwar eine Veränderung unsrer Sinnesempfindung, aber die Schwingung selbst hat keine Gleichartigkeit mit der Empfindung. Letztere kann mithin weder als die bloße |[12] Fortsetzung noch als das Abbild von jener betrachtet werden. Aehnlich verhält es sich mit den Geruchs- und Geschmacksempfindungen, obwohl bei ihnen, im Gegensatz zu jenen mechanischen Wellenbewegungen, chemische Processe überwiegen.

Die Naturwissenschaften vermögen weder jene Differenz selbst noch ihren Ursprung zu erklären. Sie werden es, trotz aller Fortschritte, ohne Zweifel nie vermögen. Denn so viel ist klar, daß die Entstehung der Empfindung auf Grund der vorangegangenen Nervenreizung kein leiblicher, natürlicher Vorgang, sondern ein Act der Seele ist, also dem naturwissenschaftlichen Gebiete gar nicht angehört. In der Leiblichkeit wie in der Natur überhaupt giebt es *nur* Bewegung, nach *außen, nur* Vibration oder Ortsveränderung, *nur* Thätigkeit von einem Atom auf das *andre*, also *nur* veränderte Disposition der Massen, nur Verschiebung oder andre Verknüpfung der kleinsten Theilchen (Atome), und selbst die häufig vorkommende Kreisbewegung (sey sie Rotation des Körpers um sich selbst oder ein s. g. Kreislauf) ist überall nur eine nach *außen* gehende und von *außen* zurückkehrende Bewegung. Das behauptet und vertheidigt die moderne Naturwissenschaft selbst mit größter Entschiedenheit. Wie man also auch die Thätigkeit der Nerven sich denken möge, immer kann die mechanische oder chemische Reizung derselben nur eine mechanische Bewegung oder neue Mischung ihrer kleinsten Theilchen hervorbringen. Die sinnliche Empfindung dagegen, d. h. die Nervenaffection[,] die *empfunden* und damit aus einer Bewegung der Nervenfasern in die Empfindung eines Tons, einer Farbe, umgesetzt wird, ist offenbar eine Thätigkeit oder Bewegung, die nach *innen* auf das bewegende Agens *selber* geht. Denn letzteres (der Geist oder die Seele) muß nothwendig die Nervenaffection, verändert oder unverändert, *in sich* aufnehmen oder sie *in sich* finden, um sie in eine Empfindung umsetzen zu können; und die Empfindung könnte niemals zu *seiner* Empfindung werden oder ihm auch nur als die seinige erscheinen, wenn in ihr nicht ein Element seiner selbst die Bestimmung oder Eigenschaft der Empfindung erhielte, zu einer Empfindung qualificirt wird. Darauf beruht die Wahrheit des alten Satzes, daß jede Empfindung zugleich *Selbst*empfindung ist, — ein Satz, den jede oberflächliche Selbstbeobachtung bestätigt. —

Allein auch auf dem Wege psychologischer Forschung vermögen |[13] wir nichts über die Entstehungsart unserer Empfindungen zu ermitteln: die genaueste Selbstbeobachtung giebt uns keine Kunde von der Art und Weise, wie und wodurch die Seele eine Nervenreizung in eine Empfindung (Sinnesperception) umwandelt. Wir werden auch schwerlich je zu dieser Erkenntniß gelangen. Denn bei näherer Betrachtung zeigt sich, daß Empfinden und Fühlen überhaupt Bedingung und Voraussetzung unsres Bewußtseyns ist und daß unsre Empfindungen und Gefühle immer schon entstanden *seyn* müssen, wenn wir uns ihrer bewußt werden sollen. Die Art ihrer Entstehung fällt mithin nothwendig außerhalb oder jenseits unsres Bewußtseyns.

Die psychische Function des Empfindens ist nämlich keineswegs Eins und dasselbe mit dem Bewußtseyn, keineswegs unmittelbar (immer und überall) mit Bewußtseyn verknüpft. Zahlreiche Thatsachen beweisen vielmehr, daß wir sehr wohl Empfindungen haben können, *ohne* uns ihrer bewußt zu seyn. Wir erinnern nur daran, daß wir uns des Drucks unsrer Kleider oder des Sessels, auf dem wir sitzen etc., meist nicht bewußt sind (weil wir uns daran gewöhnt haben); und doch empfinden wir ihn offenbar fortwährend, da wir uns ja seiner augenblicklich bewußt werden, sobald wir nur unsre Aufmerksamkeit darauf richten. Ebenso ergeht es uns mit einem lange und gleichmäßig andauernden Geräusch, einem gleichmäßig fortwährenden Leuchten (der Sonne, des Mondes), das wir sicherlich fortwährend hören und sehen, ohne uns seiner fortwährend bewußt zu seyn. Wir starren wohl gelegentlich, in Gedanken versunken, lange auf einen Gegenstand, ohne uns bewußt zu seyn[,] was wir sehen und daß wir überhaupt sehen; erst indem wir aus unserm Grübeln erwachen, bemerken wir den Gegenstand d. h. kommt uns die Gesichtsempfindung, die wir ohne Zweifel fortwährend hatten, zum Bewußtseyn. Aehnliche Erscheinungen zeigen sich bei heftigen Affecten, des Zorns, des Schreckens etc. Fielen Empfindung und Bewußtseyn in Eins zusammen, so wären diese Erscheinungen unmöglich. Folglich müssen wir nothwendig annehmen, daß unsre Empfindungen immer schon entstanden *seyn* müssen, *ehe* sie uns zum Bewußtseyn kommen, d. h. daß ihr Entstehen und ihr Bewußtwerden nicht Ein und derselbe Act ist. — Dasselbe gilt von den Gefühlen, in denen — im Unterschied von den Sinnesempfindungen — unsre eignen *innern* Zustände, die Bestimmtheiten, Bewegungen, Acte und Thätig|[14]keitsweisen unsrer Seele, sich uns kundgeben, von den Gefühlen der Sympathie und Antipathie, der Freude und Trauer, der Sehnsucht, der Unruhe etc. Wir lassen hier die Frage unerörtert, ob unsre Gefühle nur von bestimmten Vorstellungen hervorgerufen werden, und also die Vorstellung als solche voraussetzen. Offenbar ist dieß keineswegs bei allen der Fall; offenbar z. B. gehen jene allgemeinen Gefühle der Frische, der Munterkeit, der Regsamkeit, und resp. der Schwere, der Niedergeschlagenheit, der Unbefriedigkeit [sic!] (Verdrießlichkeit), die unsern s. g. Stimmungen zu Grunde liegen, nicht von bestimmten Vorstellungen aus und kommen uns auch in der Regel nicht zum Bewußtseyn, wenn wir nicht ausdrücklich darauf reflectiren. Indeß[,] wie dem auch sey, jedenfalls muß doch jedes Gefühl, wie jede sinnliche Empfindung, immer schon entstanden *seyn*[,] ehe es uns zum Bewußtseyn kommt. Denn auch hier wiederum haben wir über den Ursprung unsrer Gefühle nicht das leiseste Bewußtseyn. Mögen sie von bestimmten Vorstellungen ausgehen oder unmittelbare Selbstaffectionen der Seele seyn, mit denen ihre eignen Zustände, Bewegungen, Thätigkeiten sie afficiren —, Alles was wir über ihren Ursprung annehmen, beruht nur auf Reflexionen und Schlußfolgerungen, die wir machen[,] nachdem sie entstanden und uns zum Bewußtseyn gekommen sind. Und wie ihr Entstehen so ist auch ihr Fortbestehen völlig unabhängig von unserm Bewußtseyn: das Gefühl der Zuneigung, der Liebe entsteht nicht nur unwillkührlich und unbewußt, sondern es bleibt auch und verknüpft uns mit unsern Freunden, obwohl wir uns seiner nicht fortwährend bewußt sind. Auch hier also kann die Kraft oder Fähigkeit, infolge deren wir fühlen, nicht identisch seyn mit derjenigen, durch die wir uns unsrer Gefühle bewußt werden. Und folglich müssen wir annehmen, daß die Functionen des Empfindens und Fühlens und die Function der Seele, durch die ihr etwas zum Bewußtseyn kommt, *verschiedene* Acte oder Thätigkeitsweisen sind.

Worin besteht nun aber diese Function? Wodurch kommt uns etwas zum Bewußtseyn, und was ist der Ursprung und das Wesen des Bewußtseyns selbst? — Das ist die Fundamentalfrage des Psychologie, der Logik, der Wissenschaft überhaupt. Denn vom Wesen und Ursprung unsres Bewußtseyns hängt die Natur, Wesen und Ursprung all' unsres Wissens und Erkennens ab. Nun steht zwar |[15] durch allbekannte Thatsachen fest, daß[,] obwohl Empfindung und Gefühl keineswegs unmittelbar das Bewußtseyn involviren, wir doch andrerseits *ohne* Empfindungen und Gefühle überhaupt, ja sogar ohne die bestimmten Sinnesempfindungen des Gesichts und Gehörs zu keinem Bewußtseyn, wenigstens zu keinem klaren, bestimmten menschlichen Bewußtseyn zu gelangen vermögen. Das beweisen die zahlreichen Beispiele der Taubstummen, namentlich der Taub- und zugleich Blindgeborenen, die in völlig thierischer Stumpfheit ohne irgend ein Zeichen von Bewußtseyn verharren, wenn ihnen der Mangel jener s. g. höheren Sinne nicht durch eine äußerst künstliche Erziehung ersetzt wird. Allein damit ist nur eine der Bedingungen unsres Bewußtseyns ermittelt: es ist nur festgestellt, daß[,] wenn ein menschliches Bewußtseyn entstehen soll, irgend Etwas *da* seyn müsse, *das* uns zum Bewußtseyn kommt. Zugleich ergiebt sich aus denselben Thatsachen wie aus der einfachen Beobachtung jedes neugeborenen Kindes, daß das Bewußtseyn keine ursprüngliche Qualität der Seele ist, keine angeborene, ruhende Bestimmtheit, die der Seele fix und fertig inhärirte, sondern daß es allmälig entsteht, sich bildet und entwickelt. Es ist überhaupt nichts schlechthin Dauerndes, Beständiges: im Schlafe verliert sich das Bewußtseyn (wenigstens der Außenwelt), bei Ohnmachten etc. schwindet es gänzlich. Ebenso bleibt sein Inhalt nicht beständig derselbe: es *kommt* uns etwas zum Bewußtseyn, dessen wir uns bisher nicht bewußt waren, es *schwindet* Andres aus unserm Bewußtseyn[,] und wir erinnern uns oft nicht einmal, daß es jemals Inhalt unsers Bewußtseyn gewesen; der rasche *Wechsel* unsrer Vorstellungen ist sprüchwörtlich geworden. Sonach *müssen* wir annehmen (folgern), daß das Bewußtseyn auf irgend einer Thätigkeit (Kraft) oder Bewegung beruhe, durch welche sein eigner Ursprung wie dieser Wechsel vermittelt sey. Aber damit drängt sich uns wiederum nur die Frage auf: worin besteht diese Thätigkeit, diese eigenthümliche Bewegung?

Treten wir dieser Frage näher, so leuchtet sogleich ein, daß es eine mechanische, chemische, stoffliche Bewegung *nicht* seyn kann. Denn möge man jene Thätigkeit auch noch so materialistisch und naturalistisch fassen, etwa als eine Druck- und Stoßkraft, welche die Empfindungen, Wahrnehmungen etc. in das Bewußtseyn wie in ein gegebenes Gefäß hinein- und resp. heraustreibt; möge man auch das |[16] Bewußtseyn zu einem bloßen Spiegel degradiren, der die entstandenen Sinnesempfindungen, Gefühle etc. wie Bilder nur auffängt; — immer wird man nicht umhin können, dieß Auffangen und Wiederspiegeln [sic!] als eine Thätigkeit zu denken, welche der Spiegel *selbst* ausübt. Soll ich mir irgend einer Empfindung bewußt werden, so muß sie nothwendig *Inhalt* meiner Seele, mir *immanent* gegenständlich werden, und ebenso nothwendig muß das Bewußtseyn oder die Thätigkeit, durch die es entsteht, diesen Inhalt nicht nur in sich aufnehmen, sondern auch irgend etwas mit ihm *vornehmen*. Denn damit, daß ein Gefäß gefüllt, ein Stoff mit andern mechanisch oder chemisch verbunden, von andern ergriffen und umfasst wird, oder daß ein Lichtstrahl (eine Aetherbewegung) von irgend einem Stoffe (einem Spiegel) zurückgeworfen wird, kommt demselben offenbar noch nicht Bewußtseyn zu. Ist sonach das Bewußtseyn oder vielmehr das Bewußtwerden nothwendig eine Thätigkeit, die auf seinen *eignen* Inhalt geht, so ergiebt sich, daß auch das Bewußtseyn wiederum auf einer Kraft, Thätigkeit oder Bewegung beruht, welche nicht nach außen, sondern nach *innen* gerichtet, das bewegende Agens *selbst* zu ihrem Objecte hat und, wenn auch von außen (durch die Empfindung und resp. Nervenaffection) angeregt, doch insofern wahre *Selbst*thätigkeit ist, als sie die empfangene Anregung nicht bloß mechanisch fortpflanzt, sondern von ihr aus ihren eignen Weg in gerade entgegengesetzter Richtung einschlägt, offenbar also nicht dem äußern Anstoß unterthänig folgt, sondern in spontaner Selbständigkeit eine *neue*, in dem Anstoß nicht liegende Bewegung, eine ihr *eigenthümliche* Action vollzieht.

Eben weil die Kraft oder Thätigkeit auf das thätige Agens (die Seele) selbst geht, *beginnt* das Bewußtseyn gleichsam mit der *Selbst*empfindung, deren wir schon gedachten, die aber besser als Selbst*gefühl* der Seele zu bezeichnen seyn dürfte. Denn sie entsteht nur dadurch, daß jede Nervenreizung, indem sie von der Seele aufgenommen und in eine bestimmte Empfindung umgesetzt wird, eben damit die Seele *afficirt* und daher von einem bestimmten *Gefühle* begleitet ist, in welchem einerseits die Bestimmtheit der entstehenden sinnlichen Empfindung, andrerseits der Zustand der Seele bei und infolge der Entstehung derselben sich kundgiebt. Wie wir überhaupt von unsern innern Zuständen und Vorgängen, von |[17] unsern Bedürfnissen, Trieben, Begehrungen etc. ein unmittelbares Gefühl haben, so fühlen wir auch, *daß* wir sehen, hören etc., und daß die Gesichtsempfindung eine andre ist als die Gehörsempfindung. Das ist unzweifelhafte Thatsache des Bewußtseyns. Dieß Gefühl ist indeß meist ein sehr schwaches, unbestimmtes, und erscheint mit der Empfindung so unmittelbar verknüpft, daß es für unser Bewußtseyn in Eins mit ihr zusammenfällt und daher, wenn wir nicht ausdrücklich darauf reflectiren, uns gar nicht zum Bewußtseyn kommt. Dennoch kann es keinem Zweifel unterliegen, daß es mit der sinnlichen Empfindung nicht schlechthin identisch ist. Denn in vielen Fällen kommt uns der Unterschied beider zum deutlichen, unabweisbaren Bewußtseyn, indem die meisten Geruchs- und Geschmacksempfindungen, aber auch viele Gesichts-, Gehörs- und Tastempfindungen von einem ganz bestimmten Gefühle des Angenehmen oder Unangenehmen begleitet sind, das sich, namentlich beim Gesicht und Gehör, deutlich von der sinnlichen Empfindung selber (der gesehenen Farbe und Gestalt, dem gehörten Tone) abscheidet. Beim Sehen in die Sonne, beim Hören eines quietschenden oder kratzenden Tones haben wir sogar ein entschiedenes Gefühl des Schmerzes. Mag dasselbe auch bloß auf einer zu heftigen Reizung unsrer Gesichts- und Gehörsnerven beruhen, jedenfalls drängt sich uns damit zugleich das Gefühl auf, daß wir eine bestimmte Sinnesempfindung haben. Und in der That würden wir nie ein Bewußtseyn darüber gewinnen können, daß *wir* es sind[,] die empfinden, wenn nicht die Existenz und resp. Bestimmtheit unsrer Empfindungen sich in solchen Gefühlen, die wesentlich Selbstgefühle sind, kundgäbe. Dieses Selbstgefühl, das sonach alle Sinnesempfindungen wie alle bestimmten Einzelgefühle implicite involviren und das wir, nachdem es uns zum Bewußtseyn gekommen, als das Gefühl unsres eignen Daseyns (als Lebensgefühl etc.) zu bezeichnen pflegen, ist daher allerdings die zweite *innere* (wie die Nervenreizung und die ihr folgende Sinnesempfindung die äußere) Bedingung der Entstehung des Bewußtseyns und *insofern* der Anfang desselben. Nichtsdestoweniger ist damit noch keineswegs das Bewußtseyn selbst gegeben. Vielmehr muß uns das bloße Gefühl, daß wir empfinden und verschiedene Sinnesempfindungen haben, selbst erst zum Bewußtseyn kommen, ehe wir eine Kenntniß von dem erhalten, dessen Existenz und Bestimmtheit in ihm sich ausdrückt und |[18] damit zwar *in* der Seele, aber noch nicht *für* die Seele sich kundgiebt. Mit andern Worten, diese bloße Kund*gebung* (die bloße *Perception*) der Existenz und Bestimmtheit der sinnlichen Empfindungen und Einzelgefühle muß erst zu einer Kund*nehmung* werden, das was in der Seele ist als ihr integrirendes Moment, muß erst der Seele selbst *gegenüber* gestellt, ihr immanent gegenständlich werden, ehe es zu einer Kunde *für* die Seele, zu einem Wissen (Bewußtseyn) werden kann. Sinnesempfindungen verschiedener Art, Schmerz- und Lustgefühle, Triebe und Instincte, die Kundgebung derselben im Selbstgefühl (die Perception des Gesehenen, Gehörten etc.) und damit die Fähigkeit sich ihrer wieder zu erinnern, schreiben wir daher auch den (höhern) Thieren zu; aber Bewußtseyn und Selbstbewußtseyn haben noch alle besonnenen Forscher der Thierseele abgesprochen und damit zwischen der *Seele* des Thiers und dem *Geiste* des Menschen eine bestimmte Gränzlinie gezogen.

In der That haben wir auch ein klares Bewußtseyn darüber, daß Selbstgefühl und Bewußtseyn keineswegs identisch sind. Denn wie die sinnliche Empfindung, so drängt auch das sie begleitende Gefühl sich uns unwillkührlich auf. Dasselbe gilt von allen übrigen einzelnen Gefühlen, die von der sinnlichen Empfindung und Perception unabhängig erscheinen. Wir haben schlechthin keine Gewalt weder über unsre Empfindungen noch über unsre Gefühle und eben deshalb auch nicht über unser Selbstgefühl. Das ist wiederum eine Thatsache, die uns auch sofort zum klaren Bewußtseyn kommt, sobald wir nur unsre Aufmerksamkeit darauf richten. Ueber den Inhalt unsres Bewußtseyns und damit über letzteres selbst haben wir dagegen eine wenn auch beschränkte Macht, die unser Wille ausübt oder in deren Bethätigung unser Wille selbst besteht. Wenn ich an diese oder jene Arbeit zu gehen, mit der Untersuchung dieses oder jenes Gegenstandes, mit der Erörterung einer bestimmten Frage mich zu beschäftigen gedenke, so folgt der Inhalt meines Bewußtseyns willfährig diesem Entschlusse. Die Vorstellungen, auf welche die Arbeit sich bezieht, stellen sich von selbst in meinem Bewußtseyn ein und bieten sich als Object meiner Betrachtung, als Stoff beliebiger Combinationen etc. willig dar. Ebenso willig folgen sie — im gewöhnlichen (ruhigen) Zustande unsers geistigen Lebens — auch dem Befehle, aus dem Bewußtseyn zu weichen: ich kann beliebig |[19] von dem Nachdenken über den einen Gegenstand zur Untersuchung eines andern übergehen, d. h. die Vorstellung des ersten aus meinem Bewußtseyn entfernen und dafür die des zweiten aufnehmen. Worauf diese Beliebigkeit im letzten Grund beruhen möge, kümmert uns hier nicht. Wir wollen durch Berufung auf die angeführten Thatsachen nur so viel darthun, daß das, was Inhalt unsres Bewußtseyns wird, nicht stets von selbst und unwillkührlich sich ihm aufdrängt, sondern unter Umständen von einer selbstbewußten Thätigkeit unsres Geistes abhängt. Nehmen wir zu ihnen noch die oben (S. 13)[5] erwähnten Thatsachen hinzu, wonach unter Umständen sinnliche Empfindungen, welche wir unzweifelhaft haben und deren Existenz ebenso unzweifelhaft auch im Gefühle sich kundgiebt, uns doch nicht zum Bewußtseyn kommen, wenn wir nicht ausdrücklich unsre Aufmerksamkeit darauf richten, so werden wir zu dem Schlusse berechtigt seyn, daß das Bewußtseyn oder vielmehr Bewußtwerden nicht, wie das Gefühl und Selbstgefühl, auf einer bloßen Affection und dem damit verknüpften Reagiren und Percipiren der Seele beruhen kann, sondern eine besondre Kraft oder Thätigkeitsweise voraussetzt, welche zwar der Anregung von anderswoher bedarf und unter Umständen sich vollziehen *muß*, doch aber immer eine *selbsteigne Thätigkeit* der Seele bleibt, die sogar bis auf einen gewissen Grad unter die Botmäßigkeit unsres Willens gestellt ist. —

Wollen wir nun untersuchen, worin diese Kraft oder Thätigkeit bestehen möge, so können wir freilich nur aus Thatsachen des schon entstandenen Bewußtseyns *Schlüsse* ziehen auf die Art und Weise, wie das Bewußtseyn entstehen möge. Denn was *vor* dem entstandenen Bewußtseyn liegt, davon können wir keine unmittelbare Erkenntniß durch Selbstbeobachtung erlangen, weil jede Erkenntniß, jede Selbstbeobachtung das Entstandenseyn des Bewußtseyns *voraussetzt*. Diese Schlüsse aber haben, wie uns dünkt, eine genügende Evidenz, um die Behauptung vollkommen zu rechtfertigen, daß es die *unterscheidende* Thätigkeit der Seele sey, auf welcher das Bewußtwerden beruht. Zunächst fordert die *Einheit* des Bewußtseyns, daß auch diejenige Thätigkeit, durch welche dasselbe entsteht, an sich nur Eine sey. Die Einheit des Bewußtseyns aber — die nur nicht zu verwechseln ist mit dem Bewußtseyn *der* Einheit unsers Wesens, welches allerdings keineswegs fortwährend vorhanden ist — |[20] lässt sich schlechterdings nicht leugnen. Denn sie folgt nicht daraus, daß uns unser *Wesen* als Eins erscheint, sondern daraus, daß uns *überhaupt* Etwas erscheint (zum Bewußtseyn kommt). Wäre das Bewußtseyn oder[,] was dasselbe ist, das Subject welchem Etwas erscheint, aus mannichfaltigen[,] wenn auch noch so innig verbundenen Theilen oder Ele-

---

[5] Das ist S. 51 dieser Ausgabe.

menten (etwa den s. g. Atomen) zusammengesetzt, so müßte die Erscheinung ebenso vielfach sich wiederholen, wie vielfach das Subject derselben zusammengesetzt wäre: eine Einheit der Erscheinung wäre schlechthin unmöglich. Denn so gewiß jede Wirkung auf ein zusammengesetztes Wesen nur so weit reicht, als sie die verschiedenen Theile (Elemente) desselben trifft, so gewiß könnte ein solches Wesen eine Erscheinung nur haben[,] wenn und sofern sie den einzelnen Theilen desselben erschiene, d. h. sie könnte nicht Eine Erscheinung, sondern immer nur eine Vielheit von Erscheinungen seyn. Die Einheit der Erscheinung, d. h. die ganz unbezweifelbare Thatsache, daß jeder Gegenstand in unserm Bewußtseyn (als Inhalt desselben) nur Einmal und damit als ein einiger sich darstellt, verbürgt mithin die Einheit des Bewußtseyns selbst. Dann aber kann auch die Thätigkeit, durch die das Bewußtseyn entsteht, nur eine einfache, Eine, sich gleich bleibende seyn: denn eine mannichfache, zusammengesetzte Thätigkeit würde nothwendig auch eine mannichfache, zusammengesetzte Wirkung haben. Allein an dieselbe Eine Thätigkeit müssen wir doch zugleich die Forderung stellen, daß durch sie auch die *Vielheit* der (an sich einigen) Erscheinungen, die wechselnde *Mannichfaltigkeit* des Inhalts unsers Bewußtseyns vermittelt sey. Denn dieser Inhalt ist ja nicht ein dem Bewußtseyn fremder, äußerlicher, sondern eben *sein* Inhalt, ihm immanent und dergestalt zu ihm gehörig, daß es ohne ihn nicht Bewußtseyn wäre. Eine solche Thätigkeit aber, die selbst nur Eine und deren Erfolg doch eine Mannichfaltigkeit des Inhalts in sich trüge, finden wir im ganzen Umkreis unsrer Kenntniß und Erkenntniß nirgend anders als in der *unterscheidenden* Thätigkeit. Sie allein ist es, die nicht nur, so mannichfaltige Unterschiede sie auch setzen mag, immer sich selber gleich auf dieselbe gleiche Weise verfährt, sondern auch die Mannichfaltigkeit des Unterschiedenen insofern unmittelbar verknüpft und zusammenfasst, als alles Unterscheiden zugleich ein Beziehen der Objecte auf einander und damit ein Synthesiren involvirt. |[21]

Aber auch noch andre Erwägungen führen zu demselben Resultate. Es ist unzweifelhafte Thatsache des Bewußtseyns, daß wir in allen Fällen, wo wir eine möglichst klare und deutliche Vorstellung von der Gestalt, Größe, Beschaffenheit eines Dinges gewinnen[,] d. h. seine volle Bestimmtheit uns zum Bewußtseyn bringen wollen, das Ding so genau als möglich mit andern vergleichen. Dadurch kommen uns Bestimmtheiten

(Merkmale, Besonderheiten) zum Bewußtseyn, die wir bisher nicht bemerkt hatten. Alles Vergleichen ist aber nur ein Unterscheiden, welches die Unterschiede zweier Dinge fixirt und dieselben von dem, worin die Dinge gleich oder ähnlich sind unterscheidet. Ganz unabsichtlich und unwillkührlich wenden wir dasselbe Verfahren an, wenn wir einen neuen, uns noch völlig unbekannten Gegenstand erblicken. Zunächst sehen wir ihn nur überhaupt, d. h. wir haben nur überhaupt eine (bestimmte) Gesichtsempfindung[,] und wenn wir auf dieselbe achten, d. h. wenn wir den Gegenstand nicht bloß sehen, sondern auch bemerken, kommt sie uns auch zum Bewußtseyn. Aber damit wissen wir nur[,] *daß* wir einen bestimmten Gegenstand sehen, nicht aber (wegen der Neuheit desselben) *was* für einen Gegenstand wir sehen. Dieß erfahren wir erst, indem wir — allerdings mit der Schnelligkeit des Gedankens und ohne unmittelbar ein Bewußtseyn darüber zu haben — den Gegenstand von andern Dingen zu unterscheiden und mit einer Anzahl ähnlicher Gegenstände, deren wir uns erinnern, zu vergleichen beginnen. Dadurch erst kommt uns seine Größe, seine eigenthümliche Gestalt, seine verschiedenen Eigenschaften etc. zum klaren Bewußtseyn. (Alles Beobachten und resp. Experimentiren, durch das die moderne Naturwissenschaft so bedeutsame Entdeckungen gemacht, d. h. wahrgenommen hat[,] was bis dahin nicht wahrgenommen worden, ist nichts andres als ein in seiner Genauigkeit künstlich gesteigertes Unterscheiden und Vergleichen.) Darum sagen wir beim Anblick weit entfernter Gegenstände mit Recht: ich sehe da wohl eine Gestalt, ein Etwas, aber ich kann nicht *unterscheiden*, was es seyn mag. Wäre das Etwas ohne *alle* bestimmte Gestalt, Größe, Farbe etc., also völlig verschwimmend und zerfließend und daher von *nichts* Andrem unterscheidbar, so würden wir es gar nicht bemerken. Es ist vielmehr wiederum eine vollkommen sichere Thatsache des Bewußtseyns, daß wir uns ein *schlechthin* Unbestimmtes gar nicht zu denken vermö|²²gen, d. h. daß ein solches überhaupt gar nicht Inhalt unsres Bewußtseyns seyn kann. Daraus folgt, daß Alles und Jedes[,] indem es Inhalt unsres Bewußtseyns wird, zugleich irgend eine Bestimmtheit erhalten muß, und daß daher Alles, was wir Unbestimmt nennen, nur darum so heißen kann, weil es uns im Vergleich mit Andrem *weniger* bestimmt erscheint, d. h. daß überhaupt nur von einem *relativ* Unbestimmten die Rede seyn kann. Da nun in jenen Fällen nur durch die unterscheidende und vergleichende Thätigkeit die relative Unbestimmtheit einer Anschauung in Bestimmtheit verwandelt wird, so werden wir schließen müssen, daß überhaupt *alle* Bestimmtheit des Inhalts unsres Bewußtseyns auf derselben unterscheidenden Thätigkeit beruhe und nur je nach dem Maaße ihrer Stärke, der Sorgfalt oder Nachläßigkeit ihrer Ausübung und der Beschaffenheit ihres Stoffes (des Gegenstandes) mannichfach variire. Dann aber beruht offenbar auch dieß, *daß* uns Etwas zum Bewußtseyn kommt und unser Bewußtseyn *überhaupt einen Inhalt* gewinnt, d. h. das Bewußtwerden selber, auf der unterscheidenden Thätigkeit. Denn kommt uns Etwas nur in dem Falle und in dem Maaße zum Bewußtseyn, wenn und soweit es irgend eine Bestimmtheit für dasselbe gewinnt, und erhält es diese Bestimmtheit nur durch die unterscheidende Thätigkeit, so kann ohne deren Mitwirkung ein Bewußtwerden überhaupt nicht stattfinden, — die Entstehung des Bewußtseyns ist nothwendig durch die unterscheidende Thätigkeit vermittelt.

Dasselbe Resultat endlich ergiebt sich aus einer näheren Prüfung jener Fälle, in denen wir eine bestimmte Sinnesempfindung zwar unzweifelhaft haben, uns ihrer aber nur bewußt werden, wenn wir unsre Aufmerksamkeit auf sie richten. Was ist diese Aufmerksamkeit, die wir nach unzweifelhaften Thatsachen hervorrufen und dahin oder dorthin lenken können? Ich merke oder bemerke etwas will zunächst nur sagen: es kommt mir eine bestimmte Sinnesempfindung zum Bewußtseyn; und wenn ich etwas nicht bemerkt habe, so kann das nicht heißen, daß dieß Etwas überhaupt gar nicht in meinen Gesichtskreis gekommen sey: denn dann könnte von ihm auch gar nicht die Rede seyn und es wäre nur lächerlich, wollte ich Jemandem mittheilen, daß ich etwas, das auf dem Himalaya passirt ist, hier in Halle nicht bemerkt habe. Es kann vielmehr nur heißen, daß |[23] ich dieß Etwas zwar gesehen, eine Gesichtsempfindung von ihm gehabt habe, dieselbe mir aber nicht zum Bewußtseyn gekommen sey. Der sprachliche Unterschied zwischen Bemerkung und bloßer Sinnesempfindung setzt mithin die Thatsache als allgemein anerkannt voraus, daß wir einen bestimmten sinnlichen Eindruck haben können[,] ohne uns seiner bewußt zu werden. Danach aber kann Aufmerken oder Aufmerksamwerden nur heißen, daß ich aus irgend einer Veranlassung meinen Willen darauf richte, einen bestimmten sinnlichen Eindruck, dessen Eintreten zu erwarten ist oder bereits begonnen hat, nicht bloß zu empfangen, sondern ihn selbst, sein Eintreten, seine Bestimmtheit auch zu bemerken. Aber wodurch vermag ich diese Absicht zu erreichen? Das Eintreten wie die Bestimmtheit der sinnlichen Empfindung als solcher hängt nicht von mir ab: durch meinen bloßen Willen vermag ich keine Empfindung hervorzurufen noch ihre Beschaffenheit zu ändern. Die Absicht kann also nur auf das Bewußtwerden der Empfindung gerichtet seyn, und setzt mithin voraus, daß dieß Bewußtwerden von einer meinem Willen gehorchenden psychischen Thätigkeit abhängig sey. Wenn wir die Ankunft eines Wagens mit Ungeduld erwarten, so richten wir unsre Aufmerksamkeit auf jedes leise Geräusch, damit uns kein Ton unbemerkt entgehe, d. h. wir richten jene Thätigkeit, von der das Bewußtwerden einer sinnlichen Empfindung abhängt, vorzugsweise auf alle Gehörsempfindungen. Aber welches ist diese Thätigkeit? Mich dünkt, es ist keine andre Antwort möglich als: die unterscheidende Thätigkeit ist es, eben dieselbe, welche wir mit größtmöglicher Sorgfalt ausüben und nach gewissen Gesichtspunkten dirigiren, wenn wir eine Sache genau untersuchen, ihre Beschaffenheit in größtmöglicher Bestimmtheit uns zum Bewußtseyn bringen wollen. Hängt aber sonach das Bewußtwerden sehr schwacher und unbestimmter Empfindungen von unsrer Aufmerksamkeit ab, und besteht letztere darin[,] daß wir unsre unterscheidende Denkthätigkeit auf sie concentriren (fixiren), so müssen wir wiederum schließen, daß das Bewußtwerden überhaupt und somit die Entstehung des Bewußtseyns durch dieselbe Thätigkeit vermittelt sey. —

Diese Thätigkeit des Unterscheidens ist indeß nicht die alleinige Ursache des Bewußtseyns. Sie selbst, und damit die Entstehung des Bewußtseyns, ist vielmehr, wie wir gesehen haben, ihrerseits |[24] bedingt 1) durch das Daseyn eines Stoffes, — der sinnlichen Empfindungen, der Gefühle, Triebe etc. — den sie nicht zu produciren vermag, sondern vorfinden muß. Sie ist aber 2) auch bedingt, ja unter Umständen *necessitirt* durch eine Anregung, die sie entweder von diesem Stoffe, von den Empfindungen und den Gefühlen etc. oder von unsern Willensacten empfängt, und durch die sie erst in Wirksamkeit gesetzt wird. Denn es ist Thatsache des Bewußtseyns, daß sinnliche Empfindungen wie bestimmte Gefühle von einer gewissen Stärke sich gleichsam mit Gewalt in unser Bewußtseyn eindrängen, d. h. daß wir nicht umhin können, sie zu bemerken. Mithin ist unsre unterscheidende Thätigkeit kein schlechthin selbständiges, in sich selbst beginnendes und von selber wirkendes Thun, sondern an sich nur Kraft oder Fähigkeit, welche zwar, einmal in Bewegung gesetzt, ohne Mitwirkung andrer Factoren selbstthätig wirksam ist, doch aber eines Hebels bedarf, durch den sie in Thätigkeit gesetzt wird.

Nun kann es aber kaum einem Zweifel unterliegen, daß es anfänglich und zunächst sinnliche Empfindungen sind, welche (im Kinde) diese Kraft des Unterscheidens zur Thätigkeit anregen. Und sonach glauben wir behaupten zu dürfen, daß der Hergang, dessen Erfolg die Entstehung und der erste Anfang des Bewußtseyns ist, folgender sey. — Das Gefühl, welches jede sinnliche Empfindung begleitet, reizt, je stärker es ist desto unwiderstehlicher, die Seele zunächst zu einer Reaction gegen die gleichsam ihr abgedrungene und durch das Gefühl ihr einverleibte sinnliche Empfindung. Diese Reaction aber nimmt gemäß der Natur der menschlichen Seele die eigenthümliche Form an, daß sie die bestimmte sinnliche Empfindung von dem eignen Selbst der Seele — welches in jedem Gefühle, weil es zugleich Selbstgefühl ist, mit gegeben ist, — absondert und als bloßes einzelnes Moment, als eine ihrer besondern Bestimmtheiten, ihr selber gegenüberstellt, d. h. die bestimmte sinnliche Empfindung und das sie begleitende Gefühl regt das der menschlichen Seele inhärirende Vermögen des Unterscheidens zur Thätigkeit an und mittelst derselben scheidet die Seele zunächst ihre bestimmte Empfindung von ihrem eignen empfindenden Selbst. Damit wird ihr die Empfindung *immanent gegenständlich*, d. h. sie wird sich derselben bewußt. Allein durch diesen ersten Act der unterscheidenden Thätigkeit wird |25 nur die Empfindung überhaupt Inhalt des Bewußtseyns, das eben damit selbst erst entsteht. Die Seele erhält zwar von dem, was sie bis dahin nur *fühlte*, jetzt eine *Vorstellung*,* aber nur erst eine Vorstellung davon, *daß* sie eine bestimmte Sinnesempfindung hat, *daß* sie etwas sieht, hört etc. Kurz[,] sie wird sich wohl der einzelnen bestimmten Sinnesempfindung bewußt, nicht aber *worin* die Bestimmtheit derselben bestehe. Die Bestimmtheit *als solche* kann ihr erst zum Bewußtseyn kommen, wenn und indem sie den bestimmten sinnlichen Eindruck, den sie empfangen, nicht bloß von ihrem eignen empfindenden Selbst, sondern von einem bestimmten *andern* sinnli-

---

*Unter Vorstellung im *weitern* Sinne begreifen wir Alles, was uns überhaupt immanent *gegenständlich*, Inhalt unsres *Bewußtseyns* wird, also auch alle bloßen Empfindungen, Gefühle, Triebe, sofern wir uns ihrer bewußt werden.

chen Eindruck unterscheidet. Denn eine Bestimmtheit kann nur von einer andern *Bestimmtheit* unterschieden werden. Ohne diesen *zweiten* Act der unterscheidenden Thätigkeit würde daher die an sich vorhandene Bestimmtheit der sinnlichen Empfindung eine bloß *an sich* seyende bleiben, nicht zu einer Bestimmtheit *für* die Seele, nicht zu einer Vorstellung werden. Auch zu diesem zweiten Acte indeß wird die unterscheidende Thätigkeit durch die Empfindung selbst angeregt. Denn wenn wir zwei *verschiedene* Sinnesempfindungen zugleich haben, so wird in den sie begleitenden Gefühlen die Seele auch *verschiedentlich* afficirt; und weil diese Gefühle nur Selbstaffectionen der Seele durch die Empfindungen sind, so *fühlt* die Seele sich selber in ihnen *verschiedentlich* afficirt, d. h. die verschiedenen Gefühle werden im Selbstgefühle der Seele zu einem Gefühl *der* Verschiedenheit. Die Bestimmtheit jedes sinnlichen Eindrucks besteht aber nur in seinem *Unterschiede* von andern Sinnesempfindungen. Indem also die Seele diesen Unterschied fühlt, fühlt sie auch die Bestimmtheit der sinnlichen Empfindung, und umgekehrt. (Die Thierseele, welcher die Selbstthätigkeit des Unterscheidens abgeht, bleibt bei diesem bloßen Gefühle des Unterschieds ihrer Sinneseindrücke stehen und kommt daher über die bloße Perception nicht hinaus.) Dieses Gefühl ist es, das die unterscheidende Thätigkeit anreizt, sich auf die beiden verschiedenen Empfindungen zu richten und sie von *einander* zu unterscheiden. Damit kommt der Seele die *Bestimmtheit* beider zum *Bewußtseyn*. Nur indem |[26] wir die eine Gesichtsempfindung von einer andern unterscheiden, kommt es uns zum Bewußtseyn, daß dieser Gegenstand roth, jener blau ist; und nur indem wir eine Gesichtsempfindung von einer Gehörsempfindung unterscheiden, gewinnen wir das Bewußtseyn, daß die Farbe etwas andres ist als der Ton. Auch ist die unterscheidende Thätigkeit nicht bloß an unmittelbar gegenwärtige Sinnesempfindungen gebunden. Mittelst der Erinnerung kann vielmehr ein gegenwärtiger Sinneseindruck auch von einem vergangenen unterschieden werden. Denn aus der Natur des Gedächtnisses (vgl. Glauben u. Wissen, S. 41f.) folgt,[6] daß auf Grund gewisser Anregungen frühere Sinnesperceptionen, wenn auch abgeschwächt, in der Seele sich erneuern und so der Vergleichung mit gegenwärtigen sich darbieten oder zu diesem Be-

---

[6] Ulrici *1858.1*. Ulrici bestimmt dort das Gedächtnis als „unmittelbar mit dem Gefühle gegeben und daher auf dasselbe zurückzuführen" (41).

hufe in's Bewußtseyn zurückgerufen werden können. Dadurch erklärt es sich, daß, wenn wir denselben Gegenstand zum zweiten und dritten Male sehen, d. h. wenn wir wiederholentlich ganz dieselbe Gesichtsempfindung haben, uns *ohne* neue Unterscheidung und Vergleichung nicht nur die Bestimmtheit des Gegenstandes, sondern auch seine Identität zum Bewußtseyn kommt. —

Auf diese Weise bildet sich der erste Inhalt unsers Bewußtseyns und erhält mit jedem neuen Acte der Unterscheidung eine größere Fülle und Mannichfaltigkeit, eine Vermehrung des Schatzes unsrer Erinnerung, der um so stärker anwachsen wird, je weniger wir vergessen. Auf diese Weise gewinnen wir zunächst unsre ersten Vorstellungen von dem[,] was wir sehen, hören, tasten, schmecken, riechen, d. h. von den s. g. äußern *Dingen*. Denn obwohl uns immer nur die *Bestimmtheit* unsrer *eignen* Sinneseindrücke zum Bewußtseyn kommt, so können wir doch nicht umhin, diese Bestimmtheit, weil unsre Sinnesempfindungen von *außen* durch die Nervenreizung uns *aufgenöthigt* werden und wir auch ein Gefühl dieser Aufnöthigung haben, nach *außen* zu beziehen, sie einerseits von einem äußern Daseyn zu unterscheiden und andrerseits auf dieses Aeußere und damit auf gesehene, gehörte Dinge zu übertragen (— ein Punkt, auf den wir weiter unten noch zurückkommen werden).[7] Anfänglich unterscheidet daher das Kind nur einzelne Eigenschaften der Dinge, Farbe von Farbe, Ton von Ton, Gestalt von Gestalt etc. Allgemach aber bemerkt es, daß gewisse dieser Bestimmtheiten (Perceptionen) immer zugleich und vereinigt hervortreten, während |[27] andre getrennt erscheinen, daß es z. B.[,] wenn sein Bett ihm weiß erscheint, zugleich die Empfindung des Glatten und Weichen hat, die es veranlasst ist[,] auf dasselbe äußere Object zu übertragen, weil beide Empfindungen in ihrer Beziehung nach außen in demselben Punkte zusammentreffen. Aber diese Bemerkung macht das Kind nur dadurch, daß es solche stets vereint erscheinende Sinnesperceptionen von andern, die getrennt bleiben, *unterscheidet*. Damit gewinnt es die Vorstellung eines solchen Vereins oder Complexes von einzelnen Bestimmtheiten, die in einem äußern Objecte zusammentreffen, d. h. die Vorstellung eines Dinges als eines Vereinganzen mehrerer Eigenschaften.

---

[7] Ulrici bezieht sich hier auf seine Ausführungen in § 9, S. 79–84 dieser Ausgabe.

Und indem es weiter Ein solches Vereinganzes vom andern unterscheidet, erhält diese Vorstellung ihre Bestimmtheit für sein Bewußtseyn, d. h. es wird sich bewußt, daß es von einer Mannichfaltigkeit bestimmter Dinge umgeben ist, welche es dann weiter unter einander vergleichen und damit in immer reicherem Maaße ihre eigenthümliche Natur, ihre Verhältnisse zu einander, die Veränderungen[,] die sie erleiden u. s. w. zu erkennen im Stande seyn wird. Aber während dieses Processes der Entwicklung seines Bewußtseyns unterscheidet es auch schon seine Sinnesempfindungen, Perceptionen, Wahrnehmungen von seinen Gefühlen, die immer zugleich *Selbst*gefühle der Seele sind, und diese Gefühle von einander, und damit gewinnt es eine Vorstellung von dem, was wir Lust und Unlust, Freude und Schmerz, Sympathie und Antipathie, Neigung und Abneigung, Liebe und Haß, Zorn, Aerger u. s. w. nennen. So gelangt es immer mehr zum Bewußtseyn von den eignen bestimmten Zuständen seiner Seele, und lernt auch allgemach unterscheiden, was davon durch Einflüsse des Körpers, was durch die eignen Bewegungen (Triebe, Strebungen, Thätigkeiten) der Seele selbst hervorgerufen wird. Aber auch unsre Willensacte sind überall durch die unterscheidende Thätigkeit vermittelt und werden durch sie erst zu *Willens*acten. Denn nur dadurch, daß wir unsres Begehrens und Strebens uns *bewußt* sind, unterscheidet sich der menschliche Wille von den dunklen Trieben und Instincten, denen wie es scheint, das Thier folgt. Daß wir aber begehren und worin unsre Begehrungen bestehen, das kommt uns wiederum nur zum Bewußtseyn dadurch, daß wir unsre Triebe, Strebungen, Begehrungen von einander wie von unsern Sinnesperceptionen, Gefühlen, Gedanken und von |[28] der begehrenden Seele selbst unterscheiden. Schritt für Schritt geht dann die unterscheidende Thätigkeit an der Hand der Erfahrung weiter. Wir unterscheiden zuvörderst unsre Begehrungen von den Objecten, auf die sie gerichtet sind, und werden uns damit bewußt, *was* wir begehren. Wir unterscheiden weiter das Object von den Mitteln[,] es zu erreichen und zur Befriedigung der Begierde zu verwenden, und werden uns damit bewußt[,] was wir zu thun und zu lassen haben, um unsern Begehrungen Genüge zu thun, u. s. w. Kurz[,] nur durch die unterscheidende Thätigkeit wird ein *bewußtes* Handeln möglich, und nur ein *bewußtes* Handeln kann ein *freies* Handeln seyn.

—

Sonach aber müssen wir behaupten: *alle* unsre Vorstellungen, alle Wahrnehmungen und Anschauungen von den mannichfaltigen Dingen außer uns wie Alles[,] was wir von uns selbst wissen und was wir wissentlich thun und lassen, kurz der *gesammte* Inhalt unsres Bewußtseyns und Selbstbewußtseyns beruht auf der unterscheidenden Thätigkeit und erhält nur durch sie seine Bestimmtheit *für* das Bewußtseyn.

Daraus aber folgt mit unabweislicher Consequenz, daß der Gegenstand und die Aufgabe der *Logik* nur die bestimmte *Art und Weise* seyn kann, in welcher die *unterscheidende* Thätigkeit als eine besondre Kraft der Seele *ihrer Natur gemäß* sich vollzieht. Denn wie verschieden auch die Aufgabe der Logik gefasst worden, so stimmen doch Alle darin überein, daß die Logik die Gesetze, Normen und Formen zu ermitteln habe, in denen unser Denken sich bewegt, *mittelst* deren unser Vorstellen überhaupt, unser Glauben und Meinen und insbesondre unser Erkennen und Wissen, unsre Begriffe, Urteile, Schlüsse zu Stande kommen. Es giebt keine Logik, die sich nicht mit diesen s. g. Denkformen und deren Erörterung beschäftigt hätte. Allein wenn unsre Vorstellungen überhaupt als Vorstellungen nur Producte der unterscheidenden Thätigkeit sind, so folgt schon daraus, daß auch alle unsre Begriffe nur durch dieselbe Thätigkeit zu Stande kommen können: denn die Begriffe sind nur eine bestimmte Art von Vorstellungen. Außerdem werden wir noch ausdrücklich darthun, daß in der That nur mittelst bestimmter Acte der unterscheidenden Thätigkeit unsre Begriffe, Urtheile und Schlüsse sich bilden. — |[29]

Unsre erste Aufgabe wird mithin seyn, festzustellen, was wir thun[,] wenn wir unterscheiden, d. h. Wesen und Natur der unterscheidenden Thätigkeit zu ermitteln und demgemäß weiter zu untersuchen, ob und inwiefern in ihrem Thun eine innere Nothwendigkeit sich kundgiebt, ob und inwiefern sie bestimmten Gesetzen, Normen, Verfahrungsweisen in ihrem Thun unterworfen ist. — |[30]

Erster Theil.
Die logischen Gesetze und Normen (Kategorien) als Gesetze und Normen der unterscheidenden Thätigkeit.
I. Die logischen Gesetze.

§ 1. Die unterscheidende Thätigkeit der Seele kann, wie wir gesehen haben, entweder gegebene Bestimmtheiten, bestimmte Sinnesempfindungen, Gefühle etc., d. h. bereits gesetzte an sich vorhandene Unterschiede bloß *nach*unterscheiden, was dadurch geschieht, daß sie einen Unterschied vom andern unterscheidet. Und in diesem Falle werden wir sie als *auffassende* — resp. *erkennende* — Thätigkeit bezeichnen, weil sie durch solche Acte[,] die in unsern Sinnes- und Gefühlsperceptionen sich kundgebenden Bestimmtheiten der Dinge uns nur zum Bewußtseyn bringt. Oder sie kann selbstständig neue Unterschiede setzen, indem sie einem Objecte überhaupt erst Bestimmtheiten giebt, dadurch daß sie es von anderen beliebig unterscheidet oder die Bestimmtheiten, die es hat, nach eignem Gutdünken abändert, modificirt und andere an deren Stelle setzt. Und das ist das Verfahren der s. g. *Einbildungskraft*, die trotz aller Freiheit und Willkühr es doch nur zu bestimmten Gebilden bringt, indem sie ihre Conceptionen von andern gegebenen Vorstellungen *unterscheidet*, d. h. indem sie ihnen Bestimmtheiten giebt oder die gegebenen abändert. (Auch die Selbstbestimmungen der Seele, die auf freien Willensacten beruhen, gehören in gewissem Sinne hierher. [(]Vgl. |³¹ Glauben und Wissen[,] S. 67f.)⁸ Möge aber die unterscheidende Thätigkeit das Eine oder das Andre thun, immer kann ihr Thun nur im Setzen von Unterschieden bestehen. In ihren Erfolgen und Wirkungen manifestirt sich vorzugsweise jede Thätigkeit, jede Kraft. Von dem, worin das Wesen des Unterschieds besteht, werden wir daher auf das Wesen der unterscheidenden Thätigkeit zurückschließen können.

§ 2. Wo ein Unterschied ist, da sind nothwendig mindestens zwei Objecte vorhanden oder zugleich mit ihm gesetzt: denn der Unterschied ist eben zunächst nur das, was Eines von einem Andern scheidet. Ebenso ergiebt die Reflexion, daß wir mit jedem Acte der Unterscheidung mindestens zwei Objecte in und für unser Bewußtseyn setzen, mögen wir dieselben in den gegebenen Sinneseindrücken, Gefühlen etc. vorfinden und sie uns

---
[8] Ulrici *1858.1*.

durch Unterscheiden nur zum Bewußtseyn bringen, oder mögen sie in bereits gebildeten Vorstellungen bestehen und also schon einen Inhalt unsres Bewußtseyns bilden, den wir durch weiteres Unterscheiden näher bestimmen, umgestalten etc. Denn es ist schlechthin unmöglich, Etwas als unterschieden zu setzen oder zu fassen, ohne es von einem *Andern* zu unterscheiden. Diese Objecte setzen wir aber *als* zwei *nur* dadurch[,] *daß* wir sie unterscheiden, und wir unterscheiden sie nur, indem wir Eines als *nicht* das Andere fassen oder bestimmen: dieses Bestimmen und jenes Setzen ist ein und derselbe Act. Denn nur dadurch[,] daß Eines nicht das Andre ist, sind sie Zweierlei und nicht bloß Einerlei, und nur durch den zwischen ihnen gesetzten (aufgefassten) Unterschied erscheinen sie uns als zwei. Umgekehrt liegt darin, daß sie zwei und nicht Eins sind, schon unmittelbar, daß das Eine nicht das Andre ist. Das heißt: mit jedem Unterschied wird ein Object zugleich als die *Negation* eines andern gesetzt (gefasst), oder[,] was dasselbe ist, jeder Unterschied besteht zunächst darin, daß das eine Object ist[,] was ein andres nicht ist, und umgekehrt. Jeder Unterschied involvirt mithin eine Negation. Aber diese Negation ist keineswegs reine, absolute, sondern nur *relative* Negation. Denn *nur* darin, worin die Dinge von einander unterschieden sind, ist jedes zugleich ein Nichtseyn, dieses Nichtseyn also keineswegs *Nichts* oder Nichtseyn-*an-sich*, sondern nur Nichtseyn des *Andern*. An sich ist vielmehr jedes ein Seyn (Seyendes)[,] d. h. Stoff der unterscheidenden Thätig|[32]keit, und insofern *dasselbe* was das andre. Sonach involvirt zugleich jeder Unterschied eine *Beziehung* oder ein *Bezogenseyn* der unterschiedenen Objecte auf einander. Denn nur *relativ*, in seiner *Beziehung* zum andern[,] ist jedes die Negation des andern, und zwei Dinge zwischen denen jede Beziehung unmöglich wäre, könnten auch nicht unterschieden werden noch unterschieden seyn. Dasselbe ergiebt die Reflexion auf unsre unterscheidende Thätigkeit. Indem wir zwei Objecte von einander unterscheiden, richtet sich unsre Thätigkeit auf beide *zugleich*: in demselben Acte, in welchem sie eines vom andern scheidet, *umfasst* sie beide und indem sie sie umfasst, *scheidet* sie beide. Eben darin aber, in diesem Zusammenfassen[,] das unmittelbar in Scheiden übergeht, und in diesem Scheiden das ein Zusammenfassen involvirt, besteht der Begriff des Beziehens. Nur in und mit diesem Beziehen der Objecte auf einander finden und setzen wir das, worin sie von einander unterschieden sind. Die unterscheidende Thätigkeit *setzt* daher immer zugleich die Objecte in Beziehung zu einander, und die Objecte[,] sofern sie unterschieden sind, *stehen* in Beziehung zu einander[,] d. h. ihr Unterschiedenseyn ist immer zugleich ein Bezogenseyn des einen auf das andre. Nehmen wir an, daß die s. g. reellen Dinge *realiter* unterschieden sind, so müssen wir sonach auch annehmen, daß sie *realiter* auf einander bezogen sind: so viel Unterschiede, so viel Beziehungen zwischen ihnen.

§ 3. Wegen dieser Relativität, die in jeder Negation und somit in jedem Unterschiede liegt, ist *jeder* Unterschied nothwendig selbst ein *relativer*: kein Object kann vom andern *schlechthin* und in *jeder* Beziehung unterschieden seyn noch unterschieden werden, keines kann *nur* die Negation des andern seyn. Der *absolute* Unterschied ist ebenso undenkbar wie die *absolute* Identität (Indifferenz). Denn wenn *A* und *B* absolut unterschieden *wären*, so müßte das eine *seyn*, das andere dagegen *nicht* seyn[,] d. h. der Unterschied beider wäre nur ein *absoluter*, wenn zugleich das eine ein Seyendes, das andre ein *Nicht*seyendes wäre; — aber ein Nichtseyendes kann auch nicht *unterschieden seyn*. Und wenn beide als *absolut* unterschieden *gedacht* werden sollten, so müßte das eine als ein Gedachtes, das andere dagegen als ein Nicht-gedachtes gedacht werden, was wiederum unmöglich ist, weil ein über|³³haupt Nicht-gedachtes auch nicht als unterschieden gedacht werden kann. Die *absolute Identität* aber ist undenkbar, weil zwei Dinge, die in schlechthin *keiner* Beziehung unterschieden wären, nicht mehr zwei sondern nur Ein Ding wären. Und das schlechthin Eine und Alleinige (das Schellingsche Absolute, das Hegelsche absolute Seyn), das *jedes* andre Seyn, *jeden* Unterschied ausschlösse, vermögen wir nicht zu denken, weil etwas nur dadurch von uns gedacht wird, daß es uns immanent *gegenständlich* wird. Das Object ist unmöglich ohne ein von ihm unterschiedenes (sich unterscheidendes) Subject. Die Vorstellung ist unmöglich ohne eine vorstellende Seele[,] die sie hat, und dieß Haben ist unmöglich ohne daß die Seele von ihrer Vorstellung unterschieden ist oder sich unterscheidet. Die *absolute* Identität ist mithin undenkbar, weil sie die Aufhebung oder das Nichtvorhandenseyn auch *dieses* das Denken selbst bedingenden Unterschieds involviren würde. —

§ 4. Jeder Unterschied involvirt sonach nicht nur das gegenseitige relative Nichtseyn der Objecte gegen einander[,] d. h. ihr Andersseyn und damit ihre Sonderung von einander, sondern auch ihr Bezogenseyn, ihre Verknüpfung und relative Einheit mit einander. Aber damit ist der Begriff des Unterschieds noch nicht erschöpft. Indem wir unterscheiden, setzen und fassen wir die Objecte nicht bloß in ihrem relativen Nichtseyn gegeneinander, sondern wir fassen jedes zugleich als ein *Positives*, als ein *Seyn*. Wenn wir Roth von Blau unterscheiden und damit auf Blau beziehen, so fassen wir es zwar zunächst nur negativ als nicht Blau; aber zugleich beziehen wir umgekehrt auch Blau auf Roth und fassen damit jenes als nicht Blau; aber zugleich beziehen wir umgekehrt auch Blau auf Roth und fassen damit jenes als nicht Roth. Indem also Roth auf Blau und zugleich Blau (Nicht-Roth) auf Roth bezogen wird, so wird damit Roth implicite (gleichsam im Umweg über Blau) auf sich selbst bezogen; und eben damit setzen wir dasselbe, was wir *relativ* (in Beziehung auf ein *Andres*) als ein Nichtseyn, als nicht-Blau gefasst haben, zugleich *an sich, positiv*[,] d. h. in Beziehung auf sich *selbst* als ein Seyn, *als Roth*. Dieses Positive involvirt zwar selbst die relative Negation, sofern es in Beziehung auf ein Andres dieß Andre nicht ist; aber an sich ist es kein Nichtseyn, sondern ein Seyn, jedoch nicht bloß Seyn schlechtweg, sondern *bestimmtes* Seyn, bestimmt eben dadurch[,] daß es zugleich Bezogenseyn auf Andres und damit ein re|[34]latives Nichtseyn ist. Nur weil Roth eben als Roth zugleich nicht Blau, nicht Gelb etc. ist, nur *darum* ist es diese bestimmte Farbe, die wir Roth nennen; — ohne den Unterschied von Blau etc. wäre es ohne alle Bestimmtheit, nur Farbe-überhaupt, ein schlechthin Unbestimmtes, das erst eine Bestimmtheit gewinnen und damit vorstellbar werden würde, wenn wir es etwa von andern Eigenschaften der Dinge, vom Klange, Geruche etc. unterschieden. Denn die Bestimmtheit als solche ist nur der gesetzte Unterschied (worüber weiter unten das Nähere); und nur dadurch[,] daß Etwas irgend eine Bestimmtheit hat oder erhält, d. h. nur durch seine Unterschiedenheit von Andrem, ist es *positiv* Etwas. Ohne alle Bestimmtheit, als ein *schlechthin* Unbestimmtes wäre es ein rein Negatives, und mithin ebenso undenkbar wie das reine bloße Nichts, weil es als solches das schlechthin Unterschiedslose und Ununterscheidbare wäre.* Die Bestimmtheit und damit die *relative Negation*, die jeder gesetzte Unterschied

---

*Das Nichts, von dem wir alle Tage reden, ist immer nur ein *bestimmtes* d. h. *relatives* Nichts, ein bestimmtes Nicht-Etwas, die Negation eines bestimmten Prädicats, einer bestimmtes Qualität etc. Das *reine bloße* (absolute) Nichts, die Negation *alles* Inhalts, *aller* Bestimmtheit ist so gewiß schlechthin undenkbar, so gewiß Nichts denken kein Denken, Nichts thun kein Thun ist.

involvirt, ist zwar sonach die Bedingung aller Position. Aber ebenso gewiß besteht der Unterschied nicht *bloß* in der relativen Negation[,] die er involvirt, nicht *bloß* darin, daß Roth nicht Blau und Blau nicht Roth ist, sondern *auch* und *vornehmlich* darin, daß Roth Roth und Blau Blau ist. Ja man kann sagen, nur darum weil Roth *positiv* Roth und Blau *positiv* Blau ist, ist Roth zugleich *nicht* Blau und Blau nicht Roth, — d. h. die (relative) Negation *folgt* aus der Position, aus der Bestimmtheit, oder was dasselbe ist, die Bestimmtheit (der Unterschied) *involvirt* die Negation, nicht aber umgekehrt. Denn aus der bloßen Negation folgt keineswegs, daß damit ein Positives, Bestimmtes gegeben sey.

Anmerkung. Der Begriff des Unterschieds wird häufig nur negativ gefasst und das wichtige Moment des Positiven in ihm ganz übersehen. Das mag daher rühren, daß wir allerdings zuweilen uns mit dem bloß negativen Momente begnügen müssen, d. h. uns nur zum Bewußtseyn zu bringen vermögen, was ein Ding *nicht* ist oder daß *A* nur *nicht B* oder *C* ist. Wenn wir z. B. in weiter Entfernung Etwas erblicken, so sagen wir wohl: ich sehe zwar, daß es kein Baum, kein Haus ist, |[35] aber *was* es ist, kann ich nicht unterscheiden. Allein in solchen Fällen erfahren wir eben auch nicht[,] *was* das Ding ist, wir erlangen *keine* Vorstellung, *keine* Erkenntniß von ihm, weil wir eben das *positive* Moment seiner Unterschiedenheit von Andrem (seine positive Bestimmtheit) nicht aufzufassen vermögen. Daraus folgt zwar, daß unsre unterscheidende Thätigkeit, wo sie auffassend bereits gesetzte Unterschiede (Bestimmtheiten) der Dinge nur nach-unterscheidet, an eine bestimmte *Größe* (Maaß oder Grad) der an sich vorhandenen Unterschiede gebunden ist. Aber ebenso klar ist, daß diese Beschränkung auf das negative Moment nur eine Beschränkung unsrer unterscheidenden Thätigkeit ist, nicht aber das Wesen des Unterschieds selbst betrifft, daß vielmehr zu ihm das positive Moment ebenso nothwendig gehört, und daß mithin nur da, wo beide Momente sich verknüpfen, ein vollständiger wirklicher Unterschied gegeben ist. —

§ 5. Sonach können wir sagen: Das Unterschiedene als solches ist das durch die unterscheidende Thätigkeit gesetzte Eine und Selbige, das in seiner Beziehung auf Andres relatives Nichtseyn, zugleich aber in seiner Beziehung auf sich selbst positives Bestimmtseyn ist. In diesem Begriff des Unterschieds ist zugleich die Natur der unterscheidenden Thätigkeit ausgesprochen: denn solche Unterschiede (ein Unterschiedenes *als* Unterschiedenes) setzen und resp. auffassen, heißt Unterscheiden.

Eben damit aber haben wir auch zugleich implicite das erste logische *Denkgesetz*, das gewöhnlich als der *Satz der Identität* bezeichnet wird[,] gefunden (deducirt), d. h. es ergiebt sich zugleich, daß die unterscheidende Thätigkeit ihrer Natur nach bei allem ihrem Thun dieses Gesetz befolgt. Denn wird nothwendig in jedem Acte der unterscheidenden Thätigkeit das Object derselben auf ein Andres bezogen und damit als ein relatives Nichtseyn gesetzt, zugleich aber *dasselbe* Object auf sich selbst bezogen und damit als ein positives Bestimmtseyn gefasst, so wird eben damit implicite sein relatives Nichtseyn als *Eins* (gleich — identisch) mit seinem positiven Bestimmtseyn gesetzt. Denn es ist ja das *Gleiche, Eine und Selbige*, was als relatives Nichtseyn und positives Bestimmtseyn gefasst wird. Und folglich wird in allem Unterscheiden nothwendig jedes der Unterschiedenen *als sich selber gleich* gedacht. Indem ich A als nicht B, aber auch zugleich B als nicht A fasse, setze ich: |[36]

$$\begin{array}{rrcl} & A & = & \text{nicht } B \\ & B & = & \text{nicht } A \\ \hline \text{und also} & A & = & \text{nicht-nicht } A \quad \text{d. h. } A = A \\ \text{und} & B & = & \text{nicht-nicht } B \quad \text{d. h. } B = B. \end{array}$$

Ich *muß* dieß thun in *allem* Unterscheiden (wenn auch unbewußt), weil es in der *Natur* der unterscheidenden Thätigkeit und damit im Begriff des Unterschieds liegt. Der Satz $A = A$, d. h. jedes Object ist sich selber gleich zu *denken*, ist mithin nur darum ein *Gesetz* unsres Denkens, weil unser Denken im engern Sinne (unser Bewußtseyn, unser Vorstellen) wesentlich auf der unterscheidenden Thätigkeit beruht, und weil er nur die Formel oder der allgemeine Ausdruck ist für die bestimmte Art und Weise, in welcher die unterscheidende Thätigkeit ihrer Natur nach nothwendig und allgemein sich vollzieht. Denn was wir Gesetz nennen, ist überall (in der Mathematik, in den Naturwissenschaften etc.) nur der Ausdruck für eine bestimmte, stets und überall sich gleichbleibende, also allgemeine (nothwendige) Art und Weise, in welcher eine Thätigkeit, eine Kraft wirkt und resp. mit andern Kräften zusammenwirkt, in welcher also eine Wirkung, eine Bewegung, eine Begebenheit zu

Stande kommt oder kraft welcher ein Object (sey es Gedanke oder Ding an sich) so und nicht anders sich bildet, so und nicht anders beschaffen ist, — kurz der Ausdruck eines unter den gleichen Umständen stets und überall sich gleichbleibenden *Seyns* und *Geschehens* (Beispiele[:] das Gesetz der Gravitation, das Gesetz des Parallelogramms der Kräfte u. a. m.). Das Gesetz drückt daher immer die Naturbestimmtheit der einem solchen Geschehen zu Grunde liegenden Kraft und ihrer Thätigkeit aus, möge man das Gesetz als Folge und Ausfluß dieser Naturbestimmtheit oder umgekehrt letztere als Folge des bestehenden Gesetzes betrachten. In beiden Fällen ist das Gesetz immer Aeußerung einer die Kraft oder Thätigkeit bedingenden *Nothwendigkeit*, d. h. einer unveränderbaren Bestimmtheit, kraft deren die Kraft nur so und nicht anders thätig seyn kann, — das *logische* Gesetz mithin der Ausdruck einer Nothwendigkeit, welche das Thun der unterscheidenden Thätigkeit beherrscht, Ausdruck einer *Denknothwendigkeit*. —

§ 6. Dem Satze der Identität tritt unmittelbar der s. g. *Satz des Widerspruchs* zur Seite. *Muß* der Natur des Den[37]kens gemäß $A = A$ gedacht werden, so liegt darin unmittelbar, daß das Gegentheil, A nicht $= A$ oder $A = \mathit{non}\ A$, *nicht* gedacht werden *kann* oder daß es *unmöglich* ist[,] A und *non A* als identisch zu fassen. Denn die Nothwendigkeit involvirt ihrem Begriffe nach die Unmöglichkeit des Gegentheils: was gemäß den Gesetzen unsres Denkens nur so und nicht anders gedacht werden kann, dessen Gegentheil ist *undenkbar*. In der That kann es ja Jedweder an sich selbst erfahren, daß wir *schlechthin außer Stande sind*, uns einen viereckigen Triangel oder ein hölzernes Eisen[,] d. h. ein Dreieck[,] das *kein* Dreieck, ein Eisen[,] das *kein* Eisen wäre, zu denken. (Wenn wir dennoch nicht selten gegen den Satz des Widerspruchs verstoßen, so liegt der Grund davon nicht im Denken, sondern im Sprechen, d. h. darin[,] daß wir gedankenlos Wörter und Sätze verknüpfen, ohne uns den Sinn derselben zum klaren Bewußtseyn gebracht zu haben.) Der Satz des Widerspruchs ist mithin nur die Kehrseite des Satzes der Identität. $A = non\ A$ zu setzen[,] ist bloß darum ein *Widerspruch*, *logisch* widersprechend (unmöglich), weil es jenem Gesetze unsres Denkens widerspricht. Nur darin, im Widerstreit gegen die Denk*gesetze*, besteht die *contradictio* im logischen Sinne. Und mithin ist Etwas keineswegs schon darum logisch widersprechend, weil es in sich unterschieden oder eine Einheit unterschiedlicher Momente ist. Im Gegentheil[,] alles Unterschiedene bildet zugleich nothwendig eine Einheit (Totalität), weil eben jedes Unterschiedene als solches auf das Andre bezogen ist und nur *relativ* ein Andres ist als die andren, zugleich also relativ mit den andren Eins ist. Im Unterschiede *bloß als solchem* liegt weder die räumliche Trennung noch der Widerstreit der Unterschiedenen gegen einander. Es hängt vielmehr lediglich von der *Bestimmtheit* des Unterschieds ab, ob die Unterschiedenen vereinbar, ihre Zusammenfassung zu Einem Ganzen denkbar sey oder nicht. Diese Bestimmtheit kann sogar eine solche Einheit zur *nothwendigen* Folge haben, und mithin wäre es gerade ein logischer Widerspruch, Alles nur als ein schlechthin Einfaches, mit Andrem Uneinbares, in sich selbst Ununterschiedenes fassen zu wollen.

Anmerkung. Das Bezogenseyn, das in aller Unterschiedenheit liegt, kann überall zu einer bestimmten (auch räumlichen) Einigung der Unterschiedenen werden, wo eine Kraft vorhanden ist, welche ihre räumliche |[38] Trennung aufhebt und sie in Einheit zusammenhält. So vereinigen sich chemisch Hydrogen und Oxygen zu Wasser, Stickstoff und Sauerstoff durch bloße Mischung zur atmosphärischen Luft etc. Ebenso kann Ein und dasselbe Ding auf verschiedene Einwirkungen ganz verschieden reagiren: denn jede *Ein*wirkung ist ein *Zusammen*wirken, und wo *verschiedene* Dinge zusammenwirken, wird der Erfolg ein *verschiedener, mannichfaltiger* seyn müssen gerade *gemäß* dem Gesetze der Identität und des Widerspruchs. Dasselbe Ding, z. B. Eisen, kann daher der Einwirkung des Hammers, eines Stoßes oder Schlages Widerstand leisten, der Einwirkung der Wärme dagegen nachgeben, d. h. zugleich hart und schmelzbar seyn; und nicht bloß hart und schmelzbar, es kann auch zugleich noch schwer, gefärbt, glatt etc. seyn: denn schwer ist es durch die Anziehungskraft der Erde, also zusammen mit der Erde, gefärbt in der Berührung mit dem undulirenden Aether, glatt in der Berührung mit unsrer Hand etc. Das Eine Ding mit mehreren Eigenschaften ist daher keineswegs (wie Herbart will) ein logischer Widerspruch, der erst „weggeschafft" werden müßte, um es denkbar zu machen. —

§ 7. Der Satz der Identität und des Widerspruchs ist sonach nur Ein und dasselbe Gesetz, d. h. er drückt nur Einen und denselben von unserm Denken bei jedem Gedanken nothwendig zu vollziehenden Act aus. Denn er besagt nur, daß *A* als *A*, Unterschiedenes als Unterschiedenes, Einheit von Unterschiedlichem als Einheit, Mehrheit als Mehrheit etc., kurz daß jedes Object als dieses und kein andres, also als sich selber gleich und nicht als sich selber ungleich gedacht werden müsse.* Der Satz der Identität behauptet *positiv*, daß $A = A$ gedacht werden müsse, weil *A* überhaupt nur gedacht werden kann[,] indem es von irgend einem Andren *unterschieden* wird. Der Satz des Widerspruchs drückt dasselbe *negativ* aus, daß $A = non\ A$ nicht gedacht werden könne, weil *A* als identisch mit seinem reinen Gegentheil gesetzt, mit *allem* Andren identisch wäre und somit von *nichts* Andrem unterschieden[,] d. h. überhaupt nicht gedacht werden könnte. Beide bezeichnen also nur |³⁹ die Wesensbestimmtheit unsres Denkens, die nothwendige Art und Weise seiner Thätigkeit, daß wir überhaupt nur *durch* Unterscheiden eines Objects vom andern und somit nur *in* Unterschieden zu denken vermögen. —

Anmerkung. Auf dem Satze der Identität und des Widerspruchs beruhen die Axiome der Mathematik: von Gleichem gilt Gleiches, Gleiches zu Gleichem giebt Gleiches, zwei Dinge[,] die einem dritten gleichen, sind (in derselben Beziehung) unter einander gleich etc. Sie sind, wie Jeder sieht, nur Anwendungen, Folgerungen, Specificationen dieses Denkgesetzes. Denn wenn $A = A$ ist, so ist nothwendig auch $A + b = A + b$, und inwiefern $A = C$, oder auch $B = C$ ist, insofern ist (weil $C = C$ ist) nothwendig auch $A = B$. Den Satz der Identität und des Widerspruchs umstoßen zu wollen, wie Hegel zu Gunsten seiner dialektischen Methode (die allerdings fällt, wenn jener stehen bleibt) versucht hat, heißt daher die Mathematik umstoßen. Glücklicher Weise indeß

---

*Er fordert mithin keineswegs: Wenn Du *A* denkst, so denke *nur A* und nicht *zugleich* auch *B*, sondern nur: Wenn Du *A* denkst, so denke es als *A* und nicht als *B* oder *non A*. Er widerspricht also auch keineswegs dem Satze der Causalität; es ist vielmehr sehr wohl möglich, daß ich im einzelnen Falle ein Object nicht denken kann[,] ohne zugleich ein Andres *mit*zudenken, z. B. keine Wirkung ohne Ursache. Das verbietet so wenig der Satz der Identität und des Widerspruchs, daß im Gegentheil gerade aus ihm folgt, daß[,] wenn ich *A* mit *B* zusammen denke, ich es eben als *A mit B* und nicht als *A ohne B* denken muß. — Ebenso wenig ist durch ihn ausgeschlossen (vielmehr im Gegentheil eingeschlossen), daß *A theilweise, relativ* = *B* oder *C* sey und gedacht werden könne. —

ist Hegel's Argumentation nur ein Gewebe von Sophismen und Mißverständnissen, wie ich im Syst. d. Logik S. 108f. näher dargethan habe. —[9]

§ 8. Der Satz der Identität und des Widerspruchs ist Gesetz für die unterscheidende Thätigkeit, sofern sie ein Object von einem andren *Objecte* unterscheidet, oder was dasselbe ist, sofern wir unsre *Gedanken* (Sinnesempfindungen etc.) von *einander*, Gedachtes von *Gedachtem* unterscheiden. Nun kann aber Etwas der Seele nur immanent gegenständlich (Vorstellung) werden, sofern sie es nicht bloß von einem andern Etwas, sondern implicite auch von sich *selber* unterscheidet: die Vorstellung ist nur Vorstellung *gegenüber* der sie vorstellenden[,] d. h. sie von sich unterscheidenden Seele. Indem aber die Seele diesen Act der Unterscheidung vollzieht und zwar ihrer Natur nach und zufolge der erhaltenen Anregung *nothwendig* vollzieht, unterscheidet sie zugleich sich als *Thätigkeit* von ihrer *That*. Denn durch welche anderweitige Vorgänge auch die Entstehung unsrer Sinnesempfindungen und Gefühlsperceptionen vermittelt seyn möge, zu *Vorstellungen* werden sie *nur* durch die unterscheidende *Selbst*thätigkeit der Seele. Indem also die Seele ihre Vorstellungen als solche von sich selber unterscheidet, unterscheidet sie ihre Thaten von der sie setzenden (das Aufgefasste von der es auffassenden) Thätigkeit, d. h. sie unterscheidet sich selbst als denkende Thätigkeit von dem Gedachten, Objectiven, das nur durch sie ein Gedachtes, ihr immanent Gegenständliches ist. |[40] Sie thut dieß zunächst implicite und unbewußt (— es dauert lange genug, ehe dem Kinde zum Bewußtseyn kommt[,] was Thätigkeit und That, Ursache und Wirkung ist —). Aber weil schon alle ihre Sinnesempfindungen und Gefühlsperceptionen nur durch ihre *Mit*wirkung zu Stande kommen und jede derselben zugleich ein *Selbst*gefühl der Seele involvirt, so hat sie doch von Anfang an ein Gefühl ihrer Thätigkeit, ein Gefühl[,] *daß* sie thätig ist, d. h. ein Gefühl ihrer selbst *als* Thätigkeit. Darauf beruht die Möglichkeit und zum Theil die Anregung, ihre Gedanken von sich selber zu unterscheiden. Zugleich aber hat sie in allem Thun das Gefühl, nicht nur[,] daß sie (empfindend und fühlend, wie unterscheidend)

---

[9] Ulrici *1852.1*. In Anmerkung 2 (106–110) behandelt Ulrici die Stellung der spekulativen Philosophie zum Satz der Identität und des Widerspruchs. Er bespricht die Ansätze von Johann Gottlieb Fichte (106*f*.), Friedrich Wilhelm Joseph v. Schelling (107*f*.) und Georg Friedrich Wilhelm Hegel (108–110).

thätig seyn *muß* — ein Gefühl der äußern und resp. inneren in ihrer Natur liegenden Nöthigung, — sondern auch, daß sie nicht thätig seyn kann[,] ohne *etwas* zu thun[,] d. h. daß ihr Thun *nothwendig* in *That* übergeht, eine That zur Folge hat. Sobald sie sich ihres Thuns bewußt wird, kommt ihr daher auch dieß Gefühl zum Bewußtseyn, d. h. sie wird sich der Nothwendigkeit bewußt, nicht nur überhaupt thätig zu seyn, sondern auch Thätigkeit und That zu unterscheiden und die Thätigkeit nicht ohne eine folgende That denken zu können. Darum ist es eine Thatsache des Bewußtseyns, daß wir unwillkührlich unser Denken als Thätigkeit, die Gedanken als seine Thaten (Producte) fassen. Darum ist es gleichermaaßen Thatsache des Bewußtseyns, daß wir ebenso unwillkürlich annehmen, auf jede Thätigkeit müsse eine That folgen. Nur dieß ist *un*mittelbar gewiß. Der umgekehrte Satz, daß jede Wirkung eine Ursache habe oder vielmehr daß keine That ohne Thätigkeit gedacht werden könne, ist wiederum nur die Kehrseite von jenem: er *folgt* nur unmittelbar aus jenem oder liegt implicite in ihm, weil die Nothwendigkeit der Verbindung von Thätigkeit und That die Unmöglichkeit ihrer Trennung, also die Unmöglichkeit einer That ohne Thätigkeit involvirt. —

Diese unmittelbare Gewißheit entwickelt sich mit der Entwickelung des Bewußtseyns zu dem s. g. *Satze der Causalität*. Denn indem wir uns ihrer bewußt werden und die Vorstellungen von Thätigkeit und That zu Begriffen ausbilden, finden wir uns genöthigt anzunehmen, daß schlechthin keine Thätigkeit ohne That und keine That ohne Thätigkeit seyn könne, oder was dasselbe ist, daß |[41] schlechthin jede That (Wirkung) eine Thätigkeit (Ursache — Grund) voraussetze, jede Thätigkeit eine That involvire.

Anmerkung. Der Satz der Causalität oder wie er auch bezeichnet worden, des zureichenden Grundes ist allgemein anerkannt; es gilt als sich von selbst verstehend, daß Alles[,] was geschieht[,] einen Grund, eine Ursache haben müsse. Allein worauf beruht denn diese Gewißheit und Evidenz? Wenn wir die Erfahrung fragen, so sehen wir wohl, daß in vielen Fällen regelmäßig auf das eine Geschehen ein andres folgt: wenn die Sonne aufgeht, wird es hell, wenn die Wärme sich steigert, schmilzt der Schnee u. s. w. Aber abgesehen davon, daß wir den Begriff oder doch eine (wenn auch dunkle) Vorstellung von Ursache und Wirkung, Thätigkeit und That, schon *haben* müssen, um das Aufgehen der Sonne als Ursache der Helligkeit fassen zu können, so liegt ja in der bloßen Aufeinanderfolge der Erscheinungen keineswegs, daß die erste die Ursache der zweiten seyn müsse, auch in der *regelmäßigen* Aufeinanderfolge nicht: denn sonst müßte auch der Sommer die Ursache des Winters seyn. Jedenfalls kann uns die Erfahrung nicht lehren, daß *alles* Geschehen eine Ursache haben *müsse*: denn was wir erfahren, wahrnehmen, ist an sich immer nur ein Einzelnes, niemals ein Allgemeines, Nothwendiges. Hume behauptete daher, daß der Satz der Causalität nur auf der Gewohnheit beruhe, d. h.[,] daß wir infolge der regelmäßigen (häufigen) Aufeinanderfolge zweier Erscheinungen uns an die Verbindung derselben dergestalt gewöhnen, daß wir uns die eine nicht ohne die andre denken können, daß aber eben darum die Causalität nur das (innere) Band sey, das *wir* zu den beiden Erscheinungen infolge jener Gewohnheit und somit im Grunde willkührlich hinzudenken. Vom Standpunkte der bloßen Erfahrung aus dürfte sich wenig gegen diese Ansicht einwenden lassen. Soll also der Satz der Causalität Geltung behalten, so kann seine Nothwendigkeit (Gesetzeskraft) nur auf der eignen Natur unsres Denkens beruhen. Nun wird zwar allgemein anerkannt, daß wir zunächst zu der Vorstellung von Thätigkeit und That, Kraft und Erfolg, Ursache und Wirkung, nicht durch die Betrachtung der äußern Dinge, sondern nur durch *Selbst*betrachtung, Selbstgefühl und Selbstperception gelangen. Aber man meint, daß die erste Vorstellung dieser Art beim Kinde durch den leiblichen Organismus vermittelt sey, insbesondre durch das s. g. Muskelgefühl[,] d. h. durch das Gefühl des Widerstands, den äußere Gegenstände unsrer Muskelbewegung entgegensetzen. Damit nämlich verknüpfe sich ein Gefühl der Kraftanstrengung, der Thätigkeit nach außen; und indem wir zugleich bemerken, daß mit dieser Kraftanstrengung (mit Ueberwindung des Widerstandes) das[,] was wir wollten[,] d. h. was wir uns zunächst nur innerlich vorstellten, uns äußerlich wahrnehmbar gegenübertritt, fassen wir diese Erscheinung als Wirkung (Folge), unsre Kraftanstrengung als Ursache

(Grund) der|⁴²selben. Wir bestreiten nicht, daß organische Vorgänge, namentlich das s. g. Muskelgefühl, mitwirken zur Entwickelung unsres Bewußtseyns eigner Thätigkeit, und damit unsrer Vorstellung von Ursache und Wirkung. Allein *entstehen* kann dieselbe dadurch nicht. Denn um ein äußeres Geschehen (Erscheinen) als *Wirkung* unsrer Kraftanstrengung und diese als *Ursache* von jenem fassen zu *können*, müssen wir nothwendig ein[,] wenn auch noch so dunkles Bewußtseyn der *Zusammengehörigkeit* beider bereits *haben*: denn ohne diese Zusammengehörigkeit (innere Verknüpfung) wäre die Ursache nicht Ursache, die Wirkung nicht Wirkung. Wenn das Kind die Bewegung des Balls, den es geworfen, nicht als ein zufällig auf seine Armbewegung folgendes Ereigniß, sondern als die *Wirkung* derselben fasst, so ist dieß nur dadurch möglich, daß es bereits seine Armbewegung als eine *Thätigkeit* vorstellt und zugleich ein Bewußtseyn hat von der Zusammengehörigkeit derselben mit ihrer *That*, der Bewegung des Balles, d. h.[,] daß es eine[,] wenn auch noch so dunkle *Vorstellung* von Ursache und Wirkung bereits *hat*. Denn nur daraus ist es zu erklären, daß es die Bewegung des Balles unmittelbar auf die Bewegung seines Arms bezieht und von dieser herleitet. Jedenfalls kann der *Satz* der Causalität als solcher, d. h. seine *Gesetzes*kraft, ebenso wenig auf der eignen Selbsterfahrung beruhen wie auf der äußern Erfahrung dessen[,] was um uns vorgeht. Denn auch jene zeigt uns — trotz alles Muskelgefühls — immer nur einzelne auf einander folgende Ereignisse, nicht aber die untrennbare Zusammengehörigkeit beider und noch weniger die Nothwendigkeit ihrer Verbindung, — also im Grunde nichts von Ursache und Wirkung. —

§ 9. Der Satz der Causalität ist sonach zunächst und unmittelbar nur ein *Denk*gesetz. Er drückt die unser Denken bedingende und bestimmende doppelte Nothwendigkeit aus, a) sich als Thätigkeit von seinen Thaten zu unterscheiden, und b) jede Thätigkeit nur zusammen mit einer That und umgekehrt denken zu können. Oder was dasselbe ist, er beruht auf der Natur-Bestimmtheit unsrer Seele, daß sie Denkkraft, Kraft (Vermögen) des Bewußtseyns ist, und daß sie, um zum Bewußtseyn zu gelangen, a) ihre Gedanken (Sinnesempfindungen) von sich selber unterscheiden muß, eben damit aber b) sich selber als Thätigkeit, ihre Gedanken, so weit sie Inhalt des Bewußtseyns geworden, als ihre Thaten und zwar diese als die nothwendige Folge von jener fassen muß. Die Formel, in welcher der Satz häufig genug aufgestellt worden: Alles was *ist*, muß einen Grund, eine Ursache haben, ist daher falsch. Denn es handelt sich hier gar nicht um ein Seyn, sondern nur um ein Geschehen; und |^{43} da der Begriff des Seyns ein allgemeinerer ist als der der That, — denn er umfasst auch alle Thätigkeit, — so kann auf jenen nicht übertragen werden, was *nur* von diesem gilt. Eine solche Uebertragung verstößt gegen das logische Gesetz der Identität; und daher involvirt sie den logischen Widerspruch, daß, da die Ursache, welche für *alles* Seyn gefordert wird, doch selbst *seyn* muß, in ihr ein Seyn *vor* allem Seyn gesetzt würde. Aber auch die gewöhnliche Formulirung des Satzes: Alles was *geschieht* (wird, entsteht), muß eine Ursache haben, ist, wenn auch nicht falsch, doch nicht die ursprüngliche sachgemäße Fassung. Denn sie involvirt eine Ausdehnung der *Denk*nothwendigkeit, die der Satz an sich nur ausdrückt, auf das s. g. *reelle äußere Seyn*. Nun ist es zwar eine allbekannte Thatsache des Bewußtseyns, daß wir dieß ohne Weiteres thun, d. h.[,] daß wir unwillkührlich annehmen, Alles was um uns her geschieht, müsse einen Grund, eine Ursache haben. Gleichwohl ist diese Fassung des Satzes doch nur insofern berechtigt, als wir zu einer solchen Uebertragung allerdings ein gutes Recht haben, ja durch das Denkgesetz der Causalität selber dazu *genöthigt* werden. Wir *müssen* denken, daß wenn es ein Seyn außer uns und ein Geschehen in ihm realiter giebt, auch hier alles Geschehende einen Grund, eine Ursache haben müsse. Denn da wir dem Denkgesetze der Causalität gemäß uns *überhaupt* keine That ohne Thätigkeit, keine Bewegung (Bewegtes) ohne ein Bewegendes zu denken vermögen, so *können* wir uns auch das äußere reelle Geschehen nicht *denken*, ohne zu allem Geschehenden eine Ursache *hinzuzudenken*. Entweder also müssen wir annehmen, daß es überhaupt kein äußeres Seyn oder doch kein Geschehen, keine Thätigkeit (Bewegung) in ihm gebe, *oder* wir müssen auch das reelle Seyn als dem Gesetze der Causalität unterworfen *denken*. Das Erstere anzunehmen, macht uns aber wiederum gerade das Denkgesetz der Causalität unmöglich, und das ist der Grund, warum im Ernste noch nie ein Philosoph, geschweige denn ein andrer Mensch an dem Daseyn von Wesen außer ihm gezweifelt hat, warum es selbst dem Wahnsinnigen nicht einfällt, sich für allein existirend zu halten. Denn wenn auch die Naturwissenschaften jetzt dargethan haben, — was übrigens die Philosophie längst behauptet hat, — daß alle Empfindung und sinnliche Perception durchaus subjectiver Natur ist, d. h.[,] daß wir in ihr nicht ein äußeres objectives |⁴⁴ Seyn erfassen, sondern nur in uns selbst etwas finden, daß sie also an sich nicht der Ausdruck der Existenz und Bestimmtheit eines reellen äußern Gegenstandes, sondern nur der Ausdruck einer eingetretenen Bestimmtheit unsres eignen Wesens ist; wenn es also auch thatsächlich feststeht, daß die Sinnesempfindung für sich *allein* uns keineswegs das Daseyn äußerer Dinge verbürgt noch die Ueberzeugung davon hervorruft; so ist es doch ebenso feststehende Thatsache, daß unsre sinnlichen Empfindungen und Perceptionen *entstehen* und daß sie dabei sich uns dergestalt *aufdrängen*, daß wir sie haben *müssen* und weder ihre Existenz verhindern noch ihre Bestimmtheit ändern können. Dieses Sich-aufdrängen, diese *Nöthigung* zum Empfinden und Percipiren giebt sich uns im Selbstgefühl unmittelbar kund. Je stärker und plötzlicher die sinnliche Empfindung ist, desto bestimmter haben wir das Gefühl des Genöthigtwerdens, und mit demselben verbindet sich für unser Denken kraft des ihm immanenten Gesetzes der Causalität unmittelbar der Act der Unterscheidung, durch welchen wir mit jenem Genöthigtwerden als einem Geschehen (einer That) eine nöthigende Thätigkeit als dessen *Ursache* setzen, d. h. es wird uns in und mit dem Bewußtwerden unsrer Sinnesempfindungen, im Percipiren selbst unmittelbar gewiß, daß es ein Etwas außer uns geben müsse, durch welches dieß Geschehen (das Eintreten der Sinnesempfindung) bedingt, das Genöthigtwerden verursacht sey. Denn in dem Gefühle des Genöthigtwerdens, das jede Sinnesempfindung begleitet und mit ihr verschmilzt, giebt sich uns eben die Einwirkung eines äußern Gegenstands auf unser Empfindungsvermögen unmittelbar kund, und zugleich nöthigt uns das Denkgesetz der Causalität, die Wirkung unmittelbar auf eine Ursache zu beziehen. Indem also unser Denken unwillkührlich und unbewußt diesem Gesetze gehorcht, beziehen wir auch unwillkührlich und (zunächst) unbewußt die sich uns aufdrängende Empfindung auf einen äußern Gegenstand, d. h. wir glauben in ihr den äußern Gegenstand selbst zu empfinden und zu percipiren. Unsre eignen Sinnesempfindungen und Gefühle *zusammen* mit dem Denkgesetze der Causalität *nöthi-*

gen uns sonach, nicht nur überhaupt das Daseyn äußerer Dinge anzunehmen, sondern dieselben auch als *thätig* zu fassen.*
Eben |⁴⁵ damit aber sind wir zugleich *genöthigt* anzunehmen, d. h. es ist uns unzweifelhaft gewiß, daß das logische Gesetz der Causalität auch für das reelle Seyn der (thätigen) Dinge gelte, — eine Gewißheit, in der uns die Erfahrung, soweit sie überhaupt reicht, durchweg bestärkt und befestigt.

Anmerkung. Nur die Logik *selbst* kann *beweisen*, daß ihre Gesetze und Normen nicht bloß subjectiv für unser *Denken*, sondern auch für das objective reelle *Seyn* gelten. Denn die Logik eben zeigt, daß auf der Denknothwendigkeit alle Gewißheit und alles Beweisen beruht, und daß die Denkgesetze, in denen sie sich manifestirt, nur durch sie Gesetzeskraft haben. Von ihr aus lässt sich auch allein darthun, daß dieselbe Nothwendigkeit, die in den Denkgesetzen sich manifestirt, auch das äußere reelle Seyn beherrsche, d. h.[,] daß wir den Denkgesetzen objective Geltung beilegen müssen. Indem die Logik, wie gezeigt, dieß zunächst vom Denkgesetze der Causalität darthut, so beweist sie damit zugleich, daß dasselbe auch vom Denkgesetz der Identität und des Widerspruchs gelten müssen. Denn da sich uns *mannichfaltige* Sinnesempfindungen in *mannichfaltigen* Beziehungen aufdrängen, so müssen wir nothwendig auch *mannichfaltige* äußere Dinge (Kräfte, Thätigkeiten) als Ursachen derselben annehmen. Eine Mannichfaltigkeit wie überhaupt eine Mehrheit von Dingen ist aber nur möglich (denkbar), sofern die Dinge von einander *un*-

---

*Vornehmlich sind es wiederum die durch die motorischen Nerven vermittelten Empfindungen des Widerstands oder der Gegenbewegung der äußern Dinge gegen die eigne Be|⁴⁵wegung unsres Körpers, welche uns den ersten Anlaß zur Unterscheidung äußerer Gegenstände von uns selbst geben, wie George in seinem Handbuche der Psychologie vortrefflich dargethan hat. [Gemeint ist wohl Leopold Georges *Lehrbuch der Psychologie* (*1845*). Ulrici bezieht sich auf den dritten Abschnitt „Die Reflexion" des 2. Teils „Die bewusste Seele", bes. 240–243.] Allein wenn auch durch sie der leibliche Organismus zur Entstehung des Bewußtseyns äußerer Dinge *beiträgt, so* beruht doch dieß Bewußtseyn *keineswegs* auf ihnen allein. Denn diese Empfindungen des Widerstandes und der Bewegung sind doch immer nur *Empfindungen* und somit an sich rein *subjectiver* Natur. Ohne das Gefühl[,] daß sie sich uns aufdrängen, und ohne das unser Denken (Unterscheiden) immanent beherrschende Gesetz der Causalität wären mithin auch sie völlig unfähig, die Gewißheit vom Daseyn reeller Dinge außer uns hervorzubringen.

terschieden sind. Und jedes Unterschiedene ist nothwendig ein *Bestimmtes*, das als solches nur Dieses und kein Andres ist, und das daher insofern nur sich selber gleich (und nicht sich selber ungleich) seyn kann, als es eben in seiner Bestimmtheit *nur* es selbst und kein *Andres* ist. (Seine Bestimmtheit kann natürlich nichtsdestoweniger eine veränderliche seyn, ja sie kann selbst in der Veränderlichkeit bestehen; — dieß schließt das Gesetz der Identität keineswegs aus, sondern es fordert in diesem Falle nur, daß wiederum das Object in jener seiner Bestimmtheit doch nur es selbst und kein Andres[,] d. h. ein Veränderliches und kein Unveränderliches sey.) — Ist es aber sonach gewiß, daß das reelle objective Seyn an sich ein *Unterschiedenes, Mannichfaltiges* (eine *Mehrheit* von thätigen Dingen, Ursachen und Wirkungen) ist, so wird auch Alles, was aus dem Begriff des Unterschieds und dem Wesen der unterscheidenden Thätigkeit |⁴⁶ folgt, nicht nur für unser Denken und seine Gedanken, sondern auch für das reelle Seyn der Dinge gelten müssen, — d. h. die logischen Gesetze, Normen und Formen *überhaupt* müssen nothwendig auch Formen, Normen und Gesetze des reellen Seyns der Dinge seyn. Daraus aber folgt nicht nur, daß die Logik und die Psychologie zwei *verschiedene* Wissenschaften sind, sondern es ergiebt sich zugleich auch ein andres höchst bedeutsames Resultat. Gemäß dem Gesetze der Identität und des Widerspruchs zusammen mit dem Gesetze der Causalität müssen wir nämlich annehmen, daß auch das reelle Seyn, sofern es ein *Unterschiedenes* ist, nothwendig ein *Gesetztes*, Product oder Wirkung einer unterscheidenden *Thätigkeit* seyn müsse. Denn das Unterschiedene an und für sich, als ein Ungesetztes, Unentstandenes, Uranfängliches (Ewiges) ist undenkbar, weil es, so gefasst, *ohne* Beziehung auf eine es setzende Thätigkeit, einen logischen Widerspruch involvirt. Dieser Widerspruch tritt allerdings nur hervor, wenn wir den Begriff der Unterschiedenheit analysiren und seine Momente scharf in's Auge fassen. Dabei aber ergiebt sich zur Evidenz, daß jedes Unterschiedene nur seyn kann, *wenn und sofern* ein Andres ist von dem es unterschieden ist, d. h.[,] daß alles Unterschiedene wegen der Relativität[,] die im Begriff des Unterschieds liegt, selbst ein *Relatives, Bedingtes* ist. Das Uranfängliche, Ewige, Voraussetzungslose ist dagegen nothwendig ein schlechthin Selbständiges, Unbedingtes, Absolutes. Jenes als dieses zu fassen[,] ist mithin eine offenbare *contradictio in adjecto*. Auch vermögen wir die Beziehung und damit Verknüpfung der Unterschiedenen, die jeder Unterschied involvirt, nicht zu denken[,] ohne eine beziehende, verknüpfende Kraft oder Thätigkeit implicite hinzuzudenken. Und ebenso wenig vermögen wir die Negation, die in jedem Unterschiede liegt, zu denken, ohne ein Etwas *voraus* zu setzen, das durch sie bestimmt (beschränkt, begränzt) wird und das wiederum seinerseits eine es bestimmende Thätigkeit voraussetzt, d. h. wir vermögen den Unterschied als gegebene, an sich seyende Bestimmtheit nicht zu fassen, ohne eine Thätigkeit implicite anzunehmen, von welcher die Bestimmtheit ausgeht. — Demgemäß können wir den Satz der Causalität auch so ausdrücken: Alles Unterschiedene, Mannichfaltige, Einzelne muß eine Ursache seines Daseyns haben, die nur eine *unterscheidende* Kraft oder Thätigkeit seyn kann. Und da alles Erscheinende, d. h. Alles was wir aus den angeführten Motiven unmittelbar als ein *Seyendes* fassen, ein Vieles, Mannichfaltiges, Einzelnes ist, so erklärt es sich, wie das gemeine Bewußtseyn dazu gekommen, dem Satz der Causalität die allgemeine Fassung zu geben: Alles was ist muß eine Ursache, einen Grund haben, daß und warum es so und nicht anders ist. —

§ 10. Sonach ergiebt sich: die allgemeine, Denken und Seyn umfassende Gesetzeskraft des Satzes der Causalität wie des Satzes der |⁴⁷ Identität und des Widerspruchs beruht im letzten Grunde darauf, daß wir nur in Unterschieden zu denken vermögen, d. h.[,] daß wir nur Bewußtseyn, Vorstellungen, Gedanken zu haben vermögen[,] sofern und indem wir unterscheiden. Die beiden Gesetze drücken nur aus, *wie* und als *was* die unterscheidende Thätigkeit ihrer Natur nach die Objecte nothwendig fassen muß eben damit[,] *daß* sie sie unterscheidet. Der Satz der Identität besagt, daß jedes Object, indem es unterschieden *wird* und so gewiß es von andern unterschieden *ist*, als sich selber gleich gefasst werden und sich selber gleich seyn muß; der Satz der Causalität, daß die Objecte, indem sie unterschieden werden und so gewiß sie unterschieden sind, also in ihrer *Unterschiedenheit*, als Thaten (Aeußerungen, Wirkungen) einer unterscheidenden Thätigkeit gefasst werden müssen. Nun giebt es aber nur *zwei* Arten von Objecten für die unterscheidende Thätigkeit, nämlich a) die *Gedanken* im weitern Sinne des Worts, d. h. unsre Sinnesempfindungen, Gefühle, Strebungen, und weiter unsre Anschauungen, Vorstellungen, Begriffe, und b) das *Denken* im weitern Sinne, d. h. unsre empfindende, fühlende, strebende, anschauende, vorstellende, unterscheidende Seele. Und mithin kann auch die unterscheidende Thätigkeit nur in dem zweifachen Thun bestehen a) in dem Unterscheiden der Gedanken von einander und resp. von den reellen Dingen, zu denen sie in Beziehung stehen, und b) in dem Unterscheiden derselben vom Denken. Daraus aber folgt, daß es auch nur *zwei* allgemeine logische Denkgesetze geben kann. Denn drückt das allgemeine logische Gesetz nur aus, *wie* die unterscheidende Thätigkeit ihrer Natur nach (nothwendig) sich vollzieht und *was* sie demgemäß, indem sie sich vollzieht, nothwendig und allgemein thut, und giebt es nur jene zweifache Form ihres Thuns, so würde eine größere Mehrheit logischer Gesetze dem Wesen des logischen Gesetzes selbst widersprechen. In der That sind alle übrigen, die man für allgemeine logische Gesetze ausgegeben hat, entweder keine solche Gesetze oder nur Folgerungen, Specificationen, Anwendungen der obigen beiden. —

Anmerkung. Der s. g. Satz des ausgeschlossenen Dritten (*principium exclusi medii*), der einzige, den noch viele Logiker für ein besondres logisches Gesetz erachten, gilt *nur* für contradictorische oder rein negative Gegensätze und selbst da nur, wo es anderweitig feststeht, daß eines der beiden entgegengesetzten Prädicate dem Subject nothwendig zukommen muß. Ich kann z. B. nicht sagen: eine mathematische Figur |⁴⁸ ist entweder ein Dreieck oder ein Viereck, *tertium non datur*; denn sie kann sehr wohl auch ein Fünfeck etc. seyn. Allerdings aber kann ich sagen: *A* ist nothwendig entweder gesund oder krank, eine Linie nothwendig gerade oder krumm. Hier ist ein Drittes ausgeschlossen (undenkbar), aber nur darum, weil krank als gleichbedeutend mit *nicht*-gesund, krumm als gleichbedeutend mit *nicht*-gerade genommen wird. Wäre es zweifelhaft, wie manche Physiologen meinen, ob Gesundheit und Krankheit solche negative (totale) Gegensätze seyen, so würde die obige Behauptung ungültig seyn. Jedenfalls gilt sie nur von Menschen, Thieren und beziehungsweise auch wohl von Pflanzen. Nicht aber kann ich sagen: dieser Stein, dieser Stuhl ist entweder gesund oder krank, *tertium non datur*; hier ist vielmehr das Dritte wirklich gegeben und das allein Richtige, daß nämlich das Subject des Urtheils weder krank noch gesund ist. — Hieraus ergiebt sich zunächst, daß der Satz des ausgeschlossenen Dritten keine *allgemeine*, sondern nur eine auf bestimmte Fälle *beschränkte* Gültigkeit hat, daß er also kein logisches Grundgesetz ist. Denn ein solches kann an keine besondren Bedingungen, an nichts anderweitig Gegebenes oder Feststehendes gebunden seyn, sondern muß nothwendig allgemein und überall für alles Denken unter allen Umständen gelten. Aber selbst in der dargelegten Beschränkung und Bedingtheit ist der Satz nicht einmal ein logisches Specialgesetz, sondern nur eine Folgerung aus dem Satze der Identität und des Widerspruchs, von keiner höheren Dignität als etwa das mathematische Axiom: Gleiches zu Gleichem giebt Gleiches. Denn ist es unmöglich $A = non\ A$ zu denken, so folgt unmittelbar, daß wenn einem A das Prädicat B zukommt und also insofern $A = B$ ist, ebendemselbigen A, welches B ist und sofern es B ist, nicht auch das Prädicat $non\ B$ beigelegt werden kann. Denn damit wäre gesetzt

$$\begin{aligned} A &= B, \\ \text{aber auch } A &= non\ B, \\ \hline \text{und also } B &= non\ B \end{aligned}$$

was ein offenbarer logischer Widerspruch ist. Setzen wir statt B Gesund, statt $non\ B$ Krank (Nichtgesund), so leuchtet ein, daß dem *Einen* und *selbigen* (sich gleich bleibenden) Subjecte so wenig *beide* Prädicate beigelegt werden können, als $B = non\ B$ gedacht werden kann, daß also A, wenn nothwendig eines von beiden Prädicaten ihm zukommt, nur *entweder* gesund *oder* krank seyn kann. —

Erste Rezension Ulricis zur Algebra der Logik (1855)

An Investigation of the Laws of Thought, on which are founded the Mathematical Theories of Logic and Probabilities. By George Boole, LL. D. Professor of Mathematics etc. Lond. 1854.[1]

Die neuen eigenthümlichen Forschungen auf dem Gebiete der Logik mehren sich in der philosophischen Literatur Englands, — ein erfreuliches Zeichen neuen Lebens im Bereiche der Philosophie. Die obengenannte Schrift stellt sich in einen sehr bestimmten, wenn auch nicht ausdrücklich hervorgehobenen Gegensatz gegen ein ähnliches Werk, das wir in einem früheren Hefte dieser Zeitschrift besprochen haben, gegen *J. S. Mill*'s: *System of Logic, ratio[ci]native and inductive* etc.[2] (Deutsch von J. Schiel unter dem Titel: Die inductive Logic etc.).[3] Mill sucht den *reinen* Empirismus, welcher trotz des exclusiv realistischen Charakters der Englischen Philosophie aus dem Bereiche der Logik so ziemlich vertrieben war, auf neuen Grundlagen wiederherzustellen, indem er den Beweis antritt, daß den Axiomen und Lehrsätzen der Mathematik wie den Gesetzen der Logik *keine* innere (auf der Natur des menschlichen Denkens beruhende) Nothwendigkeit und Allgemeinheit, *keine* unmittelbare Wahrheit, Gewißheit und Evidenz inhärire, sondern schlechthin Alles und Jedes, auch der Satz des Widerspruchs und das mathematische Axiom[,] daß zwei gerade Linien keinen Raum einschließen können,[4] seine Gültigkeit *nur* aus der (constanten) Erfahrung und durch die Erfahrung habe. Er thut dieß mit Scharfsinn und Umsicht, so daß wir es der Mühe werth hielten, seine Beweisführung einer eingehenden Kritik zu unterziehen.[5] In einem angesehenen Englischen *Review* lasen wir später eine Anzeige unsers kritischen Artikels, die mit der Bemerkung schloß, daß wir für Deutsche Leser die Ansicht Mill's wohl widerlegt [sic!] haben dürften, nicht aber für

---

[1] *Zeitschrift für Philosophie und philosophische Kritik* N. F. **27** (1855), 273–291. Rezension von Boole *1854*.

[2] Mill *1843*.

[3] Mill *1849*.

[4] Gemeint ist das Euklidische Axiom „Zwei Strecken umfassen keinen Flächenraum", Axiom 9 nach der Thaerschen Ausgabe (Euklid *1973*, 3).

[5] Ulrici *1852.3*.

Engländer (!). Diese Bemerkung, — die eine Art von Raçen-Unterschied, wie zwischen Deutschen und Englischen Pferden, so zwischen Deutschem und Englischem Denken vorauszusetzen und einführen zu wollen scheint, — ist ganz im Geiste der Mill'schen Logik. Giebt es keine allgemein bindenden Denkgesetze, so giebt es auch keine allgemein bindende Argumentation: gilt der Satz der Identität ($A = A$) nicht allgemein und nothwendig, so kann auch der Beweis des Satzes, daß die Winkel eines Dreiecks $= 2R$ seyen, keine allgemeine Gültigkeit haben; für mich kann er vollkommen zwingend seyn, für Mill und seinen Vertheidiger vielleicht nicht. Warum also sollte es dann nicht auch einen Raçen-Unterschied im Denken geben? Der constanten Gewohnheit der Engländer, nur das „*matter of fact*" gelten zu lassen und Alles aus der Erfahrung herzuleiten, tritt die constante Gewohnheit der Deutschen gegenüber, sich auf Denkgesetze und Ideen zu berufen. Damit bildet sich — *consuetudo altera natura est* — allmälig ein Unterschied der ganzen Denkweise, und was dem Deutschen unwidersprechlich festzustehen scheint, z. B. daß es ein hölzernes Eisen oder einen viereckigen Triangel schlechthin nicht geben könne, wird der Engländer nicht gelten lassen, sondern mit englischer Ruhe die mögliche Erfahrung des Gegentheils abwarten.

Doch in dem vorliegenden Werke tritt nun ein *Englischer* Beweis gegen die Ansicht Mill's auf. Vielleicht gelingt es ihm besser, wenigstens einige im Raçen-Unterschied noch nicht völlig befangene Geister Englands von dem extremen Empirismus Mill's zu heilen. Der Verf. stellt sich wenigstens ganz und gar auf Englischen Boden. Er läßt es dahingestellt, ob dem Gesetze der Causalität mehr als phänomenale Bedeutung zukomme. Er beginnt nicht mit der schwierigen Untersuchung über die Natur unsers Denkens, den Ursprung unserer Vorstellungen, Begriffe, Urtheile etc. Er geht vielmehr aus von einem *matter of fact*, von der *Sprache* und Grammatik. In ihr als dem *instrument of reasoning* sucht er zunächst gewisse Gesetze nachzuweisen und zugleich zu zeigen, daß dieselben nicht nur in mathematischer Form, mittelst der bekannten algebraischen Zeichen sich ausdrücken lassen, sondern auch den Grundaxiomen der Mathematik durchweg entsprechen. Er bezeichnet demgemäß das, was Gegenstand unsrer Conceptionen seyn kann, mit den „appellativen oder descriptiven" Zeichen x, y etc. Sie treten an die Stelle nicht nur aller substantivischen Wörter der Sprache, wie Mensch, Schaf etc., sondern auch aller Adjektiva, wie

Gut, Weiß, Gehörnt etc., indem „Gut" doch nur so viel bedeute als alle gute Dinge oder Alles *to which the description „good" is applicable*.[6] Auch sollen mit ihnen nicht nur die mannichfaltigen „Klassen" der Dinge[,] d. h. jede Mehrheit von Individuen, die unter Einen Namen oder Eine Beschreibung begriffen sind, bezeichnet werden, sondern sie sollen auch da Anwendung finden, wo nur ein einziges Individuum, das dem in Rede stehenden Namen oder Begriffe (Beschreibung) entspricht, vorhanden ist. Setze man also z. B. x für „weiß" oder „weiße Dinge", y für Schaf, so würde xy „weiße Schafe" (alle weißen Schafe) bezeichnen. Nun sey aber offenbar die Ordnung, in welcher die beiden Zeichen geschrieben würden, gleichgültig. Denn xy bezeichne ganz ebenso wie yx diejenige Klasse von Dingen, auf deren mannichfaltige Glieder die Namen oder Beschreibungen x und y anwendbar seyen. Folglich ergebe sich die Gleichung: $xy = yx$ als ein „Denkgesetz" (*law of thought*). — Nun ist zwar klar, daß der Verf. diese Gleichung nicht aufstellen kann, ohne das logische (und mathematische) Denkgesetz, das man den Satz der Identität zu nennen pflegt, vorauszusetzen. Denn wäre A nicht $= A$ oder jedes weiße Schaf nicht sich selber gleich zu denken, so könnte auch xy nicht $= yx$ gesetzt werden. Allein den Satz der Identität setzt er als Mathematiker eben ohne Weiteres voraus: es ist der einzige, von dem er anzunehmen scheint, daß seine Allgemeingültigkeit und Nothwendigkeit sich von selbst verstehe und schlechthin unbestreitbar sey. Nichtsdestoweniger wird und kann Mill ihm dieß nicht zugeben. Stammt der Satz $A = A$ nur aus der Erfahrung, so bleibt es möglich, daß „die Schafe, die weiß sind" *nicht* einander gleich seyen, und es ist mithin nicht erlaubt, ohne Weiteres $xy = yx$ zu setzen.

Sonach aber erhellet, daß es philosophisch *nicht* möglich ist, ma|[276]thematische Sätze und Zeichen auf sprachliche Verhältnisse anzuwenden, ohne sich darüber verständigt zu haben, ob die mathematischen Zeichen selbst, z. B. das Zeichen $=$ als Symbol allgemeiner und nothwendiger Gleichheit zweier Größen, einen gültigen Sinn haben, oder was dasselbe ist, ohne sich darüber erklärt zu haben, was in dem Satze: die Sprache sey *the instrument of reasoning or thought*,[7] der Ausdruck *reasoning, thought* zu bedeuten habe. Es geht nun einmal nicht anders: die unangenehme Frage nach der Natur des

---

[6] Vgl. Boole *1854*, 28*f*.
[7] Vgl. Boole *1854*, 27, 30.

menschlichen Denkens überhaupt und damit nach dem Ursprunge unsrer Vorstellungen, nach der Gültigkeit unsrer Begriffe und Urtheile etc. und insbesondere nach dem Grunde der *Gewißheit* und *Evidenz* — auf die Mill's wie Boole's Behauptungen gleichen Anspruch machen und ohne die jede wissenschaftliche Untersuchung leeres Geschwätz wäre, — läßt sich philosophisch schlechterdings nicht umgehen. Was man auch als *matter of fact* zu Grunde legen möge, es entsteht doch immer die Frage: was *a matter of fact* überhaupt sey und welchen Anspruch das Thatsächliche auf Gewißheit und Anerkennung habe; und bei jedem weiteren Schritte, bei jeder Verbindung des Thatsächlichen, jedem Urtheil, jeder Folgerung etc. stößt man auf Voraussetzungen, Annahmen, Axiome, Principien, die wir stillschweigend einschieben, von denen es sich aber fragt, mit welchem Rechte wir sie machen und anwenden.

Da indeß eine Untersuchung darüber, ob und wie weit die grammatischen Verhältnisse und damit die logischen Funktionen in mathematischen Formeln sich ausdrücken und auf mathematische Verhältnisse sich reduciren lassen, nicht ohne philosophisches Interesse ist, so folgen wir dem Verf., der sie mit eben so viel Scharfsinn als Besonnenheit und Gewandtheit führt, noch einige Schritte weiter auf seiner Bahn. Er folgert zunächst aus seinem ersten Satz, daß wenn x und y als appellative oder descriptive Zeichen *ganz dieselbe* Bedeutung haben, so sey $xy = xx$; xx aber sey insofern $= x$, also kürzer $x^2 = x$, als die sprachliche Wiederholung z. B. „gute, gute" Menschen, ganz dasselbe bedeute wie „gute" Menschen, indem die in der Wiederholung liegende Verstärkung des Ausdrucks doch nur ein secundäres conventionelles Moment sey, das in der Sache nicht ändere.[8] Darauf |[277] betrachtet er die mathematischen Symbole, die zur Bezeichnung derjenigen Denkoperationen dienen mögen, durch welche wir Theile zu einem Ganzen verbinden oder ein Ganzes in seine Theile sondern.[9] Zur Bezeichnung von Aggregat-Conceptionen einer Gruppe von Objekten, die aus besonders benannten Theilgruppen bestehe, bediene sich die Sprache der Conjunktionen, „und, oder" etc. Streng genommen, besagen diese beiden Wörter, daß die Klassen, zwischen deren Namen sie gesetzt werden, ganz verschieden seyen, und kein Glied der einen in der andern gefunden

---

[8] Vgl. Boole *1854*, 31*f*.
[9] Vgl. Boole *1854*, 32–34.

werde. Denn man könne nicht sagen: Mineralien und Metalle, noch: Mineralien oder Metalle, wohl aber: Mineralien und Bäume, Mineralien oder Bäume. In dieser wie in jeder andern Beziehung entspreche daher das algebraische Zeichen + diesen beiden Conjunctionen; und wenn daher x für „Männer", y für „Frauen", und + für eine dieser Conjunktionen gesetzt werde, so ergebe sich die Gleichung $x + y = x + y$. Und füge man das Zeichen z für das Adjectiv „Europäisch" hinzu[,] um Europäische Männer und Frauen zu bezeichnen, so ergebe sich die Gleichung $z(x + y) = zx + zy$, indem es ganz gleich sey, ob wir sagen „Europäische Männer und Frauen", oder „Europäische Männer und Europäische Frauen". Aehnlich verhalte es sich mit dem algebraischen Zeichen: − (*minus*), das ganz von selbst mit dem entgegengesetzten + gegeben sey. Denn so gewiß wir es für möglich halten, Theile zu einem Ganzen zusammenzufassen, so gewiß müssen wir es auch für möglich halten, einen Theil von einem Ganzen abzusondern (wiederum eine Denknothwendigkeit, die Mill nicht zugeben wird). Dieser Denkakt der Absonderung werde sprachlich durch das Wort: „außer oder ausgenommen" bezeichnet: z. B. alle Menschen ausgenommen die Asiaten, — womit gesagt sey, daß die ausgenommenen Objekte einen Theil derjenigen Objekte bilden, von denen sie ausgenommen würden. Diese negative Operation entspreche vollkommen der algebraischen Bedeutung des Minuszeichens. Wenn daher x für Menschen, y für Asiaten (oder Asiatisch) gesetzt werde, so lasse sich der Satz: alle Menschen ausgenommen die |[278] Asiaten, durch die mathematische Formel: $x − y$ (oder $x − xy$) ausdrücken. Und da es wiederum gleichgültig sey, ob der ausgesonderte Theil vor oder hinter das Ganze gestellt werde, so ergebe sich die Gleichung: $x − y = −y + x$. Füge man endlich das Adjektiv Weiß hinzu und bezeichne dasselbe mit z, so sey der Satz: Alle weißen Menschen ausgenommen die weißen Asiaten, gleichbedeutend mit der mathematischen Formel: $zx − zy$, und aus ihr ergebe sich die Gleichung: $z(x − y) = zx − zy$. — Sonach aber seyen die beiden Gleichungen: $z(x + y) = zx + zy$ und $z(x − y) = zx − zy$ Exemplificationen eines Gesetzes, durch welches die allgemeine Thatsache ausgedrückt werde, daß wenn eine Eigenschaft oder ein Umstand allen Gliedern einer durch Zusammenfassung und Ausschließung von Theilgruppen gebildeten Gruppe beigelegt werde, das Resultat dasselbe bleibe, möge man zuerst die Eigenschaft jedem Gliede der Theilgruppen beilegen und nachher die Zusammenfassung und Ausschließung vollziehen, oder möge man umgekehrt verfahren. —

Die bisher vom Verf. eingeführten algebraischen Zeichen genügen offenbar seinem Zwecke nur erst sehr unvollständig. Er bedarf nothwendig noch einer Klasse von Zeichen, welche das sprachliche Verhältnis der Beziehung oder Relation darstellen und damit erst die Möglichkeit gewähren, eigentliche Sätze oder „*Propositions*" in mathematischer Form auszudrücken, — kurz eines mathematischen Zeichens, welches das dritte Hauptelement der Sprache, das Zeitwort, auszudrücken vermag.[10] Er meint indeß, es genüge zu diesem Behufe, ein Zeichen für das Zeitwort Seyn in seiner substantivischen Bedeutung zu finden, indem z. B. der Satz: Cäsar besiegte die Gallier, ganz gleichbedeutend sey mit: Cäsar ist der, welcher die Gallier besiegte. Der Bedeutung dieses Seyns entspreche vollkommen das mathematische Zeichen =. Denn der Satz: Cäsar ist der, welcher die Gallier besiegte, besage nur, daß Cäsar mit einem Solchen, der die Gallier besiegte, identificirt oder ihm gleich zu setzen sey. Werde dieß angenommen, so ergeben sich folgende Gesetze oder Axiome: 1) die |^{279} Proposition: die Sterne sind die Sonnen und die Planeten, löse sich, wenn man für Sterne x, für Sonnen y und Planeten z setze, in die Gleichung auf: $x = y + z$. 2) Die Wahrheit jenes Satzes vorausgesetzt, folge, daß die Sterne, die übrig bleiben[,] wenn man die Planenten ausnimmt (abzieht), Sonnen sind, d. h. es folgt: $x - z = y$ als nothwendige Deduction aus der ersten Gleichung. 3) Wenn zwei Klassen von Dingen, x und y, identisch sind, d. h. wenn alle Glieder der einen auch Glieder der andern sind, so werden diejenigen Glieder der einen Klasse, die eine gegebene Eigenschaft z besitzen, identisch seyn mit denjenigen Gliedern der andern, welche dieselbe Eigenschaft besitzen, — d. h. wenn $x = y$ ist, so wird $zx = zy$ seyn. Diese drei Sätze entsprechen den mathematischen Axiomen: Gleiches zu Gleichem addirt giebt Gleiches, Gleiches von Gleichem subtrahirt bleibt Gleiches, und Gleiches mit Gleichem multiplicirt ergiebt Gleiches. Aber hiermit scheine die formelle Uebereinstimmung der sprachlichen und der mathematischen Verhältnisse und Gesetze zu Ende zu seyn. Denn mathematisch gelte als viertes Axiom auch, daß Gleiches durch Gleiches dividirt Gleiches ergebe, d. h. mathematisch folge aus der Gleichung $zx = zy$ mit Nothwendigkeit die

---

[10] Vgl. Boole *1854*, 34–38.

Gleichung $x = y$. Sprachlich dagegen lasse sich nicht behaupten, daß wenn die Glieder einer Klasse x, welche die Eigenschaft z besitzen, mit denjenigen der Klasse y, welche dieselbe Eigenschaft besitzen, identisch seyen, auch die Glieder der Klasse x *überhaupt* mit denen der Klasse y identisch sein müssen. Allein die mathematische Deduction: $zx = zy$ also $x = y$, gelte nicht schlechthin allgemein, sondern nur wenn angenommen sey, daß z nicht gleich Null sey. Werde $z = 0$ gesetzt, so sey das vierte mathematische Axiom unanwendbar, und in diesem Falle bleibe also die Analogie zwischen dem sprachlichen und dem mathematischen System bestehen. Etwas Aehnliches sey aber schon früher hervorgetreten. Denn die Gleichung $x^2 = x$, deren sprachliche Richtigkeit oben nachgewiesen worden, sey algebraisch nur gültig, wenn $x = 1$ oder $= 0$ sey; denn nur 0^2 sey $= 0$ und $1^2 = 1$. Schon daraus ergebe sich, daß eine |²⁸⁰ *vollständige* Analogie zwischen dem sprachlichen und algebraischen System nur dann stattfinden könne, wenn die algebraischen Zeichen, x, y etc., den Werth von 1 oder von Null haben. Dieß angenommen, zeige sich dann aber, daß die Gesetze, Axiome und Verfahrensweisen einer solchen Algebra, in der x, y, z immer nur soviel als Null oder 1 sey, in ihrer ganzen Ausdehnung mit den Gesetzen, Axiomen und Verfahrensweisen einer Algebra der Logik identisch seyen.[11]

Diesen letzten Satz sucht dann der Verfasser im Folgenden näher darzuthun. In jeder Gesprächsführung, bemerkt er, möge sie zwischen mehreren Personen oder zwischen dem Geiste und seinen eigenen Gedanken stattfinden, gebe es eine stillschweigend aber ausdrücklich anerkannte Gränze, innerhalb deren die Gegenstände der Unterredung beschlossen seyen. Wie weit oder wie eng diese Gränze gesteckt seyn möge, die Gesammtheit der Objekte der Rede oder das Gesammtgebiet der Conversation könne füglich *the universe of discourse* genannt werden. Dieses Universum — die Totalität unserer Vorstellungen — sey streng genommen der letzte eigentliche Gegenstand oder Stoff der Gesprächsführung (*the ultimate subject of discourse*).[12] Denn in diesem Universum seyen alle Dinge befaßt, von denen überhaupt die Rede seyn könne; und wenn ein bestimmtes Wort ausgesprochen werde, so werde damit erklärt und resp. gefordert, daß aus dem Universum der Dinge und resp.

---

[11] Boole *1854*, 37*f*.

[12] Boole *1854*, 42: "Furthermore, this universe of discourse is in the strictest sense the ultimate *subject* of the discourse."

Vorstellungen die durch das Wort bezeichnete Klasse von Dingen ausgesondert oder hervorgehoben werde. Das Wort Menschen z. B. habe daher die Aufgabe, einen bestimmten Akt des Verstandes hervorzurufen und zu leiten, den Akt nämlich, durch den wir aus jenem Universum die damit bezeichneten Individuen auswählen und (im Bewußtseyn) fixiren. Dasselbe geschehe aber auch bei dem Gebrauch eines adjektivischen Worts. Denn wie das Substantivum Mensch uns anleite, aus dem Universum der Dinge diejenigen Wesen, auf die der Name Mensch anwendbar sey, in Gedanken auszuscheiden, so leite uns das hinzugefügte Adjektivum Gut an, aus der Gesammtheit der Menschen wiederum diejenigen auszuwählen, welche die durch das Wort |[281] bezeichnete Eigenschaft besitzen. Dieser Akt der Auswahl gemäß einem gegebenen Principe, — den wir in jeder Gesprächsführung beständig vollziehen — sey ein Akt der Conceptions- oder Einbildungskraft und der Aufmerksamkeit: durch jene werde die allgemeine Conception producirt, durch diese der Blick des Geistes auf die ihr im Universum der Gesprächsführung entsprechenden Objekte fixirt. Da indeß die Aufmerksamkeit nur dasjenige Vermögen des Geistes zu seyn scheine, durch das er im Stande sey, irgend eine seiner Thätigkeiten ausdauernd fortzusetzen, so lasse sich der ganze geistige Proceß, um den es sich handelt, dem Conceptionsvermögen oder der Einbildungskraft zuschreiben, indem der erste Akt desselben eben die Conception des Universums selbst sey, und jeder folgende Akt dann diese Conception in einer bestimmten Weise limitire[.] Er werde daher, schließt der Verf., jeden solchen Akt, so wie jede mit den Fähigkeiten und Schranken des menschlichen Geistes verträgliche Combination von Vorstellungen als einen bestimmten Akt der Conception bezeichnen.[13] —

Der kundige Leser sieht, daß diese Anschauung des Verf. von der Art und Weise, wie jede Gesprächsführung, jede Rede und damit alles zusammenhängende Denken zustandekomme, nicht nur originell und interessant ist, sondern auch eine gewisse Wahrheit in sich trägt. Etwas Aehnliches geschieht ohne Zweifel bei der Bildung unserer Rede, der Zusammenfügung unserer Vorstellungen. Es fragt sich nur, ob man die zu Grunde liegende Denkoperation einen Akt der „*Auswahl*" (*selection*) im eigentlichen Sinne des Worts nennen kann. Dem scheint zu

---

[13] Vgl. Boole *1854*, 39–41.

widersprechen, daß — anscheinend wenigstens — bei jedem Worte, das wir hören, *ganz von selbst* die allgemeine Vorstellung des durch dasselbe bezeichneten Dinges oder Geschlechtes von Dingen sich einstellt, daß also das Wort die entsprechende Vorstellung ganz ebenso unmittelbar hervorzurufen scheint wie der Blick, den ich auf einen Gegenstand richte, die Anschauung desselben. Indessen könnte diese anscheinende Unmittelbarkeit hier, wie in vielen andern Fällen, doch im Grunde |[282] durch eine Mehrheit von Momenten oder Denkakten vermittelt seyn, die nur wegen ihrer Unwillkürlichkeit und der außerordentlichen Schnelligkeit ihrer Ausführung uns nicht zum Bewußtseyn kommen. Jedenfalls ruft der bloße Schall des Wortes zunächst nur eine Reizung unserer Gehörsnerven hervor, und diese Reizung muß sich irgendwie der Seele mittheilen und in ihr eine Thätigkeit — sey es des Verstandes oder, wie der Verf. will, der Einbildungskraft oder irgend einer andern — gleichsam auslösen, durch welche dann erst die dem gehörten Worte entsprechende Vorstellung in's Bewußtseyn gebracht und darin fixirt wird. Durch welche Thätigkeit und auf welche Art und Weise geschieht dieß? Herbart würde vielleicht antworten: dadurch, daß die Vorstellung in Folge des gehörten Worts (der Nervenreizung — Empfindung) an Stärke gewinnt und um so viel kräftiger wird, um die übrigen Vorstellungen von der Schwelle des Bewußtseyns und resp. aus dem Bewußtseyn zu verdrängen und selbst in dasselbe einzudringen. Dieß wäre ein mechanischer Proceß, bei welchem die Thätigkeit (Bewegung), auf der er beruht, der Vorstellung angehörte, der Geist nichts zu thun hätte, und also von einer Auswahl im Sinne des Verfs. nicht die Rede seyn könnte. Da indeß u. E. ein solches selbständiges Drängen und Treiben, Kommen und Gehen der Vorstellungen, womit das Bewußtseyn und Selbstbewußtseyn zum bloßen (intelligibeln) Raume ihrer Bewegungen herabgesetzt wird, mit der gerade im Selbstbewußtseyn gegebenen Einheit, Continuität und (wenn auch bedingten) Spontanität des geistigen Lebens in Widerspruch steht, so können wir unsrerseits dieser Antwort auf die vorliegende Frage nicht beipflichten. Wir glauben vielmehr an ein selbstthätiges Reproductionsvermögen des Geistes, durch das er eine ihm früher entstandene oder von ihm gebildete Vorstellung, willkührlich oder auf gegebene Veranlassung, sich in's Bewußtseyn zurückzurufen vermag; und stimmen insofern dem Verf. bei, wiewohl er diesem Vermögen einen andern Namen giebt. Aber eine „Auswahl" aus den vorhandenen Vorstellungen, eine „Limitirung" des Kreises derselben auf einen bestimmten Theil oder Ausschnitt scheint uns damit nicht |[283] verbunden zu seyn. Dieß würde voraussetzen, daß der ganze Reichthum unserer Vorstellungen beständig vor unserm Bewußtseyn ausgebreitet läge wie der Inhalt einer Vorrathskammer, — was offenbar nicht der Fall ist. Wir vermögen im Gegentheil nur eine äußerst geringe Anzahl von Vorstellungen gleichzeitig vor unserm Bewußtseyn festzuhalten, und auch diese nur dadurch, daß wir sie in irgend eine Einheit (Reihe, Gruppe —) zusammenfassen. Allein wenn wir auch die ganze Gesammtheit unsrer Vorstellungen nicht im Bewußtseyn stets gegenwärtig haben, vorhanden seyn müssen sie alle in der Seele: sonst könnte keine in's Bewußtseyn zurückgerufen werden oder in demselben auf das gehörte Wort sich einstellen, sondern alle müßten stets neu entstehen oder producirt werden, d. h. Gedächtniß und Erinnerung wäre unmöglich. Und insofern hat der Verf. Recht, wenn er von einem *universe of discourse* spricht, d. h. wenn er die Totalität unsrer Vorstellungen und ihrer Namen wie eine Art Schatzhaus betrachtet, das den eigentlichen Stoff für alle Gesprächsführung, für alle innere wie äußere Rede, enthält. Ja wir können ihm auch zugestehen, daß aus dieser Totalität — wenn auch nicht durch einen Akt der „Auswahl" — bei jedem gehörten Wort eine bestimmte einzelne oder Klassen-Vorstellung ausgeschieden wird, indem sie aus der unbewußt vorhandenen Gesammtheit gleichsam heraus- und in's Bewußtseyn hineintritt. Dieß Zugeständniß wird dem Verf. genügen, da es für seinen Zweck gleichgültig ist, ob die Ausscheidung durch einen Akt der Auswahl oder durch irgend eine andere Denkoperation erfolgt.

Sein Zweck nämlich ist, zu zeigen, daß — jene Ausscheidung als Fundamental-Akt aller Rede und damit alles discursiven, zusammenhängenden Denkens vorausgesetzt, — die von ihm *a posteriori* aus der Beschaffenheit der Sprache nachgewiesenen Gesetze in Wahrheit die Gesetze eben jenes Aktes sind, der aller Rede zu Grunde liegt, und daß daher auch diese Gesetze sich gleichermaßen durch die früher angewandten algebraischen Zeichen ausdrücken lassen. Zunächst, sagt er, ist es offenbar gleichgültig, ob bei der Combination von Substantiv |[284] und Adjektiv[,] z. B. „weiße Menschen," zuerst die Vorstellung „Menschen" aus dem *Universe of discourse* ausgeschieden und sodann aus der durch sie bezeichneten Gesammtheit der Menschen die „weißen" abgesondert werden, oder ob umgekehrt zuerst die „weißen Dinge" und unter ihnen dann die Menschen herausgehoben werden: Das Resultat ist dasselbe, d. h. die Gleichung oder das Gesetz: $xy = yx$ ist gerechtfertigt. Ebenso klar ist, daß die eben beschriebene Denkoperation im Effecte nicht verändert wird durch Wiederholung derselben, und daß also durch wiederholte Fixirung der Aufmerksamkeit auf das Adjektiv „weiß" (durch Wiederholung des Worts „weiße, weiße Menschen") die Vorstellung „weiße Menschen" keine Modification erfährt, — d. h. es ergiebt sich die Richtigkeit des Gesetzes $x^2 = x$. Nicht minder leuchtet von selbst ein, daß wir zwei verschiedene Klassen von Dingen (z. B. Männer und Frauen) aus dem *Universe* ausscheiden und sie in eine Gesammtheit zusammenfassen können, und daß es gleichgültig ist, in welcher Ordnung wir sie zusammenstellen: das damit gegebene Gesetz findet seinen Ausd[r]uck in der Gleichung $x + y = y + x$. Aus ihm endlich ergeben sich die übrigen oben aufgestellten Gesetze (Gleichungen) von selbst. — Unter diesen Gesetzen, fährt der Verf. fort, bedarf nur das zweite: $x^2 = x$ noch einer näheren Betrachtung. Denn nur bei ihm weichen Algebra und Logik von einander ab, indem es, wie schon bemerkt, algebraisch nur gilt, wenn x den Werth 1 hat. Es fragt sich mithin, welche logische Bedeutung dem arithmetischen Zeichen 1 und damit seinem Gegensatze, dem Zeichen 0 (Null) beigemessen werden könne. Algebraisch nun sey die Bedeutung von 0 durch das formelle Gesetz ausgedrückt: $0 \times y = 0$ oder $0y = 0$, welche Zahl auch y repräsentiren möge. Solle dies Gesetz auch logisch gelten, so müsse dem Zeichen 0 eine solche Auslegung gegeben werden, daß, welche Klasse auch durch $0y$ bezeichnet werde, sie mit der durch 0 repräsentirten Klasse identisch erscheine. Eine kurze Ueberlegung zeige, daß diese Bedingung erfüllt sey, wenn angenommen werde, daß 0 den Klassenausdruck oder die Klasse „Nichts" repräsentire. Nich[t]s bezeichne in der That eine Klasse, |[285] nämlich die Klasse des Nicht-Seyenden, und „Nichts" und „Alles" (*Universe*) seyen zugleich die beiden Gränzen der möglichen Ausdehnung jeder Klasse, indem keine Klasse weniger Individuen umfassen könne, als in Nichts befaßt seyen, aber auch nicht mehr, als im Universum enthalten seyen. — Was endlich das Zeichen 1 betreffe, so sey seine mathematische Bedeutung durch das formale Gesetz ausgedrückt: $1 \times y = y$ oder $1y = y$. Solle dies auch logische Gültigkeit haben, so müsse 1 eine Klasse repräsentiren, welche alle in irgend einer gegebenen Klasse y enthaltenen Individuen ebenfalls in sich befasse, so daß alle Individuen, die in der Klasse y gefunden werden, dieser Klasse und der Klasse 1 gemeinsam seyen. Die einzige Klasse, welche dieser Bedingung entspreche, sey nun aber offenbar nur „das Universum" oder die der Klasse Nichts entgegengesetzte Klasse der Allheit. Werde demgemäß das Universum mit 1 bezeichnet, so sey es nun möglich[,] auch alle contradiktorischen Gegensätze, z. B. Mensch und Nicht-Mensch, in mathemathischen [sic!] Formen auszudrücken. Denn offenbar bestehe das Universum aus den beiden Klassen der Menschen und Nicht-Menschen, indem sich von jedem in ihm befaßten Individuum behaupten lasse, daß es entweder ein Mensch oder kein Mensch sey. Dasselbe gelte natürlich von jeder andern Klasse, von Thier und Nicht-Thier, Stein und Nicht-Stein etc. Werde also irgend eine Klasse von Objekten mit x bezeichnet, so sey der Ausdruck $1-x$ vollkommen passend zur Bezeichnung der entgegengesetzten oder supplementaren Klasse aller derjenigen Objekte, die in der Klasse x nicht enthalten seyen.

Der Verf. schließt diese Erörterung mit der Behauptung, daß danach das Grundaxiom aller Metaphysik, welches man den Satz des Widerspruchs zu nennen pflege, und nach welchem kein Ding eine Eigenschaft zugleich besitzen und nicht besitzen könne, nur eine Consequenz sey des obigen fundamentalen Denkgesetzes, dessen Ausdruck $x^2 = x$ sey. Denn schreibe man diese Gleichung in der Form $x - x^2 = 0$, so folge $x(1-x) = 0$. Bezeichne nun x die Klasse der Menschen, so werde $1-x$ die Klasse der Nicht-Menschen repräsentiren; und mithin repräsentire $x(1-x)$ |²⁸⁶ diejenige Klasse, deren Glieder zugleich Menschen und Nicht-Menschen wären, von der aber die obige Gleichung mathematisch darthue, daß sie = Nichts sey. Mithin beweise eben diese Gleichung, daß eine Klasse, deren Glieder zugleich Menschen und Nicht-Menschen wären, nicht existire. Der Verf. behauptet demgemäß, daß dasjenige, was allgemein als das Grundgesetz der Metaphysik betrachtet werde, nur die Consequenz eines seiner Form nach mathematischen Denkgesetzes sey.[14]

---

[14] Boole *1854*, 49, Proposition IV: "That axiom of metaphysicians which is termed the principle of contradiction, and which affirms that it is impossible for any being to possess a quality, and at the same time not to possess it, is a consequence of the fundamental law of thought, whose expression is $x^2 = x$."

Gegen diese ganze Erörterung zusammt ihrem Schlusse erheben sich, wie Jeder sieht, so schwere Bedenken, daß sie den Punkt bezeichnen dürfte, auf dem die meisten Leser von dem Verf. sich trennen werden. Zunächst erscheint es nicht nur gewaltsam und unnatürlich, sondern geradezu unzulässig, Nichts in demselben Sinne wie Mensch, Thier, als einen Klassenausdruck zu fassen. Denn wie eine Thätigkeit, die Nichts thäte, in Wahrheit keine Thätigkeit, Nichts-Thun = kein Thun ist, so ist eine Klasse, welche *no beings* d. i. Nichts enthält, in Wahrheit keine Klasse, sondern eben Nichts. Dieß fordert auch die Analogie mit der Algebra, auf die der Verf. sich stützt und die er gerade überall darthun will. Denn algebraisch repräsentiren x, y, z, irgend eine bestimmte Größe, 0 dagegen bezeichnet das (in Folge einer arithmetischen Operation eingetretene) Verschwinden aller Größe, d. h. 0 ist das Zeichen für keine Größe oder für Nicht-Größe. Wird also x, y, z zur Bezeichnung irgend einer bestimmten Klasse von Dingen angewendet, so kann consequenter Weise 0 nur als Zeichen für „Nicht-Klasse oder keine Klasse" gebraucht werden. Nichts als Klassenzeichen widerspricht mithin der algebraischen Bedeutung von 0. — Eben so gewaltsam und widersprechend ist die Identification des Zeichens 1 mit dem Worte und resp. Begriffe der Allheit oder des Universums. Denn 1 bezeichnet arithmetisch keineswegs die Totalität aller Größen oder diejenige Größe, in der alle übrigen enthalten sind, sondern jedes beliebige *einzelne, bestimmte* Quantum in seiner Identität mit sich, in der es von jedem andern Quantum verschieden und gesondert, also in sich abgeschlossen und mit |^{287} sich Eins d. i. 1 ist, in der es aber auch zugleich insofern mit jedem andern identisch ist, als eben auch jedes andere einzelne Quantum gleichfalls in sich abgeschlossen, mit sich Eins und somit = 1 ist. Das Universum dagegen ist der Ausdruck für den Denkakt, durch den wir die unendliche (unbestimmbare) Vielheit des Seyenden zu einer Total-Einheit zusammenfassen oder vielmehr als in einer solchen befaßt uns denken. Das Universum ist daher zwar ebenfalls eine Einheit, aber nicht eine von einer andern Einheit unterschiedene — denn außer ihm giebt es keine Einheit — sondern diejenige Einheit, die als Totalität alle übrigen Einheiten in sich befaßt, und die daher mathematisch nur durch das Zeichen der unendlichen (alle einzelnen, bestimmten, endlichen Quanta umfassenden) Größe ausgedrückt werden könnte. Universum, Totalität, Allheit, sind eben darum auch keine Klassenausdrücke, so wenig wie Nichts. Denn Klasse ist sprachlich ein Theilungszeichen, d. h. das Wort besagt, daß nach irgend einem Principe eine Theilung vorgenommen und eine Mehrheit von Dingen als relativ einander gleich von den übrigen Dingen oder von andern ähnlichen Mehrheiten (Klassen) abgesondert worden ist. Eine *einzige* „Klasse" kann es mithin nicht geben, weil sie eine *co[n]tradictio in adjecto* involviren würde. Das Universum wäre aber eine solche einzige Klasse, neben der es keine andern Klassen geben könnte, weil sie ja alle Dinge, also alle möglichen Klassen in sich befassen würde. Darum paßt denn auch die mathematische Formel $1 \times y = y$ oder $1y = y$ in Wahrheit *nicht*, wenn $1 =$ Universum gesetzt wird. Denn das Universum 1 zusammen mit irgend einer bestimmten Klasse y, z. B. der Menschen, ist offenbar *nicht* = dieser einzelnen Klasse, sondern weit *mehr* als dieselbe. In Wahrheit mithin widerspricht die Bedeutung des Worts Universum der mathematischen Bedeutung des Zeichens 1. — Und was endlich jenes fundamentale Denkgesetz, den s. g. Satz des Widerspruchs betrifft, so läßt sich leicht zeigen, daß er, weit entfernt die *Consequenz* eines formell mathematischen Gesetzes zu seyn, vielmehr der *Grund* aller mathematischen Gesetze und Axiome ist. Denn in Wahrheit ist |[288] er nur die Kehrseite oder der negative, bloß formell verschiedene Ausdruck des Satzes der Identität, $A = A$, und dieser Satz bildet dergestalt das allgemeine Princip der ganzen Mathematik und insbesondre der Algebra, daß alle ihre Axiome, Lehrsätze und Beweise im Grunde nur Anwendungen, Folgerungen, Specificationen von ihm sind. Wäre nicht nothwendig jedes Ding als sich selber gleich — weil von allen andern unterschieden — zu denken, so wäre auch keine Größe sich selber gleich zu setzen, mithin nicht $x = x$, und folglich auch nicht $x + y = x + y$, noch $x^2 = x$. Und wäre nicht mit dem Satze $A = A$ *unmittelbar* gesetzt, daß A *nicht* $=$ *non A* seyn könne, wäre es vielmehr möglich (denkbar), daß $A = non\ A$ wäre, so wäre es auch möglich, daß $x + y$ nicht $= y + x$ wäre, und es ließe sich mit *nicht* behaupten, daß $x + y$ immer und allgemein $= y + x$ seyn müsse, d. h. $x + y = y + x$ oder $x^2 = x$ wie alle übrigen vom Verf. aufgestellten Formeln ließen sich *nicht* als Ausdruck eines „*Gesetzes*" betrachten. Sonach aber leuchtet zur Evidenz ein, daß der Satz des Widerspruchs, so wenig als der Satz der Identität die Consequenz eines formell mathemathischen [sic!] Gesetzes, vielmehr nur darum selbst ein mathematisches Axiom[,] d. h. eines allgemeingültigen, formell mathematischen Ausdrucks fähig ist, weil er ein *logisches*, schlechthin *allgemeines* Denkgesetz ist, das als solches auch alles mathematische Denken unter sich begreift und beherrscht. Dann aber bleibt auch kein Grund übrig für die Behauptung, die der Verf. am Schlusse seines Werks aufstellt und in der er Inhalt und Sinn desselben wie in einem Brennpunkt zusammenfaßt: daß „der menschliche Gedanke, bis in seine letzten Elemente verfolgt, in mathematischen Formen sich offenbare."[15]

In der That bestätigt des Verf. Werk nur von neuem die alte Erfahrung, daß es ein vergebliches Bemühen ist und bleiben wird, die Logik auf die Mathematik zu gründen. Letztere liefert zwar die besten Beweise für die zwingende Macht der logischen Gesetze und Funktionen, d. h. sie bringt die Gesetzes-Kraft und die Bedeutung derselben in klarster Anschaulichkeit zum |[289] Bewußtseyn. Aber die Logik steht *über* der Mathematik; sie bildet das Fundament dieser wie jeder andern Wissenschaft und nur soweit sich aus einem Bauwerk auf sein Fundament zurückschließen läßt, ist es möglich, von mathematischen Axiomen und Formeln auf die logischen Fundamentalsätze zu schließen, auf denen sie ruhen, — obwohl auch dieses Schließen wiederum nur eine logische Funktion ist und die logischen Grundgesetze voraussetzt. — Immerhin jedoch ist es bewundrungswürdig, mit welchem Scharfsinn und welcher Gewandtheit der Verf. von seinen Prämissen aus nicht nur die einfachen Grundgesetze, sondern auch complicirtere logische Functionen und sprachliche Ausdrucksweisen in mathematische Formeln umzusetzen versteht. Nachdem er, wie gezeigt, für die contradictorischen Gegensätze (Mensch und Nicht-Mensch) die Formeln x und $1 - x$ aufgestellt und weiterhin noch für die Urtheile, in denen das Prädicat ein particuläres ist, den Buchstaben v zur Bezeichnung dieser Eigenschaft des Prädicats eingeführt hat, ist er im Stande, nicht nur sehr complicirte Urtheile, sondern auch die s. g. unmittelbaren Schlüsse, die Conversion etc., in mathematischen Formeln

---

[15] Boole *1854*, 407: "The truth that the ultimate laws of thought are mathematical in their form, viewed in connexion with the fact of the possibility of error, establishes a ground for some remarkable conclusions;" 422: "The laws of thought, in all its processes of conception and of reasoning, in all those operations of which language is the expression or the instrument, are of the same kind as are the laws of the acknowledged processes of Mathematics."

als Consequenzen algebraischer Gleichungen und deren Lösung oder Transformation auszudrücken. So z. B. bringt er,[16] um die s. g. Conversion durch Contraposition algebraisch darzustellen, das Urtheil: kein Mensch ist vollkommen, zunächst in die Gleichung $y = v(1 - x)$, in der y die Klasse der Menschen, x die Klasse der vollkommenen Wesen repräsentirt und v und 1 die oben angegebene Bedeutung haben. Aus dieser Gleichung folgt zuvörderst $y - v(1 - x) = 0$, und daraus ergiebt sich gemäß der Regel der Elimination: $[y-(1-x)] \times y = 0$ oder $y-y(1-x) = 0$ oder $yx = 0$, d. h. der aus obigem Urtheil folgende unmittelbare Schluß: „vollkommene Menschen existiren nicht", ist mathematisch ausgedrückt und dargethan. Aus der Gleichung $xy = 0$ entwickelt sich weiter die andre: $x = \frac{0}{y} = \frac{0}{0}(1 - y)$, welche, interpretirt, den zweiten unmittelbaren Schluß: „Kein vollkommenes Wesen ist ein Mensch" ausdrückt. Und wird die erste Gleichung durch Heraushebung des Faktors $(1 - x)$ transformirt, so ergiebt sich |290 $1 - x = 1 - \frac{0}{y} = \frac{y}{y} = y + \frac{0}{0}(1 - y)$, und diese Gleichung, auf ihre Wortbedeutung zurückgebracht, ist gleichbedeutend mit dem Satze: „Unvollkommene Wesen sind alle Menschen nebst einem unbestimmten Rest von Wesen, die nicht Menschen sind."[17] — Doch, wie interessant diese Ergebnisse auch sind und wie klar sie auch zeigen, daß die Mathematik nur eine angewandte Logik ist und daher, wenn auch nicht alle, doch viele logische Funktionen in mathematischen Formeln sich ausdrücken lassen, so können wir doch den Erörterungen des Verf. hier nicht weiter folgen, da wir aus den angegebenen Gründen seinen Prämissen nicht beizupflichten vermögen.

Das hindert uns indeß keineswegs, den hohen Sinn und den ächt wissenschaftlichen Geist, in welchem der Verf. seine Untersuchung führt, vollkommen zu würdigen. Ja, diesem Geiste, der sein ganzes Werk beseelt, und den Grundansichten (über das Wesen der Wissenschaft und der menschlichen Erkenntniß überhaupt etc.), in denen er sich kund giebt, stimmen wir freudig und von ganzem Herzen zu. So insbesondere glauben wir mit ihm, daß — wie er in Beziehung auf die Herrschaft des einseitigen Empirismus in England bemerkt, — „eine ächte Hingebung an die Wahrheit selten nur einzelne Zielpunkte oder Theil-Zwecke verfolgt, sondern indem sie die schönen

---

[16] Boole *1854*, 105.

[17] Boole *1854*, 105: "Imperfect beings are all men with an indefinite remainder of beings, which are not men."

Gefilde der äußern Erfahrung auszumessen antreibt, doch zugleich verbietet, das Studium unsers eigenen Geistes und seiner Vermögen zu vernachlässigen."[18] Auch in solchen Zeitaltern, fügt er hinzu, die vorzugsweise den materiellen Interessen zugethan waren, hat sich immer ein Theil des Gedankenstroms nach innen zurückgewendet, und das Verlangen, das zu begreifen, wodurch alles Andre erst begreiflich wird, ist stets nur verdrängt worden, um neu und frisch wieder hervorzutreten. Untersuchungen dieser Art, selbst wenn sie auch nur wahrscheinliche Ergebnisse gewähren, haben an sich selbst, wegen ihres Gegenstandes, ein hohes Interesse und einen Werth, der ihnen einen Anspruch giebt, auch neben den bestimmteren und glänzenderen Resultaten der Naturwissenschaften berücksichtigt zu werden. Denn jede Region positiver Erkenntniß ist von |²⁹¹ einem streitigen speculativen Territorium rings umgeben, über das sie bis zu einem gewissen Grade ihren Einfluß und ihr Licht ausbreitet, von dem aber auch sie ihrerseits beeinflußt und beleuchtet wird. Eben so wahr ist die Bemerkung: „Ohne die in unsrer Natur liegende Fähigkeit, Ordnung anzuerkennen und zu würdigen, und ohne die sie begleitende Präsumption (worauf dieselbe auch gegründet seyn möge), daß die Erscheinungen der Natur nach einem Principe der Ordnung verknüpft seyen, würden die allgemeinen Wahrheiten der Naturwissenschaft niemals gefunden, bewiesen und anerkannt worden seyn. Neben diesen durch Induction gewonnenen Wahrheiten, giebt es andre, die dem Gebiete der s. g. *nothwendigen* Wahrheiten angehören, z. B. die allgemeinen Propositionen der Arithmetik und die Denkgesetze; ja es giebt nothwendige Wahrheiten, die, obwohl auf der Anschauung beruhend, doch wegen der Unvollkommenheit unsrer Sinne für die Anschauung nicht völlig exakt bewiesen werden können und doch als schlechthin wahr erkannt werden müssen. Obwohl z. B. in der Natur ein vollkommener Triangel, Quadrat oder Kreis nicht existirt und wir auch nicht im Stande sind, ihn in der Anschauung herzustellen, sondern ihn nur als die Gränze eines unendlichen Processes der Abstraktion uns zu denken vermögen, so kann er doch durch eine wunderbare Fähigkeit des Verstandes zum Gegenstand absolut wahrer Propositionen gemacht werden, — was beweist, daß das Gebiet der Vernunft uns um soviel weiter enthüllt ist

---

[18] Boole *1854*, 400: "A genuine devotion to truth is, indeed, seldom partial in its aims, but while it prompts to expatiate over the fair fields of outward observation, forbids to neglect the study of our own faculties."

als das des Anschauungsvermögens."[19] Diese Sätze bekunden, daß der Verf. dem Geiste der *deutschen* Philosophie und ihren gegenwärtigen Tendenzen weit näher steht als die meisten seiner Landsleute. —

H. Ulrici.

---

[19] Boole *1854*, 403–405: "It is the ability inherent in our nature to appreciate Order, and the concurrent presumption, however founded, that the phænomena of Nature are connected by a principle of Order. Without these, the general truths of physical science could never have been ascertained. [403] [...] But besides the general propositions which are derived by induction from the collated facts of experience, there exist others belonging to the domain of what is termed *necessary* truth. Such are the general propositions of Arithmetic, as well as the propositions expressing the laws of thought [...]. Again, there exist general propositions expressive of necessary truths, but incapable, from the imperfections of the senses, of being exactly verified. [404] [...] Although the perfect triangle, or square, or circle, exists not in nature, eludes all our powers of *representative* conception, and is presented to us in thought only, as the limit of an indefinite process of abstraction, yet, by a wonderful faculty of the understanding, it may be made the subject of propositions which are *absolutely* true. The domain of reason is thus revealed to us as larger than that of imagination [405]."

Zweite Rezension Ulricis zur Algebra der Logik (1878)

Boole's Logical Method. By G.B. Halstead. [Sic!] (Artikel im *Journal of Speculative Philosophy*, Vol. XII, No. 1, January, 1878.)[1]

Von Professor Boole's (resp. seines Nachfolgers St. Jevons') „mathematischer" oder, wie sie von Andern genannt wird, „algebraischer" Logik, welche unter dem Titel: *An Investigation of the Laws of Thought* bereits 1854 erschien, aber unbeachtet blieb, ist in neurer Zeit großes Aufhebens gemacht worden. Mr. J. Venn begann mit einer rühmenden Auseinandersetzung der Grundgedanken und ihrer Durchführung (im 4ten Heft der neuen englischen Zeitschrift *Mind, a qua[r]terly Review of Psyc[h]ology and Philosophy*, Jahrgang I, 1876).[2] Hr. L. Liard folgte mit einem Artikel: *La Logique algébrique de Boole* in der *Revue philosophique de la France et de l'étranger, Septembre*, 1877.[3] Endlich unternahm es die „Vierteljahrsschrift für wissenschaftliche Philosophie", im Anschluß an ihre englische und fanzösische Gesinnungsgenossin, auch in Deutschland Propaganda für die Boole-Jevons'sche Logik zu machen. Hr. A. Riehl begrüßte sie sogleich im ersten Heft der neugegründeten Zeitschrift mit unbedingtem Lobe als Grundlage einer folgenreichen Umgestaltung der Wissenschaft,[4] und erklärte in einem späteren Artikel (über Lange's logische Studien), Niemand dürfe fortan in Sachen der Logik mitreden, der nicht diese neue englische Logik gründlich studirt habe.[5] Dies habe ich nun zwar gethan, fand aber, daß diese neue Logik im Grunde nichts Neues biete, sondern im |³¹⁵ Wesentlichen nichts andres sey als eine Uebersetzung der alten formalen (s. g. Aristotelischen) Logik in mathematische Formeln. Ich konnte wenigstens nichts entdecken[,] was die logischen Gesetze und Normen besser begründet, ihre Geltung und Bedeutung genauer dargelegt oder über Ursprung und Bildung, Berechtigung und Gültig-

---

[1] *Zeitschrift für Philosophie und philosophische Kritik* N.F. **73** (1878), 314–316, Rez. v. Halsted *1878*.
[2] Venn *1876*.
[3] Liard *1877b*.
[4] Riehl *1877*.
[5] Riehl *1878*, 250.

keit unsrer Begriffe, Urtheile, Schlüsse uns befriedigenderen Aufschluß gegeben hätte als die alte formale Logik. Es wollte mich daher bedünken, als verdiene die Schrift Boole's (resp. Jevons') zwar alle Anerkennung, insofern sie nicht nur jene Transformierung des Logischen in's Mathematische mit hervorragendem Scharfsinn durchführt, sondern damit auch für die Darstellung der Logik den Vortheil bietet, daß sie den Inhalt zu einer Klarheit bringt, die nur die mathematische Demonstration gewährt; — als sey aber dadurch für die Logik als Wissenschaft, für die Lösung der logischen und erkenntnißtheoretischen Probleme wenig oder nichts gewonnen. Allein ich wagte es nicht, dieses Ergebniß meines Studiums gegenüber den Vertretern der „wissenschaftlichen" Philosophie zu äußern, weil ich es für unwissenschaftlich erachtete, mir, der ich kein Mathematiker von Profession bin, ein Urtheil über eine wesentlich mathematische Arbeit anzumaßen. Jetzt hat nun aber der ausgezeichnete amerikanische Mathematiker Halstead [sic!] in der oben genannten Abhandlung sich in ähnlichem Sinne ausgesprochen. Auch er rühmt zwar die Originalität und Genialität Boole's nicht nur in seinen rein mathematischen Schriften, sondern auch in seiner mathematischen Logik. Aber er weist nach, daß Boole die bekannten Gesetze der formalen Logik: 1) den Satz der Identität, 2) des Widerspruchs, 3) des ausgeschlossenen Dritten, und 4) das Axiom: „Was von einer Klasse [Gattung][6] prädicirt werde, auch von den Gliedern dieser Klasse prädicirt werden könne", in ihrer herkömmlichen Fassung „stillschweigend" voraussetzt,* und fügt hinzu: „Hätte Boole offen auf diese Gesetze sich bezogen, anstatt von ihnen |[316] stillschweigend (*unconsciously*) Gebrauch zu machen, so würde er sich ein Masse von Mühe (*a vast amount of trouble*) und einige positive Irrthümer erspart haben." Diese *errors* legt er dar, und verspricht sie in einer besonderen Schrift zu berichtigen.[7] Ihnen scheint nach seiner Ansicht auch Jevons, dem er überhaupt das richtige Verständniß des Mathematisch-Logischen abspricht, verfallen zu seyn. — Ich muß es den Anhängern

---

[6] Eckige Klammer im Original.

*Der so wichtige Satz der Causalität fehlt in der Liste, vielleicht weil Boole mit Mill u. A. ihn als logisches Gesetz nicht anerkennt, vielleicht nur[,] weil er nicht wohl in eine mathematische Formel zu bringen ist.

[7] Vgl. Halsted *1878b*, wo Halsted drei logischen Gleichungen zugrundeliegende Axiome der Gleichheit formuliert (421). Vgl. auch Halsteds Arbeit über die „algorithmische Division" (*1879*).

der neuen englischen Logik, die sich ein Urtheil in mathematischen Dingen zutrauen, überlassen, über jenen Vorwurf in Betreff des Verfahrens überhaupt, wie der einzelnen Irrthümer mit dem Verf. sich auseinanderzusetzen. Mir scheinen diese Irrungen von allgemeinerer Bedeutung und ihre Lösung schwierig zu seyn. Aber ich würde mein oben ausgesprochenes Princip verleugnen, und verletzen, wollte ich mir anmaßen, auf eine nähere Erörterung derselben einzugehen.

H. Ulrici.

Nachruf auf Hermann Ulrici[1]

Am 11. Januar starb der ordentliche Professor in der philosophischen Facultät, G. R.-R. Dr. theol. und phil. *Hermann Ulrici*.[*] Er war am 23. März 1806 in der damals zum Königreich Sachsen gehörigen Stadt Pförten in der Niederlausitz, wo sein Vater Christian Ferdinand Ulrici Postmeister und Kreisinspector war, geboren. Er stammte aus der zweiten Ehe seines Vaters, welcher sich nach dem Tode seiner ersten Frau mit deren Schwester Sophie Amalie von Klinguth wieder verheirathet hatte und war das älteste Kind aus dieser Ehe, aus welcher ausser ihm noch zwei Söhne und zwei Töchter hervorgingen. Im Jahre 1813 wurde der Vater als Postdirector nach Leipzig versetzt. Nicht lange vor der Schlacht bei Leipzig war er dahin übergesiedelt, wo er ohne Hehl für die Verbündeten Partei nahm und dadurch das Misfallen der Regierung erregte. Dies wurde die Veranlassung, dass er von der preussischen Regierung, welche nach Erwerbung der früher sächsischen Landestheile einen mit den Verhältnissen der sächsischen Postverwaltung vertrauten Beamten suchte, nach Berlin berufen wurde. Im Winter 1815/16 trat er in den preussischen Staatsdienst und wurde als Geheimer Postrath, später Geheimer Ober-Postrath, besonders mit dem Decernat über die Postverwaltung in den neu erworbenen sächsischen Landestheilen beauftragt. So kam Hermann Ulrici im Alter von zehn Jahren nach Berlin. Hier wurde er dem Friedrich-Werderschen Gymnasium übergeben, welches er acht Jahre lang besuchte, nachdem er seine Vorbildung auf der städtischen Bürgerschule in Leipzig erhalten hatte. Um Ostern 1824 verliess er das Gymnasium mit dem Zeugniss der Reife. In dem vorzüglichen Zeugniss war besonders hervorgehoben, dass er „die Fähigkeit besitze, Begriffe zu

---

[1] *Chronik der Königlichen vereinigten Friedrichs-Universität Halle-Wittenberg für das Jahr 1884*, Druck: Otto Hendel o. J. (1885), 5–8. Der Nachruf trägt keinen Titel. Er eröffnet den Abschnitt II „Die Professoren und Dozenten".

[*] Die Angaben über die Lebensverhältnisse des Verstorbenen sind den freundlichen Mittheilungen eines Sohnes, des Herrn Archidiakonus Dr. Georg Ulrici in Mühlhausen[,] entnommen. [Georg Gottwalt Ulrici (1835–1903), 1864 Lehrer an der Realschule 1. Ordnung in Elberfeld, 1868 ordiniert, 1871 Archidiakon in Mühlhausen in Thüringen. Ich danke Herrn Pfarrer Siegfried Holzhausen für Auskünfte aus dem Pfarrerbuch für Mühlhausen.]

zerlegen, an einander zu knüpfen und zweckmässige Gedankenreihen zu entwerfen." |[6]

In der Absicht, Rechtswissenschaft zu studiren, bezog er mit dem Anfang des Sommersemesters 1824 die Universität Halle, wo er bei Mühlenbruch[2] die römisch-rechtlichen Vorlesungen, bei Salchow[3] deutsches Privatrecht, Criminalrecht und Criminalprocess hörte. An dem studentischen Leben nahm er einen regen Antheil: namentlich besass er in allen körperlichen Uebungen eine grosse Gewandtheit. Nachdem er noch eine kurze Zeit in Berlin studirt hatte, meldete er sich im Frühjahr 1827 zu der ersten juristischen Prüfung, welche er am 30. März d. J. mit Auszeichnung bestand. Am 3. Mai desselben J. trat er als Auskultator bei dem K. Stadtgericht in Berlin ein. Schon am 9. Januar 1829 konnte er sich der zweiten juristischen Prüfung unterziehn, welche er ebenfalls sehr rühmlich bestand. Darauf wurde er auf seinen Wunsch unter dem 7. April d. J. dem Oberlandesgericht in Frankfurt a. O. als Referendar überwiesen. Allein trotz der glänzenden Erfolge seiner juristischen Prüfungen konnte er weder in der Jurisprudenz noch in den praktischen Arbeiten an den Gerichten seine Befriedigung finden. Seine Neigung war vielmehr auf Philosophie und Litteratur gerichtet, wie das ausser vielen Gedichten und Aufsätzen in litterarischen Zeitschriften[4] zwei Bände Novellen beweisen, welche er unter dem Namen Ulrich Reimann herausgab[5] und Ludwig Tieck[6] widmete. Lediglich aus Pietät gegen seinen Vater, der es für unmöglich hielt, dass sein Sohn etwas anderes als Rechtswissenschaft studiren könne, hatte er sich diesem Studium gewidmet. Mit dem Tode des Vaters am Ende des Jahres 1829 glaubte er dieser Pflichten ledig zu sein. Unter dem 11. Januar 1830 wurde er auf seinen Antrag aus dem Justizdienst entlassen.

Mit dem Ausscheiden aus dem Justizdienst begann eine neue Periode seines Lebens. Er besuchte nun in Berlin philosophische und geschichtliche Vorlesungen. Hegel, dessen Vor-

---

[2] Christian Friedrich (Simon) Mühlenbruch (1785–1843), 1819–1833 Professor der Rechte an der Universität Halle. Vgl. Mejer *1885*.

[3] Johann Christian Salchow (1782–1829), 1810–1829 Professor der Rechte an der Universität Halle. Vgl. Brümmer *1890*.

[4] Nachweise für die unter dem Pseudonym Ulrich Reimann veröffentlichten Erzählungen und Gedichte finden sich in Goedeke *1913*, 491.

[5] Ulrici *1833.2*.

[6] (Johann) Ludwig Tieck (1773–1853), romantischer Dichter, vgl. Bernhardi *1894*.

lesungen er mit grossem Eifer hörte, stellte ihm vorzügliche Zeugnisse aus, ohne zu ahnen, dass der damalige Referendar einst sein Gegner werden sollte. Mit Aufbietung aller Kraft erreichte er es, dass er am 16. Juli 1831 bei der hiesigen philosophischen Facultät unter dem Decanat von Tieftrunk[7] das Doctor-Examen bestand. Darauf habilitirte er sich an der Universität Berlin als Privatdozent bei der philosophischen Facultät. Im Jahre 1833 veröffentlichte er seine Charakteristik der antiken Historiographie,[8] welche mit grossem Beifall aufgenommen wurde. Seine Hoffnung, auf Grund dieses Werkes zum ausserordentlichen Professor befördert zu werden, wurde zwar zunächst noch nicht erfüllt; vielmehr wurde ihm auf sein Gesuch von dem Ministerium die Antwort [gegeben], „dass er sich erst nach Seiten seines Vortrages und seiner Lehrgeschicklichkeit genügend bewähren müsste." Doch wurde er bald nachher, unter dem 10. Mai 1834, zum ausserordentlichen Professor an der Universität Halle ernannt. Obgleich ein Gehalt mit der Professur zunächst noch nicht verbunden war, so glaubte er doch nicht länger zögern zu sollen, sich mit seiner Braut Clara Villaume, mit |[7] welcher er schon seit einigen Jahren verlobt war, zu verheirathen. Letztere war die Tochter des Geh. Ober-Finanzrathes Villaume in Berlin,[9] eines Nachkommen jenes Villaume, welcher mit Voltaire als dessen Secretär nach Berlin gekommen war und nach dessen Weggang Secretär bei Friedrich dem Grossen wurde.[10] Nachdem er sich im Herbst 1834 verheirathet hatte, siedelte er mit der jungen Frau nach Halle über.

Seit dem Wintersemester 1834/35 hat er bis zu seinem Tode ununterbrochen unserer Universität angehört. Die Erwartung, welche bei seiner Ernennung vorgewaltet hatte, und welche in seinen bisherigen Arbeiten begründet war, dass er sich der Aesthetik und Kunstgeschichte zuwenden werde, hat sich in dem Umfang, wie damals angenommen wurde, nicht erfüllt. Er ist

---

[7] Johann Heinrich Tieftrunk (1759–1837), seit 1792 Professor der Philosophie an der Universität Halle. Vgl. Liebmann *1894*.

[8] Ulrici *1833.1*.

[9] Carl Samuel Villaume (1771–1833), wirklicher Oberfinanzrat und Direktor im Finanzministerium in Berlin. Vgl. *Neuer Nekrolog der Deutschen* **11** (1833), 470–472.

[10] Gemeint ist Samuel Vuillaume [!] (1734–1811), genannt „Lorrain"; seit 1751 Kopist Voltaires, trat im August 1755 in die Dienste Friedrichs ein. Vgl. Koser/Droysen (Hgg.) *1911*, 19, Fn. 3, vgl. auch Mervaud *1985*, 397*f.*, 553.

zwar auch später den kunst- und litterarhistorischen Studien stets treu geblieben und hat sie ebensowohl in seinen wissenschaftlichen Arbeiten, wie in seiner Lehrthätigkeit gepflegt. Sein zweites grösseres Werk, die Geschichte der hellenischen Dichtkunst in zwei Bänden (1835)[11] schloss er erst in Halle ab. Aber seine Vorliebe für die speculative Philosophie und das Bestreben, ein wissenschaftliches System zu begründen, welches seit dem Beginn seiner Wirksamkeit an unserer Universität hervortrat, machte sich bald in so entschiedener Weise geltend, dass seine Thätigkeit dadurch vorzugsweise in Anspruch genommen wurde. Diese veränderte Richtung, auf welche er, entgegen den Erwartungen des Ministeriums, durch seine Entwickelung geführt wurde, und welche ihn bald in Gegensatz zu dem herrschenden System der Hegel'schen Philosophie brachte, hat wesentlich dazu beigetragen, dass er in den nächsten Jahren nicht die gehoffte Förderung fand. Ja, als er im J. 1837 um eine Verbesserung seiner äusseren Verhältnisse nachsuchte, erhielt er die Antwort, dass seine Bitte nicht gewährt werden könne, „da es ihm bis jetzt nicht gelungen sei, unter den Studirenden eine lebendige Theilnahme für seine Vorträge hervorzurufen, und es nach den bisherigen untergeordneten Erfolgen seiner Wirksamkeit überhaupt zweifelhaft erscheine, ob er das erforderliche Talent zu einem Universitätslehrer besitze." Indessen liess er sich dadurch von seinen Bestrebungen nicht abhalten, und es fehlte ihm nicht an Erfolg. Er erwarb sich bald eine geachtete Stellung in der Wissenschaft und eine allgemein anerkannte Wirksamkeit an der Universität. Wenn er dennoch ungewöhnlich lange in der Stellung eines ausserordentlichen Professors mit geringem Gehalt verblieb, so lag der Grund darin, dass die Philosophie schon durch drei Ordinarien vertreten war. Erst unter dem 28. November 1861 erfolgte seine Ernennung zum ordentlichen Professor. Schon vorher, seit dem Sommersemester 1850, war ihm nach dem Abgange des Prof. Weise[12] die Direction des Kupferstich-Cabinets übertragen. Seitdem nahm er die Vorlesung über Geschichte der christlichen Kunst in den Kreis seiner Vorlesungen auf. Seine Hauptthätigkeit blieb aber immer der Philosophie zugewandt; |[8] seine wichtigsten regelmässig wiederholten Vorlesungen waren über Logik, Re-

---

[11] Ulrici *1835.1–2*.

[12] Adam Weise (1775–1835), seit 1815 als Zeichenlehrer an den Franckeschen Stiftungen tätig, zuletzt Prof. für Kunstgeschichte an der Universität Halle. Vgl. Scheidig *1942*, 311.

ligionsphilosophie und Geschichte der Philosophie, ausserdem in den früheren Jahren über Shakespeare. Seit 1852 war er einige Jahre ausserordentliches Mitglied der wissenschaftlichen Prüfungs-Commission für das Englische; ebenso seit 1855 Mitglied der städtischen Schul-Commission. Im J. 1847 übernahm er die Redaction der von Fichte[13] begründeten Zeitschrift für Philosophie,[14] welche er bis in sein letztes Lebensjahr geführt hat. Seine bedeutendsten philosophischen Schriften sind: Ueber Princip und Methode der Hegel'schen Philosophie 1841,[15] Geschichte und Kritik der Principien der neueren Philosophie 1845,[16] Speculative Grundlegung des Systems der Philosophie 1846,[17] System der Logik 1852,[18] Glauben und Wissen, speculative und exakte Wissenschaft 1858,[19] Gott und die Natur 1862,[20] Gott und der Mensch 1868 [richtig: 1866]/73.[21] Mehr noch ist sein Name in weiten Kreisen bekannt geworden durch das Buch über Shakespeare's dramatische Kunst, welches zuerst 1839,[22] in sehr erweiterter Gestalt in dritter Auflage 1868 [richtig: 1869][23] erschien. In Anerkennung seiner Verdienste um ein tieferes Verständniss Shakespeare's ernannte ihn die deutsche Shakespeare-Gesellschaft, um deren Gründung er ein wesentliches Verdienst hatte, zu ihrem Präsidenten. Auch sonst hat es ihm an Anerkennung nicht gefehlt. Sein reiches Wissen, die Reinheit seines Charakters, seine edle Begeisterung für alles Gute und Schöne, seine massvolle und freimüthige Haltung in allen religiösen und politischen Fragen erwarb ihm Achtung und Vertrauen bei Allen, die ihm näher traten. Im J. 1867/68 führte er das Rectorat. In seinen späteren Lebensjahren erfüllte ihn besonders die Feier seines funfzigjährigen [sic!] Doctorjubiläums am 16. Juli 1881, über welches in der Chronik jenes

---

[13] Immanuel Hartmann (Hermann) Fichte (1796–1879), seit 1863 v. Fichte, 1836–1842 Prof. für Philosophie an der Universität Bonn, 1842–1863 in Tübingen. Vgl. Zeltner *1961*.

[14] Gemeint ist die *Zeitschrift für Philosophie und speculative Theologie*, die 1847 mit der Übernahme in *Zeitschrift für Philosophie und philosophische Kritik* umbenannt wurde.

[15] Ulrici *1841.1*.
[16] Ulrici *1845.1*.
[17] Ulrici *1846.1*.
[18] Ulrici *1852.1*.
[19] Ulrici *1858.1*.
[20] Ulrici *1862.1*.
[21] Ulrici *1866.1*, *1873.1*.
[22] Ulrici *1839.1*.
[23] Ulrici *1869.1*

Jahres ausführlich berichtet ist,[24] mit lebhafter Freude. Ausser vielen anderen Auszeichnungen, welche ihm aus dieser Veranlassung zu Theil wurden, wurde ihm von Sr. Majestät dem Kaiser der Titel eines Geh. Regierungsrathes und von der hiesigen theologischen Facultät die Würde eines Doctors der Theologie verliehen. Bald nachher erlitt er durch den Tod seiner Frau einen herben Verlust. Sein Leben gestaltete sich seitdem einsamer, zumal da auch die Kinder nicht mehr um ihn sein konnten. Zugleich klagte er über zunehmende Schwäche. Doch setzte er seine Vorlesungen, so weit es seine Kräfte zuliessen, ohne Unterbrechung fort. Wenige Tage vor dem Weihnachtsfest 1883 traf ihn ein Schlaganfall, und am 11. Januar 1884, dem letzten Tag des Decanates, welches er während des letzten halben Jahres geführt hatte, erlag er einem erneuten Anfall.

An die Stelle des Verstorbenen wurde der ordentliche Professor an der Universität Prag Dr. *Karl Stumpf*[25] durch Patent vom 20. August zum ordentlichen Professor in der philosophischen Facultät vom Beginn des Wintersemesters an berufen.

---

[24] *Chronik der königlichen vereinigten Friedrichs-Universität Halle-Wittenberg für das Jahr 1881*, Otto Hendel: Halle 1882, 16–18.
[25] Karl Stumpf (1848–1936), Philosoph und Psychologe, wurde 1889 nach München und 1894 nach Berlin berufen. Vgl. Stumpf *1924*, Zusne *1984*.

Bibliographie der Schriften Hermann Ulricis

1828

1. Ulrich Reimann [Pseud.], „Drei Liebhaber. Altes Thema mit neuen Variationen", *Berliner Conversations-Blatt für Poesie, Literatur und Kritik* **2** (1828), Nr. 127 v. 1.7.1828, 499–500; Nr. 128 v. 3.7.1828, 503–505; Nr. 129 v. 4.7.1828, 507–508; Nr. 131 v. 7.7.1828, 515–516; Nr. 132 v. 8.7.1828, 519–520; Nr. 133 v. 10.7.1828, 523–524; Nr. 134 v. 11.7.1828, 527–528; Nr. 136 v. 14.7.1828, 535–536; Nr. 137 v. 15.7.1828, 539–541; Nr. 138 v. 17.7.1828, 543–544; Nr. 139 v. 18.7.1828, 547–548; Nr. 141 v. 21.7.1828, 555–556; Nr. 142 v. 22.7.1828, 559–561; Nr. 143 v. 24.7.1828, 563–564; Nr. 144 v. 25.7.1828, 567–568; Nr. 146 v. 28.7.1828, 575–576; Nr. 147 v. 29.7.1828, 579–580.

2. Ulrich Reimann [Pseud.], „Menschlich Thun und Treiben. Volkslied", *Berliner Conversations-Blatt* **2** (1828), Nr. 163 v. 21.8.1828, 643.

3. Ulrich Reimann [Pseud.], Gedichte in *Berliner Conversations-Blatt* **2** (1828): „So geht's", Nr. 172 v. 2.9.1828, 677; „Heimkehr", Nr. 174 v. 5.9.1828, 687; „Was sie suchen", Nr. 187 v. 23.9.1828, 738–739.

1829

1. Ulrich Reimann [Pseud.], „Der Autor und Accise-Einnehmer Gottlob Links. Eine Probe aus einem größern, noch ungedruckten Werke zur Kunde unserer Schreib- und Druckseligkeit mitgetheilt. (Zur Preisbewerbung für Nr. III)", *Der Gesellschafter oder Blätter für Geist und Herz* [*Gesellschafter*] **13** (1829), Nr. 69 v. 1.5.1829, 353–354; Nr. 70 v. 2.5.1829, 358–359; Nr. 71 v. 4.5.1829, 361–362; Nr. 72 v. 6.5.1829, 365–366.

2. Ulrich Reimann [Pseud.], „Schön Röschen", *Gesellschafter* **13** (1829), Nr. 205 v. 25.12.1829, 1033–1035; Nr. 206 v. 26.12.1829, 1037–1038; Nr. 207 v. 28.12.1829, 1042–1043; Nr. 208 v. 30.12.1829, 1050.

3. Ulrich Reimann [Pseud.], Gedichte in *Gesellschafter* **13** (1829): „Bescheidung", Nr. 1 v. 2.1.1829, 3; „Der Liebe Sonne", Nr. 13 v. 23.1.1829, 63; „Stille Liebe", Nr. 28 v. 18.2.1829, 143; „Mein Traum am Bache", Nr. 36 v. 4.3.1829, 185; „Freilich", Nr. 41 v. 13.3.1829, 211; „Das Dichterlein", Nr. 44 v. 18.3.1829, 227; „Die Wanderung", Nr. 56 v. 8.4.1829, 285; „Menschenleben", Nr. 80 v. 20.5.1829, 409; „Mein Frühling", Nr. 88 v. 3.6.1829, 451; „Besserung", Nr. 95 v. 15.6.1829, 483.

1830

1. Ulrich Reimann [Pseud.], „Künstlersinn. Novelle", *Gesellschafter* **14** (1830), Nr. 194 v. 3.12.1830, 973–974; Nr. 195 v. 4.12.1830, 978–979; Nr. 196 v. 6.12.1830, 982–983; Nr. 197 v. 8.12.1830, 985–986; Nr. 198 v. 10.12.1830, 994–995; Nr. 199 v. 11.12.1830, 997–999; Nr. 200 v. 13.12.1830, 1001–1003; Nr. 201 v. 15.12.1830, 1010–1011; Nr. 202 v. 17.12.1830, 1014–1015; Nr. 203 v. 18.12.1830, 1018–1019, Nr. 204 v. 20.12.1830, 1021–1022; Nr. 205 v. 22.12.1830, 1031.

2. Ulrich Reimann [Pseud.], Gedichte in *Gesellschafter* **14** (1830): „Die Elfen-Küche", Nr. 6 v. 9.1.1830, 27; „Des Meisters Bild", Nr. 17 v. 29.1.1830, 83; „Die Liebes-Nacht", Nr. 28 v. 17.2.1830, 135; „Der Bettler", Nr. 34 v. 27.2.1830, 165; „Sängers letztes Lied", Nr. 69 v. 28.4.1830, 333.

1831

1. *De indole et ingenio veteris Historiae*, Phil. Diss. Halle-Wittenberg v. 16.7.1831.

1832

1. Ulrich Reimann [Pseud.], „Mein Sylvester-Abend. Eine wahre Begebenheit aus meinem Leben", *Gesellschafter* **16** 1932, Nr. 172 v. 26.10.1832, 854–855; Nr. 173 v. 27.10.1832, 857–859; Nr. 174 v. 29.10.1832, 862–864; Nr. 175 v. 31.10.1832, 865–866.

2. Ulrich Reimann [Pseud.], „Einige Bemerkungen über die Malerkunst des neunzehnten Jahrhunderts mit Beziehung auf Berliner Kunstausstellungen", *Gesellschafter* **16**

(1832), Nr. 187 v. 21.11.1832, Beiblatt „Kunst und Gewerbe", Nr. 14, 929–930; Nr. 195 v. 5.12.1832, Beiblatt „Kunst und Gewerbe", Nr. 15, 967–968; Nr. 203 v. 19.12.1832, Beiblatt „Kunst und Gewerbe", Nr. 16, 1009–1010.

1833

1. *Charakteristik der antiken Historiographie*, Reimer: Berlin 1833.

2. Ulrich Reimann [Pseud.], *Novellen*, 2 Bde. [Die Maler; Meine Ferienreise; Berthold's Liebesgeschichte; Die Dichter], Amelang: Berlin 1833.

3. Ulrich Reimann [Pseud.], „Ritter Otto von Fieldingen. Historisch-poetische Farbenskizze", *Gesellschafter* **17** 1833, Nrn. 56–63.

4. Ulrich Reimann [Pseud.], „Wallteufel. Eine Legende", *Gesellschafter* **17** (1833), Nr. 199 v. 14.12.1833, 993–994.

5. Ulrich Reimann [Pseud.], „Die schöne Geschichte vom schönen Stehauf. Erzählung in Knüttelversen'", *Gesellschafter* **17** (1833), Nr. 200 v. 16.12.1833, 998–999.

1834

1. U. R. [Ulrich Reimann, Pseud.], „Ritter Gluck und seine Compositionen", *Gesellschafter* **18** (1834), Nr. 26 v. 11.2.1834, 131–132.

1835

1. *Geschichte der Hellenischen Dichtkunst*, Tl. 1: *Epos*, Duncker & Humblot: Berlin 1835.

2. *Geschichte der Hellenischen Dichtkunst*, Tl. 2: *Lyrik*, Duncker & Humblot: Berlin 1835.

3. „Berichtigung", *Allgemeine Zeitung* v. 7.11.1835 (außerordentliche Beilage, Nr. 449) [auf die Mitteilung von Ludolf Wienberg und Carl Gutzkow in der *Allgemeinen Zeitung* v. 26.10.1835 (ausserordentliche Beilage, Nr. 430), Ulrici hätte seine Bereitschaft erklärt, an der von ihnen gegründeten Zeitschrift *Neue Revue* mitzuwirken]; Wiederabdruck Ulrici *1906.1*.

4. Wienberg, Ludolf/Carl Gutzkow, „Für den Herrn Ulrici", *Frankfurter Konversationsblatt* Nr. 313 v. 12. November 1835, darin Abdruck eines Schreibens von Ulrici an Wienberg und Gutzkow v. 28.9.1835; Wiederabdruck Ulrici *1906.2*.

5. Wienberg, Ludolf/Carl Gutzkow, „Für den Herrn Ulrici", *Allgemeine Zeitung* v. 15.11.1835 (außerordentliche Beilage, Nr. 465), darin Abdruck eines Schreibens von Ulrici an Wienberg und Gutzkow v. 28.9.1835.

6. „Abermalige Berichtigung", *Allgemeine Zeitung* v. 9.12.1835 (außerordentliche Beilage, Nr. 505); Wiederabdruck Ulrici *1906.2*.

1839

1. *Ueber Shakespeare's dramatische Kunst und sein Verhältniß zu Calderon und Göthe*, Ed. Anton: Halle 1839.

1841

1. *Ueber Princip und Methode der hegelschen Philosophie. Ein Beitrag zur Kritik derselben*, Lippert: Halle 1841.

2. [Erläuterungen zu:] Moritz Retzsch, *Gallerie zu Shakespeare's dramatischen Werken. In Umrissen* [auch unter dem Titel: *Outlines to Shakespeare*], 5. Lfg.: *Der Sturm* [The Tempest], deutsch und in englischer Übersetzung, hg. v. Ernst Fleischer, E. Fleischer: Leipzig 1841.

1842

1. [Erläuterungen zu:] Moritz Retzsch, *Gallerie zu Shakespeare's dramatischen Werken. In Umrissen* [auch unter dem Titel: *Outlines to Shakespeare*], 6. Lfg.: *Othello* [Othello], deutsch und in englischer Übersetzung, hg. v. Ernst Fleischer, E. Fleischer: Leipzig 1842.

1843

1. „Der spekulative Begriff der politischen Freiheit. Eine rechtsphilosophische Skizze", *Zeitschrift für Philosophie und speculative Theologie* [ZPT] 10 (1843), 1–39, 189–225.

2. „Die philosophische Literatur der Gegenwart. Achter Artikel. Die neuesten Werke zur Geschichte der Philosophie von Brandis, Hillebrand, Braniß, Biedermann, Michelet und Chalybäus", *ZPT* **11** (1843), 293–311.

1844

1. „Die philosophische Literatur der Gegenwart. Achter Artikel. Die neuesten Werke zur Geschichte der Philosophie von Brandis, Hillebrand, Braniß, Biedermann, Michelet und Chalybäus", *ZPT* **12** (1844), 132–165.

2. [Erläuterungen zu:] Moritz Retzsch, *Gallerie zu Shakespeare's dramatischen Werken. In Umrissen* [auch unter dem Titel: *Outlines to Shakespeare*], 7. Lfg.: *Die lustigen Weiber von Windsor*, deutsch/englisch, E. Fleischer: Leipzig 1844.

1845

1. *Das Grundprincip der Philosophie kritisch und speculativ entwickelt*, Tl. 1: *Geschichte und Kritik der Principien der neueren Philosophie*, Weigel: Leipzig 1845.

1846

1. *Das Grundprincip der Philosophie kritisch und speculativ entwickelt*, Tl. 2: *Speculative Grundlegung des Systems der Philosophie oder die Lehre vom Wissen*, Weigel: Leipzig 1846.

2. *Shakespeare's Dramatic Art: and His Relation to Calderon and Goethe*, übersetzt von A. J. W. Morrison, Chapman: London 1846.

3. [Erläuterungen zu:] Moritz Retzsch, *Gallerie zu Shakespeare's dramatischen Werken. In Umrissen* [auch unter dem Titel: *Outlines to Shakespeare*], 8. Lfg.: *König Heinrich IV*, 2 Tle., E. Fleischer: Leipzig 1846.

1847

1. *Shakespeare's dramatische Kunst. Geschichte und Charakteristik des Shakespeare'schen Dramas*, 2. umgearb. Aufl., 2 Abteilungen, Weigel: Leipzig 1847.

2. mit Immanuel Hermann Fichte, „Ankündigung der vom Jahre 1847 an erscheinenden Zeitschrift für Philosophie und philosophische Kritik, als Fortsetzung der Fichteschen Zeitschrift für Philosophie und speculative Theologie. (Als Vorwort des neuen Jahrgangs.)", *Zeitschrift für Philosophie und philosophische Kritik* N. F. [*ZPK*] **17** (1847), 1–6.

3. „Aphorismen zur philosophischen Verständigung über die Tendenzen unserer Zeit [I. Die wissenschaftlichen Tendenzen im Verhältniß zu den praktischen Interessen]", *ZPK* **17** (1847), 25–37.

4. „Antwort [auf: Chalybäus, ‚Einwendungen gegen das Programm der Zeitschrift in einem Sendschreiben an die Redaktion', 169–177]", *ZPK* **17** (1847), 178–188.

5. „Zur philosophischen Verständigung über die Tendenzen unserer Zeit [II. Die kirchlich-religiösen Fragen. A. Die Freiheit der Religion und die Religion der Freiheit]", *ZPK* **17** (1847), 208–226.

6. [Rez. v.:] „Vermischte Aufsätze von Dr. J. E. Erdmann, ordentl. Prof. d. Phil. an d. Univers. Halle-Wittenberg. Leipz. 1846", *ZPK* **17** (1847), 257–269.

7. [Rez. v.:] „Gust. Theod. Fechner: Ueber das höchste Gut. Leipz. Breitkopf u. Härtel. 1846", *ZPK* **17** (1847), 269–276.

8. [Rez. v.:] „R. Haym: Die Autorität, welche fällt und die, welche bleibt. Ein populär-philosophischer Aufsatz. Halle, Heynemann. 1846. Derselbe: Feuerbach und die Philosophie. Ein Beitrag zur Kritik Beider. Ebd. 1847", *ZPK* **17** (1847), 276–289.

9. [Rez. v.:] „K. Ph. Fischer: Speculative Charakteristik und Kritik des Hegel'schen Systems und Begründung der Umgestaltung der Philosophie zur objektiven Vernunftwissenschaft, mit besonderer Rücksicht auf die Geschichte der Philosophie. Erlangen 1845. 592 S.", *ZPK* **17** (1847), 289–300.

10. [Rez. v.:] „Ferd. Röse: Die Ideen von den göttlichen Dingen und unsere Zeit. Ankündigungsschrift des Systems der Individualitäts-Philosophie. Berl. 1846", *ZPK* **17** (1847), 301–305.

11. [Rez. v.:] „Treplin: Gedanken über die Bestimmung des Menschen. Potsdam 1846", *ZPK* **17** (1847), 306.

12. [Rez. v.:] „Ueber Platons Phädon. Vorlesung gehalten von Dr. G. F. Rettig, Prof. der Philologie in Bern. Bern u. St. Gallen 1846", *ZPK* **17** (1847), 306–308.

13. [Rez. v.:] „Fr. Groos: Der zwiefache, der äußere und der innere Mensch. Als zweiter Theil der Schrift: ‚Meine Lehre von d. persönlichen Fortdauer des menschlichen Geistes nach dem Tode.' Mannh. 1846", *ZPK* **17** (1847), 308–309.

14. [Rez. v.:] „Ad. Helfferich: Spinoza und Leibnitz, oder das Wesen des Idealismus und des Realismus. Hamb. u. Gotha 1846", *ZPK* **17** (1847), 309–315.

15. „Zur philosophischen Verständigung über die Tendenzen unserer Zeit [II. Die kirchlich-religiösen Fragen. B. Die Verfassungs- und die Symbolfrage]", *ZPK* **18** (1847), 82–115.

16. [Rez. v.:] „E. König: Die Wahrheits-Wissenschaft. Dritte durchaus umgearbeitete und vermehrte Auflage. Leipzig 1847", *ZPK* **18** (1847), 138–149.

17. [Rez. v.:] „Hermann Lotze: Ueber den Begriff der Schönheit. Abgedruckt aus d. Göttinger Studien 1845. Göttingen. Vandenhök [sic!] u. Ruprecht", *ZPK* **18** (1847), 149–158.

18. [Rez. v.:] „Die Begründung des Rechts und die Aufhebung der Sittenlehre durch die Rechtslehre als nothwendiges Erforderniß vorgestellt von Karl Weinholtz. Rostock 1847", *ZPK* **18** (1847), 158–161.

19. „Antwort [in: ‚Fortsetzung des Schriftenwechsels zwischen H. M. Chalybäus und H. Ulrici über das Princip und die Form der Philosophie', 18 (1847), 165–201; darin auch: ‚H. M. Chalybäus an H. Ulrici', ebd., 165–181]", *ZPK* **18** (1847), 182–201.

20. [Rez. v.:] „Grundzüge des Naturrechts oder der Rechtsfilosophie [sic!]. Von Dr. Karl D. A. Röder, Prof. d. Rechts zu Heidelberg. Heidelb. 1846", *ZPK* **18** (1847), 274–289.

21. [Rez. v.:] „Dr. F. Lott: Zur Logik. Abgedruckt aus d. Göttinger Studien 1845. Gött. 1846. Dr. Strümpell: Entwurf der Logik. Ein Leitfaden für Vorlesungen. Mitau u. Leipz. 1846", *ZPK* **18** (1847), 289–305.

22. „Anmerkungen zu einem Artikel im dritten Hefte der Noack'schen Jahrbücher für spec. Philosophie", *ZPK* **18** (1847), 305–308.

23. [Erläuterungen zu: Der Sturm, Othello, Die lustigen Weiber von Windsor, König Heinrich IV, in:] Moritz Retzsch, *Gallerie zu Shakespeare's dramatischen Werken. In Umrissen erfunden und gestochen*, Ausg. in 1 Bd., E. Fleischer: Leipzig 1847.

24. [Erläuterungen zu: Der Sturm, Othello, Die lustigen Weiber von Windsor, König Heinrich IV, in:] Moritz Retzsch, *Outlines to Shakespeare's dramatic Works designed and engraved*, E. Fleischer: Leipzig 1847.

1848

1. „Nachschrift [zu: G. Th. Fechner, ‚Ueber das Lustprincip des Handelns', 1–30]", *ZPK* **19** (1848), 31–39.

2. „Das Wesen der logischen Kategorieen (Mit einigen Abkürzungen vorgetragen in der ersten Philosophen-Versammlung zu Gotha am 24. September v. J.)", *ZPK* **19** (1848), 91–134.

3. [Rez. v.:] „1. Ad. Trendelenburg: Historische Beiträge zur Philosophie. 1ter Band: Geschichte der Kategorieenlehre. Berl. 1846. 2. Karl Rosenkranz: Studien. Dritter Theil: Die Modificationen der Logik abgeleitet aus dem Begriff des Denkens. Leipz. 1846. 3. A. L. Kym: Bewegung, Zweck und die Erkennbarkeit des Absoluten. Berl. 1847", *ZPK* **19** (1848), 135–152.

4. [Rez. v.:] „Vorlesungen über Schleiermachers Dialektik und Dogmatik von Dr. Georg Weißenborn (Privatdoc. d. Phil. an d. Univ. Halle). Erster Theil: Darstellung und Kritik der Schleiermacherschen Dialektik. Leipz. 1847", *ZPK* **19** (1848), 152–158.

5. „Erklärung [zu: I. H. Fichte, ‚Zur philosophischen Verständigung über die politischen Fragen der Gegenwart. II. Zur Kritik der politischen Parteien', 212–237]", *ZPK* **19** (1848), 237.

6. „Die falsche und die wahre Dialektik, mit besonderer Beziehung auf die Hegelsche Methode", *ZPK* **19** (1848), 238–274.

7. [Rez. v.:] „C. G. Weitbrecht: Die Gliederung oder Logik der Geschichte. Eine pragmatische Uebersicht. Stuttg. 1847", *ZPK* **20** (1848), 141–142.

8. [Rez. v.:] „Trendelenburg: Ist Leibnitz in seiner Entwickelung einmal Spinozist oder Cartesianer gewesen? und was beweist dafür seine Schrift de vita beata? Aus d. Monatsberichte d. Berl. Acad. d. Wissenschaft Oct. 1847", *ZPK* **20** (1848), 143–144.

9. [Rez. v.:] „J. Christoph Schmidt: Authentischer Bericht über die Vorgänge bei der Philosophen-Versammlung zu Gotha am 23[.], 24[.] u. 25. Septmbr. 1847. Würzb. 1848", *ZPK* **20** (1848), 144–145.

10. „Erwiedrung [sic!] auf Hrn. Prof. Vorländers Recension meiner ‚Speculativen Grundlegung des Systems der Philosophie etc.['] [Jenaer Lit. Ztg. Febr. Nr. 28f.]", *ZPK* **20** (1848), 150–160.

1852

1. *System der Logik*, Weigel: Leipzig 1852.

2. mit Immanuel Hermann Fichte/Johann Ulrich Wirth, „Vorwort", *ZPK* **21** (1852), 1–10.

3. „Die sogenannte induktive Logik. Mit Rücksicht auf Whewell: The Philosophy of the inductive Sciences. 2 Vols. Lond. 1840. J. Herschel: A preliminary Discourse on the Study of Natural Philosophy. Lond. 1830. A. Comte: Cours de philosophie positive. Par. 1830(–1842.) J. S. Mill: Die induktive Logik. Eine Darlegung der philosophischen Principien wissenschaftlicher Forschung, insbesondere der Naturforschung. Nach dem Englischen von Dr. J. Schiel. Braunschweig 1849. (Nach J. St. Mill: A System of Logic, ratio[ci]native and inductive. Being a connected View of the

Principles of Evidence and the Methods of Scientific Investigation. 2 Vols. Lond. 1843.) C. W. Opzoomer: Die Methode der Wissenschaft. Ein Handbuch der Logik. Aus dem Holländischen von G. Schwindt. Utrecht 1852", *ZPK* **21** (1852), 159–191.

4. „Zur Logik [Rez. v.:] 1) Franz von Baader's Sämmtliche Werke. Erste Hauptabtheilung. Erster Band: Gesammelte Schriften zur philosophischen Erkenntnißwissenschaft als speculative Logik. Herausgeg. von Dr. Franz Hoffmann. Lpz. 1851. 2) M. W. Drobisch: Neue Darstellung der Logik nach ihren einfachsten Verhältnissen, mit Rücksicht auf Mathematik und Naturwissenschaft. Zweite, völlig umgearbeitete Auflage. Lpz. 1851", *ZPK* **21** (1852), 259–293.

1853

1. „Der Begriff des Unendlichen und sein Verhältniß zum Theismus und Pantheismus. Entgegnung auf die vorstehende Abhandlung [Michelet, ‚Drei Briefe über Transscendenz und Immanenz', 39–82]", *ZPK* **22** (1853), 82–115.

2. „Zur Religionsphilosophie. Stellung der Aufgabe und Auffassung des Verhältnisses von Religion und Philosophie in den älteren Systemen von Wolff bis Hegel", *ZPK* **23** (1853), 102–133.

3. [Rez. v.:] „Benedicti de Spinoza tractatus de Deo et homine ejusque felicitate lineamenta atque adnotationes ad tractatum theologico-politicum edidit et illustravit. Ed. Böhmer. Halae ad Salam 1852", *ZPK* **23** (1853), 169–172.

4. „Zur Religionsphilosophie. II. Auffassung des Verhältnisses von Religion und Philosophie bei Hegel, Schleiermacher, Herbart und ihren Nachfolgern", *ZPK* **23** (1853), 240–286.

5. [Kritische und erläuternde Anmerkungen zu:] William Shakespeare, *Werke im englischen nach den besten Quellen berichtigten Text*, Bd. 1: *Romeo and Julie*, Pfeffer: Halle 1853.

1854

1. *Über die verschiedene Auffassung des Madonnen-Ideals bei den älteren deutschen und italienischen Malern. Vortrag, gehalten den 27. Febr. 1854*, Mühlmann: Halle 1854.

2. „Zur Religionsphilosophie. Schließt die Philosophie den Glauben aus oder ein?", *ZPK* **24** (1854), 104–143.

3. [Rez. v.:] „A. Trendelenburg: Ueber Herbart's Metaphysik und eine neue Auffassung derselben. (Aus den Monatsberichten der K. Akad. d. Wissenschaften. Novbr. 1853)", *ZPK* **24** (1854), 149–157.

4. „Ueber den Begriff des Urtheils überhaupt [Kommentar zu: Ch. H. Weiße, ‚Ueber den Begriff des unendlichen Urtheils', 223–254]," *ZPK* **24** (1854), 255–281.

5. „Einige Bemerkungen über den Gegensatz von Idealismus und Realismus und Schopenhauer's Auffassung desselben. Zur Entgegnung auf die vorstehende Abhandlung [J. Frauenstädt, ‚Ueber den letzten Unterschied der philosophischen Systeme. Mit Rücksicht auf Adolf Trendelenburg's Schrift: Spinoza's Grundgedanken und dessen Erfolg. Berlin 1850. bei [sic!] Bethge', 77–94]", *ZPK* **25** (1854), 94–114.

6. [Rez. v.:] „E. Reinhold: System der Metaphysik. Dritte neu bearbeitete Auflage. Jena 1845", *ZPK* **25** (1854), 141–151.

7. [Rez. v.:] „Max Furtmair (quiesc. Lyceal-Professor etc.): Philosophisches Real-Lexikon. In 4 Bänden. Erster Band: A–E. Augsb. 1853", *ZPK* **25** (1854), 156–158.

8. „Zwei Worte der Erwiderung [auf: Ch. H. Weiße, ‚Ueber die transscendentale Bedeutung der Urtheilsformen und Schlußfiguren. Sendschreiben an Herrn Professor Ulrici', 208–247]", *ZPK* **25** (1854), 247–257.

9. „Zur Religionsphilosophie. Der Begriff des Wissens", *ZPK* **25** (1854), 257–296.

10. „Vorwort" zu: P. H. Sillig, *Die Shakespeare-Literatur bis Mitte 1854. Ein bibliographischer Versuch*, Dyk'sche Buchhandlung: Leipzig 1854, V–VI.

1855

1. „Zur Religionsphilosophie. Die verschiedenen Arten des Wissens und Glaubens in besonderer Beziehung auf die s. g. exakten Wissenschaften", *ZPK* **26** (1855), 51–91.

2. [Rez. v.:] „A. L. Kym: Die Weltanschauungen und deren Consequenzen. Zürich 1854", *ZPK* **26** (1855), 147–154.

3. [Rez. v.:] „Le Stresiane. Dialoghi di Ruggiero Bonghi. Dialogo IV: Sulla natura dell'atto creativo. Gena 1854", *ZPK* **26** (1855), 155–160.

4. „Zur Religionsphilosophie. Das philosophische Wissen und der religiöse Glaube", *ZPK* **26** (1855), 258–295.

5. [Rez. v.:] „Aus einem Tagebuche. Königsberg Herbst 1833 bis Frühjahr 1846. Von Karl Rosenkranz. Leipzig 1854", *ZPK* **26** (1855), 314–317.

6. „Englische Philosophie. Sir William Hamilton. 1. The Works of Thomas Reid, now fully collected, with Selections from his unpublished Letters. Preface, Notes and Supplementary Dissertations by Sir W. Hamilton – 2d. Edition. Edinburgh, Maclachan, 1849. 2. Discussions on Philosophy and Literature, Education and University Reform. Chiefly from the Edinburgh Review; corrected, vindicated, enlarged, in Notes and Appendices. By Sir W. Hamilton. London, Longman, 1852", *ZPK* **27** (1855), 59–97.

7. [Rez. v.:] „De pantheismi nominis origine et usu et notione exponit Eduardus Boehmer, phil. Dr. Hal. Sax. 1851", *ZPK* **27** (1855), 156–160.

8. [Rez. v.:] „An Investigation of the Laws of Thought, on which are founded the Mathematical Theories of Logic and Probabilities. By George Boole, LL. D. Professor of Mathematics etc. Lond. 1854", *ZPK* **27** (1855), 273–291.

9. [Rez. v.:] „The Divine Drama of History and Civilisation. By the Rev. James Smith. London, Chapman and Hall. 1854", *ZPK* **27** (1855), 291–317.

1856

1. „Die Beweise für das Daseyn Gottes", *ZPK* **28** (1856), 91–132.

2. „Nachschrift [zu: C. A. Werther, ‚Die Kraft als Princip in der Philosophie', 221–247]", *ZPK* **28** (1856), 247–251.

3. [Rez. v.:] „J. D. Morell, A. M.: The Philosophical Tendencies of the Age; being four Lectures delivered at Edinburgh and Glasgow. Lond. R. Theobald. 1855", *ZPK* **28** (1856), 314–318.

4. [Rez. v.:] „Literaturgeschichte des achtzehnten Jahrhunderts. Von Hermann Hettner. Erster Theil: Geschichte der Englischen Literatur von der Wiederherstellung des Königthums bis in die zweite Hälfte des 18. Jahrhunderts. Braunschw. 1856", *ZPK* **29** (1856), 177–179.

5. [Rez. v.:] „H. Calderwood: The Philosophy of the Infinite; with special Reference to the Theories of Sir William Hamilton and M. Cousin. Edinburgh 1854", *ZPK* **29** (1856), 321–324.

1858

1. *Glauben und Wissen, Speculation und exacte Wissenschaft. Zur Versöhnung des Zwiespalts zwischen Religion, Philosophie und naturwissenschaftlicher Empirie*, Weigel: Leipzig 1858.

2. [Rez. v.:] „Das Gefühl in seiner Bedeutung für den Glauben, im Gegensatz zu dem Intellectualismus innerhalb der kirchlichen Theologie unserer Zeit, dargestellt von Dr. A. Carlblom. Berlin, J. Springer. 1857", *ZPK* **32** (1858), 95–105.

3. [Rez. v.:] „Gott in der Geschichte oder der Fortschritt des Glaubens an eine sittliche Weltregierung. Von Christian Carl Josias Bunsen. In sechs Büchern. I. Thl. Leipzig, 1857", *ZPK* **32** (1858), 255–276.

4. [Rez. v.:] „Kritik des Materialismus. Von Robert Schellwien. Berlin, 1858", *ZPK* **32** (1858), 290–303.

5. [Rez. v.:] „Die alte Streitfrage: Glauben oder Wissen? Beantwortet aus dem bisher verkannten Verhältnisse von Tact und Prüfung, Glauben und Wissen zu einander und zu den Wissenschaften, besonders zur Philosophie, von F. H. Germar, D. d. Theol. und Hofprediger a. D. Zürich, 1856", *ZPK* **32** (1858), 303–311.

6. [Rez. v.:] „Wissenschaft vom Logischen Denken. Von Dr. Martin Katzenberger. K. Professor der Philosophie in Bamberg. Erster Theil mit dem besondern Titel: Die Grundfragen der Logik. Leipzig, 1858", *ZPK* **33** (1858), 118–142.

7. [Rez. v.:] „Vollständiges Bibelwerk für die Gemeinde. Von Christian Carl Josias Bunsen. Erste Abtheilung: Die Bibel, Uebersetzung und Erklärung. Erster Theil: Das Gesetz. Erster Halbband. Leipzig, Brockhaus, 1858", *ZPK* **33** (1858), 142–144.

8. [Rez. v.:] „J. M'Cosh (Professor of Logic and Metaphysics): The Method of the Divine Governement, Physical and Moral. Fifth Edition. Edinburgh, 1856 (547 S.)", *ZPK* **33** (1858), 274–301.

1859

1. „Eine kurze Berichtigung [von: Ueberweg, ‚Ueber Idealismus, Realismus und Idealrealismus', 63–80]", *ZPK* **34** (1859), 80–84.

2. [Rez. v.:] „Jens Baggesen's Philosophischer Nachlaß. Herausgegeben von Carl A. R. Baggesen, Archidiakonus am Münster zu Bern. Erster Band. Zürich, 1858", *ZPK* **34** (1859), 132–156.

3. „Nachschrift [zu: Schildener, ‚Zur Erkenntnißlehre', 201–210]", *ZPK* **34** (1859), 210–214.

4. „Die Lebenskraft und der Begriff des Organismus nach naturwissenschaftlicher Ansicht", *ZPK* **34** (1859), 214–258; **35** (1859), 40–80.

5. „Anmerkung [zu: Adolf Zeising, ‚Die Grundformen des Denkens in ihrem Verhältniß zu den Urformen des Seyns', 169–201]", *ZPK* **35** (1859), 201–202.

6. [Rez. v.:] „System der Logik und Geschichte der logischen Lehren. Von Friedrich Ueberweg, Dr. und Privatdocenten der Philosophie an der Universität Bonn. Bonn, 1857. Wissenschaft der logischen Idee. Von Karl Rosenkranz. In zwei Bänden. 1. Theil: Metaphysik. Königsberg, 1858", *ZPK* **35** (1859), 236–268.

7. [Rez. v.:] „Einleitung in die Philosophie und Grundriß der Metaphysik. Zur Reform der Philosophie. Von Dr. J. Frohschammer, ordentl. Professor an der Universität zu München. München, 1858", *ZPK* **35** (1859), 268–286.

1860

1. *Compendium der Logik. Zum Selbstunterricht und zur Benutzung für Vorträge auf Universitäten und Gymnasien*, Weigel: Leipzig 1860.

2. [Rez. v.:] „Lectures on Metaphysics and Logic by Sir Will[i]am Hamilton, Prof. of Logic etc. Edited by the Rev. H. L. Mansel, B. D. Oxford, and John Veitch, M. A. Edinburgh. In 4 Vols. Vol. I, II: Lectures on Metaphysics. Edinburgh and London, W. Blackwood, 1859", *ZPK* **36** (1860), 247–252.

3. [Rez. v.:] „Critique of Pure Reason. Translated from the German of Immanuel Kant by J. M. D. Meiklejohn. London, H. G. Bohn, 1855", *ZPK* **36** (1860), 308–311.

4. „Antwort [auf: J. Frohschammer, ‚Ueber die Fundamentalphilosophie. Sendschreiben an Prof. Dr. H. Ulrici', 72–98]", *ZPK* **37** (1860), 98–109.

5. [Rez. v.:] „The Principles of Psychology. By Herbert Spencer, Author of Social Statistics etc. London, Longman, 1855. Essays, Scientific, Political and Speculative. By Herbert Spencer, Author etc. Reprinted chiefly from the Quarterly Review. London, Longman, 1857", *ZPK* **37** (1860), 129–148.

6. [Erläuterungen zu: Der Sturm, Othello, Die lustigen Weiber von Windsor, König Heinrich IV, in:] Moritz Retzsch, *Gallerie zu Shakespeare's dramatischen Werken. In Umrissen*, Ausg. in 1 Bd., 2. Aufl., E. Fleischer: Leipzig 1860.

7. [Erläuterungen zu: Der Sturm, Othello, Die lustigen Weiber von Windsor, König Heinrich IV, in:] Moritz Retzsch, *Outlines to Shakespeare's dramatic Works designed and engraved*, 2. Aufl., E. Fleischer: Leipzig 1860.

1861

1. „Das Wesen der Seele nach naturwissenschaftlicher Ansicht [Anm.: ‚Aus der nächstens erscheinenden größeren Schrift: „Gott und die Natur" ‘]", *ZPK* **38** (1861), 21–50, 221–242.

2. [Rez. v.:] „Ueber Atom und Monade. Inaugural-Abhandlung zur Erlangung des Doctorgrades der philosophischen Facultät zu Göttingen, von Herm. Langenbeck. Hannover, Seefeld, 1858", *ZPK* **38** (1861), 154–155.

3. „Anmerkung [zu: Adolf Zeising, ‚Die Grundformen des Denkens in ihrem Verhältniß zu den Urformen des Seyns. Fünfter Artikel: Die unbeschränkte Quantität als Raum', 196–218]", *ZPK* **38** (1861), 218–221.

4. „Die physiologische Psychologie in England. [Rez. v.:] The Senses and the Intellect. By Alexander Bain, A. M. London, J. W. Parker, 1855 (XXXI u. 614 S.). The Emotions and the Will. By Alexander Bain, A. M., Examiner of Logic and Moral Philosophy in the University of London. London, J. W. Parker, 1859 (XXVIII u. 649 S.)", *ZPK* **38** (1861), 272–315.

5. „Antwort [auf: K. Fortlage, ‚Vertheidigung der Thesis: „daß der sittliche Mensch nicht minder, als der religiöse, schlechthin unabhängig sey von dem Urtheile der Menschen und der öffentlichen Meinung" gegen Hrn. Prof. Ulrici (mit Beziehung auf dessen Buch: Glauben und Wissen, Speculation und exacte Wissenschaft. Zur Versöhnung des Zwiespalts zwischen Religion, Philosophie und naturwissenschaftlicher Empirie. Lpz., T. O. Weigel. 1858', 101–115]", *ZPK* **39** (1861), 115–129.

6. [Rez. v.:] „Gott und sein Reich. Philosophische Darlegung der freien göttlichen Selbstentwicklung zum allumfassenden Organismus. Von Melchior Meyr. Stuttgart, Gebrüder Mäntler, 1860", *ZPK* **39** (1861), 155–171.

7. [Rez. v.:] „The Essentials of Philosophy, wherein its Constituent Principles are traced throughout the various Departments of Science: with Analytical Strictures on the Views of some of our Leading Philosophers. By the Rev. George

Jamieson, M. A., one of the Ministers of Old Machar, Aberdeen. Edinburgh, Clark; London, Hamilton 1859", *ZPK* **39** (1861), 171–176.

8. [Rez. v.:] „Naturrecht auf dem Grunde der Ethik. Von A. Trendelenburg. Leipzig. Hirzel, 1860", *ZPK* **39** (1861), 252–284.

1862

1. *Gott und die Natur*, Weigel: Leipzig 1862.

2. [Rez. v.:] „1. Historische Entwickelung der Philosophie von Kant bis Hegel. Zur näheren Verständigung des wissenschaftlichen Publicums mit der neusten Schule dargestellt von H. M. Chalybäus. Fünfte durchgängig revidirte und theilweise umgearbeitete Auflage. Leipzig, Arnoldi, 1860. 2. Fundamentalphilosophie. Ein Versuch, das System der Philosophie auf ein Realprincip zu gründen, von H. M. Chalybäus. Kiel, Homann, 1861", *ZPK* **40** (1862), 143–164.

3. [Rez. v.:] „The Intuitions of the Mind inductively investigated. By the Rev. James M'Cosh, LL. D. Professor of Logic and Metaphysics etc. London, J. Murray, 1860 (VIII u. 504 S.)", *ZPK* **40** (1862), 164–175.

4. [Rez. v.:] „Ein Ergebniß aus der Kritik der Kantischen Freiheitslehre. Von dem Verfasser der Schrift: ‚Das unbewußte Geistesleben und die Offenbarung'. Leipzig, Brockhaus, 1861", *ZPK* **40** (1862), 258–277.

5. [Rez. v.:] „Theokrisis. Ideen über Gott und Welt zur Versöhnung des Theismus und Pantheismus, von Adolph Bühler. Berlin, Nikolai, 1861", *ZPK* **40** (1862), 296–305.

6. [Rez. v.:] „System und Geschichte des Naturalismus oder Neueste Forschungsresultate von Eduard Löwenthal, Dr. philos. I. Abtheilung: System des Naturalismus. 2. Auflage, Leipzig, Voigt, 1861", *ZPK* **40** (1862), 305–312.

7. „Antwort [auf: Fr. Hoffmann, ‚Sendschreiben an den Herrn Prof. Dr. Ulrici aus Anlaß seiner Schrift: Gott und die Natur (Leipzig, Weigel, 1862)', 105–140]", *ZPK* **41** (1862), 140–162.

8. „Nachschrift [zur ‚Antwort']", *ZPK* **41** (1862), 162–170.

9. „Nachschrift [zu: ‚Einige nothwendige Erläuterungen zu meiner „Kritik der Kantischen Freiheitslehre." (Vom Verf. der Schrift: „Das unbewußte Geistesleben" etc.)', 224–240]", *ZPK* **41** (1862), 240–243.

10. [Rez. v.:] „An Introduction to Mental Philosophy on the inductive Method. By J. D. Morell, A. M., LL. D. London, Longman, Green and Roberts, 1862", *ZPK* **41** (1862), 256–294.

11. „Ist der Pantheismus mit den Resultaten der neueren Naturwissenschaft verträglich? Mit Beziehung auf die Recension meiner Schrift: Gott und die Natur, in der Allgemeinen Zeitung, 1862, Beilage zu No. 190f.", *ZPK* **41** (1862), 296–308.

1863

1. „Physiologische Erklärung und psychologische Bedeutung der Gehörsempfindungen. Mit Beziehung auf H. Helmholtz: Die Lehre von den Tonempfindungen etc. Braunschweig, 1863", *ZPK* **43** (1863), 78–102.

2. „Noch ein Wort über die Bedeutung der tragischen Katharsis bei Aristoteles", *ZPK* **43** (1863), 181–184.

3. [Rez. v.:] „Ueber Francis Bacon von Verulam und die Methode der Naturforschung. Von Justus von Liebig. Mannheim, Literarisch-Artistische Anstalt der Cotta'schen Buchhandlung, 1863", *ZPK* **43** (1863), 300–305.

4. [Rez. v.:] „Replik und Duplik zu dem alten Streit über die Willensfreiheit. Ein ergänzender Anhang zu der Schrift: ‚Ein Ergebniß aus der Kritik der Kantischen Freiheitslehre.' Leipzig, Brockhaus, 1863", *ZPK* **43** (1863), 305–312.

1864

1. „Vertheidigung meiner Ansicht vom Ursprung der Begriffe und dem Wesen der Kategorieen [gegen: J. U. Wirth, ‚Ueber den Realidealismus. Zweiter Artikel', **43** (1863), 245–265; III. Artikel, **44** (1864), 47–73]", *ZPK* **44** (1864), 74–102.

2. „Einige Gegenbemerkungen [zu: Herm. Langenbeck, ‚Bemerkungen zum Begriffe der Kraft', 102–120]", *ZPK* **44** (1864), 121–124.

3. [Rez. v.:] „Dr. F. X. Schmid (aus Schwarzenberg): Entwurf eines Systems der Philosophie auf pneumatologischer Grundlage. Erster Theil: Grundlinien der Erkenntnißlehre. Wien, W. Braumüller, 1863", *ZPK* **45** (1864), 273–298.

4. [Rez. v.:] „R. Haym: Arthur Schopenhauer. Besonders abgedruckt aus dem vierzehnten Bande der Preußischen Jahrbücher. Berlin, Reimer, 1864 (113 S.)", *ZPK* **45** (1864), 298–300.

1865

1. „Christopher Marlowe und Shakespeare's Verhältniss zu ihm", *Jahrbuch der Deutschen Shakespeare-Gesellschaft* [*JSG*] **1** (1865), 57–85.

2. mit F. Dingelstedt/[Wilhelm] Oechelhäuser, „Denkschrift an die deutschen Regierungen", *JSG* **1** (1865), 451–454.

1866

1. *Gott und der Mensch*, Tl. 1: *Leib und Seele. Grundzüge einer Physiologie des Menschen*, Weigel: Leipzig 1866.

2. *Gott und die Natur*, 2., neu bearb. Aufl., Weigel: Leipzig 1866.

3. [Rez. v.:] „H. Spencer: First Principles. London, Williams and Norgate, 1862. Derselbe: The Classification of the Sciences; to which are added Reasons for Dissenting from the Philosophy of M. Comte. Ibid. 1864", *ZPK* **48** (1866), 121–151.

4. [Rez. v.:] „M. Carriere: Die Kunst im Zusammenhang der Culturentwickelung und die Ideale der Menschheit. Zweiter Band: Hellas und Rom in Religion und Weisheit, Dichtung und Kunst. Ein Beitrag zur Geschichte des menschlichen Geistes. Leipzig, Brockhaus, 1866", *ZPK* **49** (1866), 44–66.

5. [Rez. v.:] „Der Parallelismus der alten und neuen Philosophie. Von Dr. Kuno Freiherr von Reichlin-Meldegg. Leipzig, Winter 1866", *ZPK* **49** (1866), 66–75.

6. „Der Streit zwischen der Schottischen und Englischen Schule der Philosophie. [Rez. v.:] J. M'Cosh: An Examination of Mr. J. S. Mill's Philosophy; being a Defence of Fundamental Truth. London, Macmillan, 1866", *ZPK* **49** (1866), 291–308.

1867

1. [Rez. v.:] „An Analysis of the Human Mind. By R. Pearson. London[,] Macintosh, 1863", *ZPK* **50** (1867), 116–123.

2. „Ueber die ethischen Motive und Zielpunkte der Wissenschaft (Rede, gehalten zum Antritt des Rectorats der Universität Halle)", *ZPK* **51** (1867), 204–218.

3. „Jahresbericht. Vorgelegt der General-Versammlung der Deutschen Shakespeare-Gesellschaft am 8. October 1865", *JSG* **2** (1867), 1–15.

4. „Ludwig Devrient als König Lear", *JSG* **2** (1867), 292–297.

5. William Shakespeare, *Dramatische Werke* nach der Uebersetzung von Aug. Wilh. Schlegel und Ludw. Tieck sorgfältig revidiert u. theilweise neu bearbeitet, mit Einleitungen und Noten versehen unter Redaktion von H. Ulrici herausgegeben durch die deutsche Shakespeare-Gesellschaft, Bde. 1–10, Reimer: Berlin 1867.

1868

1. *Academiæ Fridericianæ Halensis cum Vitebergensi consociatæ rector Hermannus Ulrici cum senatu nomina civium suorum qui in certamine literario in diem XXII. Martis a MDCCCLXVIII ... præmia reportaverunt renunciat novasque simul quæstiones in annum sequentem propositas promulgat Præmissa est Alfredi Guilelmi Volkmanni Commentatio anatomiæ studium cum falsa humanitatis notione tum legum ambigue constitutarum culpa impediri*, Halle 1868.

2. [Rez. v.:] „The Journal of Speculative Philosophy. Vol. I, 1867. Vol. II. 1868. St. Louis, E. P. Gray. (New York, J. Wiley. London, W. H. Smith). The Science of Knowledge. By

J. G. Fichte. Translated from the German by A. E. Kroeger. Philadelphia, Lippincott (London, Trübner). 1868", *ZPK* **53** (1868), 306–309.

3. „Ueber Shakespeare's Fehler und Mängel. Einleitender Vortrag zum Jahresbericht der Deutschen Shakespeare-Gesellschaft für 1865–1866", *JSG* **3** (1868), 1–19.

4. „Jahresbericht für 1865–1866. Abgestattet in der General-Versammlung zu Berlin, am 23. April 1867", *JSG* **3** (1868), 20–23.

1869

1. *Shakespeare's dramatische Kunst. Geschichte und Charakteristik des Shakespeare'schen Dramas*, 3. neu bearb. Aufl., 3 Tle., 1. Ausgabe, Weigel: Leipzig 1868-69.

2. [Rez. v.:] „Sight and Touch: an Attempt to disprove the Received (Berkeleian) Theory of Vision. By Thomas K. Abbot, M. A. Fellow and Tutor of Trinity College, Dublin. London, Longman [&] Green, 1864", *ZPK* **54** (1869), 166–182.

3. [Rez. v.:] „The Secret of Hegel: being the Hegelian System in Origin, Pri[n]ciple, Form and Matter. By J. H. Stirling. 2 Vols. London, Longman & Green, 1865", *ZPK* **54** (1869), 182–185.

4. [Rez. v.:] „Lectures on Greek Philosophy, and other Philosophical Remains of J. F. Ferrier, late Professor of Moral Philosophy etc. Edited by Sir Al. Grant and E. L. Lushington. 2 Vols. Edinburgh, Blackwood, 1866", *ZPK* **54** (1869), 184–188.

5. [Rez. v.:] „Kraft und Stoff vom physikalischen Standpunkte. Ein Vorlesungs-Vortrag in populär wissenschaftlicher Form bearbeitet von Dr. H. Buff, Professor der Physik in Gießen. Gießen, Ricker, 1867", *ZPK* **54** (1869), 188–194.

6. [Kommentar zu: F. A. v. Hartsen, „Zur Abwehr. Dr. L. Büchner und die Zeitschrift für Philosophie und philosophische Kritik", 195–196], *ZPK* **54** (1869), 196.

7. „Zur logischen Frage. (Mit Beziehung auf die Schriften von A. Trendelenburg, L. George, Kuno Fischer und F. Ueberweg.) I. Formale oder materiale Logik? Verhältniß der Logik zur Metaphysik", *ZPK* **55** (1869), 1–63.

8. „Zur logischen Frage. (Mit Beziehung auf die Schriften von A. Trendelenburg, L. George, Kuno Fischer und F. Ueberweg.) II. Die logischen Gesetze", *ZPK* **55** (1869), 184–237.

9. „Jahresbericht für 1867–1868. Abgestattet in der Generalversammlung zu Weimar, am 23. April 1868", *JSG* **4** (1869), 1–4.

1870

1. *Zur logischen Frage* [Aus der *ZPK*], Pfeffer: Halle 1870.

2. „Zur logischen Frage. (Mit Beziehung auf die Schriften von A. Trendelenburg, L. George, F. Ueberweg und Kuno Fischer.) III. Die Kategorieen", *ZPK* **56** (1870), 1–46.

3. „Zur logischen Frage. (Mit Beziehung auf die Schriften von A. Trendelenburg, L. George, F. Ueberweg und Kuno Fischer.) IV. Begriff, Urtheil, Schluß", *ZPK* **56** (1870), 193–250.

4. „Antwort [auf L. George, ‚Sendschreiben an Herrn Prof. Dr. Ulrici betreffend seine Stellung zur logischen Frage', 85–108]", *ZPK* **57** (1870), 108–120.

5. „Anmerkung [zu: Collyns Simon, ‚Die Lehre Berkeley's. Eine briefliche Discussion', 120–171]", *ZPK* **57** (1870), 171–174.

6. „Anmerkung [zu: F. Ueberweg, Rez. v. ‚System der Logik nebst Einleitung in die Philosophie [...] von Dr. Karl Alexander Freiherr v. Reichlin-Meldegg, Wien. Wilh. Braumüller, 1870', 174–181]", *ZPK* **57** (1870), 181–184.

7. [Rez. v.:] „The Journal of Speculative Philosophy. Edited by W.T. Harris. Vol. III, No. 1–4. 1869. Vol. IV, No. 1.2. 1870. St. Louis, Gray (New York, Wiley)", *ZPK* **57** (1870), 185–186.

8. [Rez. v.:] „G. Biedermann: Zur logischen Frage. Prag, Tempsky, 1870", *ZPK* **57** (1870), 304–309.

9. [Rez. v.:] „ Τὸ τί ἦν εἶναι.Die Idee Shakespeare's und deren Verwirklichung. Sonettenerklärung und Analyse des Dramas Hamlet (indirecter Beitrag zur Zeitfrage ‚Glauben und Wissen') von Carl Karpf, Hamburg 1869", *JSG* **5** (1870), 335–340.

10. [Rez. v.:] „Licht- und Tonwellen. Ein Buch der Frauen und der Dichter. Aus dem Nachlass der Josefa von Hoffinger. Herausgegeben von Dr. Joh. v. Hoffinger. Wien, Prandel, 1870. Studien und Kritiken zur Philosophie und Aesthetik. Von Robert Zimmermann. II. Band: Zur Aesthetik. Wien, Braumüller, 1870", *JSG* **5** (1870), 343–347.

11. „Jahresbericht für 1868–1869. Abgestattet in der General-Versammlung zu Weimar, am 23. April 1869", *JSG* **5** (1870), 1–4.

1871

1. [Rez. v.:] „La pensée exacte en Philosophie. Par Th. Funck-Brentano. Paris, Librairie internationale (Leipzig, Verboeckhoven) 1869", *ZPK* **58** (1871), 148–158.

2. „Meine Vertheidigung [auf: R. Hoppe, ‚Was hat Berkeley's Lehre vor der gemeinen Ansicht voraus? Entgegnung auf eine Anmerkung von H. Ulrici', 166–174]", *ZPK* **58** (1871), 174–180.

3. [Rez. v.:] „H. Hettner: Literaturgeschichte des achtzehnten Jahrhunderts. Zweiter Theil: Die französische Literatur im achtzehnten Jahrhundert. Dritter Theil in drei Büchern: Die deutsche Literatur im achtzehnten Jahrhundert. Braunschweig, Vieweg, 1860. 1862ff.", *ZPK* **58** (1871), 284–290.

4. [Rez. v.:] „Die romantische Schule. Ein Beitrag zur Geschichte des deutschen Geistes, v. R. Haym. Berlin, Gärtner, 1870", *ZPK* **58** (1871), 290–294.

5. [Rez. v.:] „Allgemeine praktische Philosophie (Ethik) pragmatisch bearbeitet von Dr. Joseph W. Nahlowsky, ordentlichem Professor der Philosophie an der Universität zu Gratz [richtig: Graz]. Leipzig, Pernitzsch, 1870", *ZPK* **58** (1871), 294–299.

6. „Berichtigung der angeblichen ‚Berichtigung' [R. Hoppe, ‚Berichtigung einiger Angaben in Ulrici's Vertheidigung', 146–149]", *ZPK* **59** (1871), 149–152.

7. „Die Quelle des Rechts und des Rechtsbegriffs", *ZPK* **59** (1871), 163–192.

8. [Rez. v.:] „M. Müller: Anti Rudolf Gottschall und Julius Frauenstädt. Zur Vertheidigung der persönlich bewußten Fortdauer nach dem Tode. Leipzig, Hartknoch, 1871", *ZPK* **59** (1871), 262–264.

9. [Erläuterungen zu: Der Sturm, Othello, Die lustigen Weiber von Windsor, König Heinrich IV, in:] Moritz Retzsch, *Gallerie zu Shakespeare's dramatischen Werken. In Umrissen*, Ausg. in 1 Bd., 3. Aufl., E. Fleischer: Leipzig 1871.

10. [Erläuterungen zu: Der Sturm, Othello, Die lustigen Weiber von Windsor, König Heinrich IV, in:] Moritz Retzsch, *Outlines to Shakespeare's dramatic Works designed and engraved*, 3. Aufl., E. Fleischer: Leipzig 1871.

11. „Ueber Shakespeare's Humor. Einleitender Vortrag zur Jahresversammlung der deutschen Shakespeare-Gesellschaft am 6. Juni 1870", *JSG* **6** (1871), 1–12.

12. „Jahresbericht für 1869–1870. Abgestattet in der General-Versammlung zu Weimar, am 6. Juni 1870", *JSG* **6** (1871), 13–16.

13. [Rez. v.:] „The Sonnets of Shakespeare Solved, and the Mystery of his Friendship, Love, and Rivalry Revealed. Illustrated by Numerous Extracts from the Poet's Works, contemporary Writers, and other Authors. By Henry Brown, London, J. R. Smith, 1870", *JSG* **6** (1871), 345–347.

14. „Shakespeare in J. Klein's Geschichte des italienischen Dramas", *JSG* **6** (1871), 351–354.

15. [Rez. v.:] „M. Carriere: Die Kunst im Zusammenhang der Culturentwicklung und die Ideale der Menschheit. Vierter Band: Renaissance und Reformation in Bildung, Kunst und Literatur. Leipzig, Brockhaus, 1871", *JSG* **6** (1871), 355.

16. [Rez. v.:] „König Lear. Eine psychiatrische Shakespeare-Studie für das gebildete Publikum von Dr. Carl Stark, dirig. Arzt der Irrenheilanstalt bei Esslingen. Stuttgart, Lindemann, 1871", *JSG* **6** (1871), 361.

17. William Shakespeare, *Dramatische Werke* nach der Uebersetzung von Aug. Wilh. Schlegel und Ludw. Tieck sorgfältig revidiert und theilweise neu bearbeitet, mit Einleitungen und Noten versehen unter Redaktion von H. Ulrici herausgegeben durch die deutsche Shakespeare-Gesellschaft, Bde. 11–12, G. Reimer: Berlin 1871.

1872

1. *Compendium der Logik. Zum Selbstunterricht und zur Benutzung für Vorträge auf Universitäten und Gymnasien*, 2. neu bearb. u. vermehrte Auflage, Weigel: Leipzig 1872.

2. „Zur gefälligen Kenntnißnahme [vorläufige Kritik zu E. v. Hartmann, ‚Dynamismus und Atomismus (Kant, Ulrici, Fechner)‘, *Philosophische Monatshefte* **6** (1870/71), 187–205]", *ZPK* **60** (1872), 164.

3. [Selbstanzeige v.:] „Compendium der Logik. Von Dr. H. Ulrici. Zweite neu bearbeitete und vermehrte Auflage. Leipzig, T. O. Weigel, 1872", *ZPK* **60** (1872), 306–310.

4. „Dynamismus und Atomismus [zu: E. v. Hartmann, ‚Dynamismus und Atomismus (Kant, Ulrici, Fechner)‘, *Philosophische Monatshefte* **6** (1870/71), 187–205]," *ZPK* **60** (1872), 70–105.

5. [Rez. v.:] „Beiträge zur Logik. Von Dr. Werner Luthe. Erster Theil. Berlin, Weber, 1872", *ZPK* **61** (1872), 282–305.

6. [Rez. v.:] „La Filosofia delle Scuole Italiane. Rivista bimestrale, contenente gli Atti della Società Promotrice degli Studi filosofici e letterari. Anno I, II, III. Firenze, Cellini 1870–1. Roma, Bernabei, 1872", *ZPK* **61** (1872), 305–307.

7. [Rez. v.:] „Essai sur l'histoire de la Philosophie en Italie au dix-neuvième siècle par Louis Ferri. Paris, Durand, 1869", *ZPK* **61** (1872), 307–310.

8. [Rez. v.:] „La Morale della Filosofia positiva. Studio critico di Giacomo Barzellotti, Professore della Filosofia nel R. Liceo Dante di Firenze, Cellini, 1871", *ZPK* **61** (1872), 310–312.

9. [Rez. v.:] „Corso elementare di Filosofia di Carlo Cantoni, Prof. nel Liceo Parini e nell' Accademia scientifico-letteraria di Milano. Milano, Vallardi, 1870", *ZPK* **61** (1872), 312–313.

10. „Jahresbericht für 1870–1871. Abgestattet in der General-Versamlung zu Weimar, am 1. Juni 1871", *JSG* **7** (1872), 1–5.

1873

1. *Gott und der Mensch*, Tl. 2: *Grundzüge der praktischen Philosophie, Naturrecht, Ethik und Aesthetik*, 1. Bd.: *Allgemeine grundlegende Einleitung. Das Naturrecht*, Weigel: Leipzig 1873.

2. *Der Philosoph Strauß. Kritik seiner Schrift: „Der alte und der neue Glaube" und Widerlegung seiner materialistischen Weltanschauung* [Separatdruck von *1873.5*], Pfeffer: Halle 1873.

3. [Rez. v.:] „Ueber die Natur der Cometen. Beiträge zur Geschichte und Theorie der Erkenntniß. Von J. C. F. Zöllner, Professor an der Universität Leipzig. Zweite unveränderte Auflage. Leipzig, Engelmann, 1872", *ZPK* **62** (1873), 163–198.

4. [Rez. v.:] „System of Logic and History of Logical Doctrine. By Dr. Friedrich Ueberweg. Translated from the German, with Notes and Appendices by Th. M. Lindsay. London, Longmans, Green & Co. 1872", *ZPK* **62** (1873), 198–200.

5. [Rez. v.:] „Der alte und der neue Glaube. Ein Bekenntniß von David Friedrich Strauß. Leipzig, Hirzel, 1872", *ZPK* **62** (1873), 286–332.

6. [Rez. v.:] „Ueber die Gränzen des Naturerkennens. Ein Vortrag in der zweiten öffentlichen Sitzung der 45. Versammlung der Naturforscher und Aerzte gehalten von Emil du Bois-Reymond. Leipzig, Veit, 1872", *ZPK* **63** (1873), 68–79.

7. [Rez. v.:] „The Human Intellect: with an Introduction upon Psychology and the Soul. By Noah Porter, D. D., Clark Professor of Moral Philosophy and Metaphysics in Yale College. New York, Scribner, 1868 (XXV, 673 p.)", *ZPK* **63** (1873), 79–101.

8. [Rez. v.:] „Time and Space. A Metaphysical Essay by Shadworth H. Hodgson. London, Longman and Green, 1865", *ZPK* **63** (1873), 101–118.

9. [Rez. v.:] „The Theory of Practice. An Ethical Inquiry in two Books by Shadworth H. Hodgson. In two volumes. London, Longmans, Green etc. 1870", *ZPK* **63** (1873), 118–119.

10. [Rez. v.:] „Der Gesellschaftsvertrag oder Grundsätze des öffentlichen Rechtes, von J. J. Rousseau. Nach dem französischen Originale von Max Freiherrn von Rast, d. Z. Mitglied des steiermärkischen Landtags. Berlin, Kortkampf, 1873", *ZPK* **63** (1873), 140–144.

11. [Rez. v.:] „Ueber den psychologischen Ursprung der Raumvorstellung. Von Dr. Carl Stumpf, Privatdocent der Philosophie an der Universität Götti[n]gen. Leipzig, Hirzel, 1873", *ZPK* **63** (1873), 259–283.

12. [Rez. v.:] „Psychologische Analysen auf physiologischer Grundlage. Ein Versuch zur Neubegründung der Seelenlehre von Adolf Horwicz. Erster Theil. Halle, Pfeffer, 1872", *ZPK* **63** (1873), 299–311.

13. „Jahresbericht für 1871–1872. Abgestattet in der Jahres-Versammlung zu Dresden am 25. Mai 1872", *JSG* **8** (1873), 28–30.

1874

1. *Gott und der Mensch*, Tl. 1: *Leib und Seele. Grundzüge einer Physiologie des Menschen*, 2., neu bearb. Aufl., 2 Bde., Weigel: Leipzig 1874.

2. *Shakespeare's dramatische Kunst. Geschichte und Charakteristik des Shakespeare'schen Dramas*, 3. neu bearb. Aufl., 3 Tle., 2. Ausgabe, Weigel: Halle 1874.

3. *Strauss as a Philosophical Thinker. A Review of His Book, "The Old Faith and the New Faith" and a Confutation of Its Materialistic Views*, translated with an introduction by Charles P. Krauth, Smith, English & Co.: Philadelphia 1874.

4. [Rez. v.:] „R. Haym: Die Hartmann'sche Philosophie des Unbewußten. Berlin, G. Reimer, 1872. G. Knauer: Das Facit aus E. v. Hartmann's Philosophie des Unbewußten. Berlin, Heimann, 1873. Das Unbewußte vom Standpunkt der Physiologie und Descendenz-Theorie. Berlin, C. Duncker, 1872", *ZPK* **64** (1874), 88–128.

5. [Rez. v.:] „Hegel, Populäre Gedanken aus seinen Werken. Für die Gebildeten aller Nationen zusammengestellt und mit einer kurzen Lebensbeschreibung versehen von Dr. Max Schasler. Zweite unveränderte Auflage. Mit dem Porträt Hegels in Stahlstich. Berlin, Staude, 1873", *ZPK* **64** (1874), 127–128.

6. [Rez. v.:] „Glaubensbekenntniß eines modernen Naturforschers. Berlin, Staude, 1873", *ZPK* **64** (1874), 128–130.

7. [Rez. v.:] „Revue de Théologie et de Philosophie et Compterendu des principales publications scientifiques. Sous la direction de MM. Dandiran, prof. de théologie à l'Academie de Lausanne, et J. F. Astié, prof. de philosophie à la Faculté de théologie de l'Eglise libre du canton de Vaud, et d'un comité composé de MM. Amiel, prof. de philos., T. Vaucher, prof. d'hist., Bouvier, Chastel, Oltramare, F. Rambert, H. Vuilleumier, professeurs de théologie, Th. Claparède, pasteur. Première année, Genève, 1868. Septième année, Lausanne, G. Bridel, 1874", *ZPK* **64** (1874), 318.

8. „Zur Streitfrage des Darwinismus. Mit Beziehung auf G. Th. Fechner's Schrift: ‚Einige Ideen zur Schöpfungs- und Entwicklungsgeschichte der Organismen', Leipzig 1873", *ZPK* **65** (1874), 1–12.

9. [Rez. v.:] „Franz Karl Lott. Von Prof. Dr. Theodor Vogt. Wien, Gerold, 1874", *ZPK* **65** (1874), 160.

10. [Rez. v.:] „Ueber die Gewißheit der Erkenntniß. Eine psychologisch-erkenntnißtheoretische Studie von Dr. Wil-

helm Windelband, Privatdocent an der Universität Leipzig. Berlin, Henschel, 1873", *ZPK* **65** (1874), 285–308.

11. „Jahresbericht für 1872–73. Vorgetragen in der Jahres-Versammlung zu Weimar am 23. April 1873", *JSG* **9** (1874), 22–24.

12. „Ist Troilus und Cressida Comedy oder Tragedy oder History?", *JSG* **9** (1874), 26–40.

13. [Rez. v.:] „A New Variorum Edition of Shakespeare. Edited by Horace Howard Furness. Vol. II. Macbeth. Philadelphia, Lippincott, 1873", *JSG* **9** (1874), 313–314.

1875

1. *Gott und die Natur*, 3., neu bearb. Aufl., Weigel: Leipzig 1875.

2. „Die Aufgabe der Logik. Mit Beziehung auf C. Siegwart [eigentlich: Sigwart]: Logik. Erster Band. Die Lehre vom Urtheil, vom Begriff und vom Schluß. Tübingen, Laupp, 1874", *ZPK* **66** (1875), 118–157.

3. [Rez. v.:] „I. Kant: Von der Macht des Gemüths, durch den bloßen Vorsatz seiner krankhaften Gefühle Meister zu sein. Ein Schreiben an Chr. Wilh. Hufeland über dessen Buch: ‚die Kunst das menschliche Leben zu verlängern.[‘] Berlin, E. Staude, 1873", *ZPK* **66** (1875), 157–158.

4. [Rez. v.:] „Kant's Theory of Ethics or Practical Philosophy. Comprising 1) Fundamental Principles of the Metaphysics of Morals; 2) Dialectic and Methodology of Practical Reason; 3) On the Radical Evil in Human Nature. Translated by Th. K. Abbot, M. A. Fellow and Tutor of Trinity College, Dublin; sometime Professor of Moral Philosophy in the University. London, Longmans, 1873", *ZPK* **66** (1875), 158–160.

5. [Rez. v.:] „B. P. Browne: The Philosophy of Herbert Spencer. Being an Examination of the First Principles of his System. New York, Nelson & Phillips, 1874", *ZPK* **66** (1875), 160–164.

6. [Rez. v.:] „The Philosophy of History in France and Germany. By Robert Flint, Professor of Moral Philosophy and Political Economy, University of St. Andrews. Edinburgh and London, W. Blackwood, 1874", *ZPK* **66** (1875), 164–170.

7. [Rez. v.:] „Fr. Ueberweg: History of Philosophy, from Thales to the Present Time. Translated from the Fourth German Edition by Geo. S. Morris, A. M., Professor of modern Languages in the University of Michigan. With Additions by the Translator, an Appendix on English and American Philosophy by Noah Porter, D. D. LL. D., President of Yale College, and an Appendix on Italian Philosophy by Vincenzio Botta, Ph. D., late Professor of Philosophy in the University of Turin. 2 Vols. New York, Scribner, Armstrong & Comp. 1874", *ZPK* **66** (1875), 170–172.

8. [Rez. v.:] „Grundlagen der Philosophie. Von Herbert Spencer. Autorisirte deutsche Ausgabe. Nach der vierten englischen Auflage übersetzt von B. Vetter. Stuttgart, Schweizerbart, 1875 (568 S.)", *ZPK* **67** (1875), 156.

9. [Rez. v.:] „Philosophische Bibliothek oder Sammlung der Hauptwerke der Philosophie alter und neurer Zeit. Unter Mitwirkung namhafter Gelehrter herausgegeben, beziehungsweise übersetzt, erläutert und mit Lebensbeschreibungen versehen von J. H. v. Kirchmann. Leipzig, Koschny, 1875. Eine Untersuchung in Betreff des menschlichen Verstandes von David Hume. Uebersetzt etc. von J. H. v. Kirchmann. Zweite vermehrte Auflage. Neue Abhandlung über den menschlichen Verstand von G. W. v. Leibniz. Uebersetzt etc. von C. Schaarschmidt. Des M. T. Cicero Lehre der Akademie. Uebersetzt etc. von J. H. v. Kirchmann. Erläuterungen zu Kant's kleinern Schriften zur Ethik und Religionsphilosophie. Von Demselben. Erläuterungen zu Kant's Grundlegung zur Metaphysik der Sitten und Kant's Metaphysik der Sitten oder den Anfangsgründen der Rechts[-] und Tugendlehre. Abtheilung I. Von Demselben", *ZPK* **67** (1875), 156–158.

10. [Rez. v.:] „Francis Bacon und seine Nachfolger. Entwickelungsgeschichte der Erfahrungsphilosophie. Von Kuno Fischer. Zweite völlig umgearbeitete Auflage. Leipzig, Brockhaus, 1875", *ZPK* **67** (1875), 158–160.

11. [Rez. v.:] „Zur Kritik moderner Schöpfungslehren mit besondrer Rücksicht auf Häckel's ‚Natürliche Schöpfungsgeschichte', von Johannes Huber. München, Ackermann, 1875. Die religiöse Frage. Wider Eduard von Hartmann. Von Demselben. Ebd.", *ZPK* **67** (1875), 160–164.

12. „Antwort [auf: Fortlage, ‚Ueber das Verschmelzen der gleichen und ähnlichen Elemente im Inhalte unserer Vorstellungen, mit Beziehung auf: Leib und Seele. Grundzüge einer Psychologie des Menschen. Von Dr. Hermann Ulrici. Zweite neu bearbeitete Auflage. Leipzig, F. [richtig: T.] O. Weigel, 1874', 249–272]", *ZPK* **67** (1875), 272–286.

13. [Rez. v.:] „Der moderne Pessimismus. Von Dr. Edmund Pfleiderer. (Deutsche Zeit- und Streitfragen, Heft 54 und 55). Berlin, Habel, 1875", *ZPK* **67** (1875), 286–290.

14. [Rez. v.:] „Psychologie vom empirischen Standpunkte. Von Dr. Franz Brentano, o. ö. Professor der Philosophie an der K. K. Universität zu Wien. In zwei Bänden. Erster Band. Leipzig, Duncker & Humblot, 1874 (2 2/3 Thlr.)", *ZPK* **67** (1875), 290–305.

15. „Jahresbericht für 1873–74. Vorgetragen in der Jahres-Versammlung zu Weimar am 23. April 1874", *JSG* **10** (1875), 22–24.

1876

1. *Abhandlungen zur Kunstgeschichte als angewandter Aesthetik*, Weigel: Leipzig 1876.

2. *Shakespeare's Dramatic Art. History and Character of Shakespeare's Plays*. Translated from 3rd ed. with additions and corrections by the author by L. Dora Schmitz, G. Bell and sons: London 1876.

3. [Rez. v.:] „Psychologie vom empirischen Standpunkte. Von Dr. Franz Brentano, o. ö. Professor der Philosophie an der K. K. Universität zu Wien. In zwei Bänden. Erster Band. Leipzig, Duncker & Humblot, 1874. Fortsetzung und Schluß", *ZPK* **68** (1876), 132–149.

4. [Rez. v.:] „Metaphysische Untersuchungen von Dr. A. L. Kym, ordentl. Professor der Philosophie an der Universität

Zürich. München, Ackermann, 1875", *ZPK* **68** (1876), 149–167.

5. [Rez. v.:] „Geschichte der neuern Philosophie von George Henry Lewes. Die Geschichte der Philosophie von Thales bis Comte[.] Bd. II. Berlin, Oppenheim, 1875", *ZPK* **68** (1876), 167–171.

6. [Rez. v.:] „Sebastiano Turbiglio: Benedetto Spinoza e le transformazioni del suo pensiero. Libri tre. Roma, Paravia, 1875", *ZPK* **68** (1876), 191–192.

7. [Rez. v.:] „Panacee und Theodicee. Illustrationen, Caricaturen der Gegenwar[t] und Grundlinien einer neuen Weltanschauung. Von Alexander Jung. 2 Theile. Leipzig, Brockhaus, 1875", *ZPK* **68** (1876), 280–287.

8. [Rez. v.:] „La pena di morte e la sua abolizione dichiarate teoreticamente e storicamente secondo la filosofia Hegeliana per Pasquale d'Ercole, Professore nell'Università di Pavia. Milano (Napoli, Pisa), U. Hoepli, 1875", *ZPK* **68** (1876), 287–289.

9. [Rez. v.:] „The Laws of Discursive Thought: being a Textbook of Formal Logic. By James M'Cosh, LL D., President of New Jersey College; formerly Professor of Logic and Metaphysics, Queen's College, Belfast. London, Macmillan and Co. 1870", *ZPK* **68** (1876), 290–298.

10. [Rez. v.:] „Lehrbuch der Psychologie vom Standpunkte des Realismus und nach praktischer Methode von Ph. Dr. Wilhelm Volkmann Ritter von Volkmar; k. k. o. ö. Professor der Philosophie etc. Des Grundrisses der Psychologie zweite sehr vermehrte Auflage. 2 Bände. Cöthen, Schulze, 1875", *ZPK* **68** (1876), 298–310.

11. „Die Begründung der logischen Formen und Gesetze. Mit Beziehung auf das Werk von H. Lotze: Logik. Drei Bücher vom Denken, vom Untersuchen und vom Erkennen. Leipzig, 1874", *ZPK* **69** (1876), 135–171.

12. „Ein Protest gegen die Behandlung der Philosophie der Gegenwart seitens der Geschichtschreiber der Philosophie. Mit

Beziehung auf die Schrift von I. H. Fichte: Fragen und Bedenken über die nächste Fortbildung deutscher Speculation. Sendschreiben an Herrn Professor Dr. E. Zeller mit Bezug auf dessen Geschichte der deutschen Philosophie seit Leibniz. Leipzig, Brockhaus, 1876", *ZPK* **69** (1876), 306–314.

1877

1. [Rez. v.:] „Das Seelenleben und die Gehirnthätigkeit. Gegen die Seelenleugner gerichtete Forschungen, auf Thatsachen begründet von Dr. Carl Scheidemacher. Regensburg, Manz, 1876", *ZPK* **70** (1877), 141–146.

2. [Rez. v.:] „Zwei Briefe über Verursachung und Freiheit im Wollen, gerichtet an John Stuart Mill. Mit einem Anhang über die Existenz des Stoffes und unsere Begriffe des unendlichen Raumes. Von Rowland G. Hazard. Im Auftrage des Verfassers aus dem Englischen übersetzt. New York, Westermann (Leipzig, Hermann) 1875. Ueber Religion. Natur. Die Nützlichkeit der Religion. Theismus. Von John Stuart Mill. Drei nachgelassene Essays. Deutsch von E. Lehman. Berlin, F. Duncker, 1875", *ZPK* **70** (1877), 146–169.

3. [Rez. v.:] „Friedrich Ueberweg's Grundriß der Geschichte der Philosophie. Erster Theil: Das Alterthum. Fünfte, mit einem Philosophen- und Litteratoren-Register versehene Auflage, bearbeitet und herausgegeben von Dr. M. Heinze, ord. Professor d. Philosophie an der Universität Leipzig, Berlin, Mittler, 1876", *ZPK* **70** (1877), 169–170.

4. [Rez. v.:] „Zur Psychophysik der Moral und des Rechts. Zwei Vorträge gehalten in der 47[.] und 48[.] Versammlung deutscher Naturforscher von Dr. Moriz Benedikt, Professor an der Wiener Universität. Wien, 1875", *ZPK* **70** (1877), 170–173.

5. [Rez. v.:] „Die Philosophie Shaftesbury's. Dargestellt von Dr. Georg von Gizycki. Leipzig und Heidelberg, Wintersche Verlagshandlung, 1876", *ZPK* **70** (1877), 173–174.

6. [Ungezeichnet, Autorschaft laut Inhaltsverzeichnis d. Zeitschrift, Rez. v.:] „Der Pessimismus. Von Johannes Huber. München, Ackermann, 1876", *ZPK* **70** (1877), 175–178.

7. „Ueber eine neue Species von Philosophie", *ZPK* **70** (1877), 224–237.

8. [Rez. v.:] „Anthropologische Vorträge von J. Henle. Erstes Heft. Braunschweig, Vieweg, 1876", *ZPK* **70** (1877), 290–308.

9. [Rez. v.:] „Th. H. Huxley: Reden und Aufsätze naturwissenschaftlichen, pädagogischen und philosophischen Inhalts. Deutsche autorisirte Ausgabe nach der 5ten Auflage des englischen Originals herausgegeben von Dr. Fritz Schulze. Berlin, Grieben, 1877", *ZPK* **70** (1877), 308–312.

10. „Wie kommen wir zur Vorstellung von der Verschiedenheit der Dinge? (Mit Beziehung auf die Schrift von G. H. Schneider: Die Unterscheidung, Analyse, Entstehung und Entwickelung derselben bei den Thieren und beim Menschen. Zürich, 1877)", *ZPK* **71** (), 1–13.

11. [Rez. v.:] „Fr. Ueberweg's Grundriß der Geschichte der Philosophie der patristischen und scholastischen Zeit. Fünfte, mit einem Philosophen- und Litteratoren-Register versehene Auflage, bearbeitet und herausgegeben von Dr. Max Heinze. Berlin, Mittler, 1877", *ZPK* **71** (1877), 144–145.

12. [Rez. v.:] „Compendio e Sintesi della propria filosofia ossia nuovi prolegomeni ad ogni presente e futura Metafisica. Libro uno di Terenzio Mamiani. Torino, Paravia, 1876", *ZPK* **71** (1877), 145–146.

13. [Rez. v.:] „Luigi Ferri: La psichologia di Pietro Pomponazzi secondo un manoscritto della Biblioteca Angelica di Roma (Commento inedito al ‚De Anima' di Aristotele). Roma, Loescher, 1877", *ZPK* **71** (1877), 146–147.

14. [Rez. v.:] „Philosophische Schriften von Dr. Franz Hoffmann. Vierter Band. Erlangen, Deichert, 1877", *ZPK* **71** (1877), 147–148.

15. [Rez. v.:] „Gottfried Wilhelm Leibniz. Sein Leben und Denken. Von Lic. Dr. Friedrich Kirchner. Cöthen, Schettler, 1877", *ZPK* **71** (1877), 148–149.

16. [Rez. v.:] „Darwin versus Galiani. Rede in der öffentlichen Sitzung der K. Pr. Akademie der Wissenschaften zur Feier des Leibnizischen Jahrestags gehalten von E. du Bois-Reymond. Berlin, Hirschwald, 1876. Die Alternative: Teleologie oder Zufall vor der K. Akademie der Wissenschaften zu Berlin. Von A. Wigand. Cassel, Kay, 1877", *ZPK* **71** (1877), 150–158.

17. „Der Begriff der Entwickelung als philosophisches Princip. (Mit Beziehung auf die Schriften von H. Spencer: Grundlagen der Philosophie, und: Die Principien der Biologie, nach der 4ten und resp. 2ten englischen Auflage übersetzt von B. Vetter. Stuttgart, 1875–76. E. L. Fischer: Ueber das Gesetz der Entwickelung auf physisch-ethischem Gebiete. Würzburg, Keller, 1875. L. Jacoby: Die Idee der Entwickelung, eine social-philosophische Darstellung, I. u. II. Berlin, 1874, 1876. — Dr. W. L.: Die confessionslose Religion. Berlin, 1877.)", *ZPK* **71** (1877), 180–219.

18. [Rez. v.:] „F. Kirchner: Katechismus der Geschichte der Philosophie. Leipzig, Weber, (2 M. 50 Pf.) I. H. von Kirchmann: Katechismus der Philosophie. Ebd. (2 M.)", *ZPK* **71** (1877), 277.

19. [Rez. v.:] „Kritik der reinen Vernunft. Von Immanuel Kant. Text der Ausgabe 1781 mit Beifügung sämmtlicher Abweichungen der Ausgabe von 1787. Herausgegeben von Dr. K. Kehrbach, Leipzig, Ph. Reclam jun.", *ZPK* **71** (1877), 278–279.

20. [Rez. v.:] „Die Entstehung der Gesichtswahrnehmung. Versuch der Auflösung eines Problems der physiologischen Psychologie von Dr. Carl Ueberhorst, Privatdocenten der Philosophie. Göttingen, 1876", *ZPK* **71** (1876), 279–288.

1878

1. „In Sachen der wissenschaftlichen Philosophie. Eine Replik", *ZPK* **72** (1878), 103–110.

2. [Rez. v.:] „Vom Bewußtseyn in Zuständen sog. Bewußtlosigkeit. Vortrag der psychiatrischen Section der 50. deutschen Naturforscher-Versammlung zu München. Von Dr. J. L. A. Koch, Director der k. Pflegeanstalt Zwiefalten. Stuttgart, Enke, 1877", *ZPK* **72** (1878), 148–153.

3. [Rez. v.:] „Philosophie im Umriß von Adolph Steudel, Ober-Tribunal-Procurator a. D. Zweiter Theil: Praktische Fragen. Erste Abtheilung: Kritik der Sittenlehre. Stuttgart, Bonz, 1877", *ZPK* **72** (1878), 153–162.

4. [Rez. v.:] „Die Grundgedanken des alten chinesischen Socialismus oder die Lehre des Philosophen Micius, zum ersten Male vollständig aus den Quellen dargelegt von Ernst Faber, Missionar der Rheinischen Missionsgesellschaft. Elberfeld, Friderichs, 1877. Der Naturalismus bei den alten Chinesen sowohl nach der Seite des Pantheismus als des Sensualismus oder die sämmtlichen Werke des Philosophen Licius zum ersten Male vollständig übersetzt und erklärt von Ernst Faber, Missionar etc. Ebendaselbst", *ZPK* **72** (1878), 162–166.

5. [Rez. v.:] „A Treatise concerning the Principles of Human Knowledge. By George Berkeley. With Prolegomena, and with Annotations, Select[ed], Translated, and Original. By Ch. P. Krauth, D. D. Professor of intellectual and moral philosophy. Philadelphia, Lippincott, 1874", *ZPK* **72** (1878), 166–168.

6. „Psychophysische Fragen und Bedenken. (Mit Beziehung auf die Schrift: In Sachen der Psychophysik. Von Gustav Theodor Fechner. Leipzig, Breitkopf & Härtel, 1877.)", *ZPK* **72** (1878), 281–310.

7. [Rez. v.:] „Anton Günther. Kurzer Abriß seines Lebens und seiner Philosophie von Dr. Th. Weber, Professor an der Universität Breslau. (Separatabdruck aus der Allgemeinen Encyklopädie von Ersch und Gruber)", *ZPK* **72** (1878), 326.

8. [Rez. v.:] „Boole's Logical Method. By G. B. Halstead [richtig: Halsted]. (Artikel im Journal of Speculative Philosophy, Vol. XII, No. 1, January, 1878)", *ZPK* **73** (1878), 314–316.

9. [Erläuterungen zu: Der Sturm, Othello, Die lustigen Weiber von Windsor, König Heinrich IV, in:] Moritz Retzsch, *Gallerie zu Shakespeare's dramatischen Werken. In Umrissen*, Ausg. in 1 Bd., 4. Aufl., E. Fleischer: Leipzig 1878.

10. [Erläuterungen zu: Der Sturm, Othello, Die lustigen Weiber von Windsor, König Heinrich IV, in:] Moritz Retzsch,

Outlines to Shakespeare's dramatic Works designed and engraved, 4. Aufl., E. Fleischer: Leipzig 1878.

1879

1. *Ueber den Spiritismus als wissenschaftliche Frage. Antwortschreiben auf den offenen Brief des Herrn Prof. Dr. W. Wundt*, Pfeffer: Halle 1879.

2. *Der sogenannte Spiritismus eine wissenschaftliche Frage* [Sonderdruck von *1879.8*], Pfeffer: Halle 1879.

3. „Englische Werke zur Metaphysik und Religionsphilosophie. [Rez. v.:] Robert Flint: Theism. Being the Baird Lectures for 1876. Edinburgh and London, W. Blackwood, 1877. Henry B. Smith: Faith and Philosophy: Discourses and Essays. Edited with an introductory Notice by G. L. Prentiss. New York, Scribner, 1877. Shadworth H. Hodgson: The Philosophy of Reflection. In three Books. 2 vols. London, Longmans, Green & Comp., 1878. Joseph Cook: Biology, with Preludes and Current Events. Boston Monday Lectures. Boston, Osgood, 1877", *ZPK* **74** (1879), 154–174.

4. [Rez. v.:] „Johannes Huber: Die Forschung nach der Materie. München, Ackermann, 1877", *ZPK* **74** (1879), 174–182.

5. [Rez. v.:] „Zur Lehre vom Urtheil. Ein Beitrag zur Erkenntnißtheorie und Logik von Goetz Martius. Bonn, Strauß, 1877", *ZPK* **74** (1879), 182–191.

6. [Rez. v.:] „J. Jacobson: Ueber die Beziehungen zwischen Kategorien und Urtheilsformen. Erster Theil einer demnächst erscheinenden Schrift: Ueber die metaphysische Deduction der Kategorien. Königsberg, Hartung, 1877", *ZPK* **74** (1879), 191–199.

7. [Rez. v.:] „E. Dreher: Beiträge zur Theorie der Farbenwahrnehmung. Beilage zur dritten Auflage von: Die Kunst in ihrer Beziehung zur Psychologie und zur Naturwissenschaft. Berlin, Hempel, 1878", *ZPK* **74** (1879), 199–200.

8. „Der sogenannte Spiritismus eine wissenschaftliche Frage. (Mit Beziehung auf die Schriften von 1) Fr. Zöllner: Wissenschaftliche Abhandlungen. Theil I u. II. Leipzig, Staackmann, 1878. 2) I. H. v. Fichte: Der neuere Spiritualismus,

sein Werth und seine Täuschungen, Leipzig, Brockhaus, 1878.)", *ZPK* **74** (1879), 239–271.

9. „In Sachen der wissenschaftlichen Philosophie. Antwort auf den Artikel des Hrn. Avenarius im 4ten Heft des 2ten Jahrgangs der Vierteljahrsschrift für wissenschaftliche Philosophie", *ZPK* **74** (1879), 284–292.

10. [Rez. v.:] „Fr. von Baerenbach: Gedanken über die Teleologie in der Natur. Ein Beitrag zur Philosophie der Naturwissenschaften. Berlin, Grieben, 1878", *ZPK* **74** (1879), 292–295.

11. [Rez. v.:] „Ch. P. Krauth: A Vocabulary of the Philosophical Sciences. (Including the Vocabulary of Philosophy by W. Fleming from the second Edition, 1860, and the third, 1876, edited by H. Calderwood.) New York, Sheldon, 1878", *ZPK* **74** (1879), 314–315.

12. [Rez. v.:] „F. Engels: Herrn Eugen Dühring's Umwälzung der Wissenschaft. Philosophie. Politische Oekonomie. Socialismus. Leipzig, 1878", *ZPK* **74** (1879), 315–316.

13. [Rez. v.:] „E. Arnoldt: Kant's Prolegomena nicht doppelt redigirt. Widerlegung der Benno Erdmann'schen Hypothese. Berlin, Liepmannssohn, 1879", *ZPK* **74** (1879), 316.

14. „Anzeige [des Todes von I. H. v. Fichte]", *ZPK* **75** (1879), I.

15. [Rez. v.:] „Vincenzo di Giovanni: Hartmann e Miceli. Palermo, Virzi, 1877", *ZPK* **75** (1879), 188–192.

16. [Rez. v.:] „Immanuel Kant: Kritik der Urtheilskraft. Text der Ausgabe 1790 (A), mit Beifügung sämmtlicher Abweichungen der Ausgaben 1793 (B) und 1799 (C). Herausg. v. Karl Kehrbach. Leipzig, Reclam, jun. (80 Pf.) —: Kritik der praktischen Vernunft. Text der Ausgabe 1788 (A), unter Berücksichtigung der 2. Ausgabe 1792 (B) und der 4. Ausgabe 1797 (D). Herausg. v. Demselben ebendaselbst. (60 Pf.)", *ZPK* **75** (1879), 192–193.

17. [Rez. v.:] „C. Grebel: Professor Helmholtz' Rede über das Denken in der Medicin und die Aufgabe der Philosophie. Gütersloh, Bertelsmann, 1878. O. Caspari: Virchow und

Haeckel vor dem Forum der methodologischen Forschung. Augsburg, Lampart, 1878", *ZPK* **75** (1879), 193–197.

18. [Rez. v.:] „Fr. Zimmer: Johann Gottlieb Fichte's Religionsphilosophie nach den Grundzügen ihrer Entwickelung. Berlin, Schleiermacher, 1878", *ZPK* **75** (1879), 198.

19. „In Sachen der wissenschaftlichen Philosophie. Erklärung", *ZPK* **75** (1879), 198–199.

20. [Notiz der Redaktion über den Tod von J. U. Wirth], *ZPK* **75** (1879), 203.

21. [Rez. v.:] „R. Eucken: Geschichte und Kritik der Grundbegriffe der Gegenwart. Leipzig, Veit, 1878. Derselbe: Geschichte der philosophischen Terminologie im Umriß. Ebendaselbst, 1879", *ZPK* **75** (1879), 280–289.

22. [Rez. v.:] „Fr. Hoffmann: Philosophische Schriften. Fünfter und sechster Band. Erlangen, Deichert, 1878,79", *ZPK* **75** (1879), 298–300.

23. [Rez. v.:] „Bacon's Novum Organum. Edited with Introduction, Notes etc. by Th. Fowler, M. A. Professor of Logic etc. Oxford, at the Clarendon Press (London, Macmillan) 1878", *ZPK* **75** (1879), 300–301.

24. [Rez. v.:] „D. v. Schütz: Das exacte Wissen der Naturforscher. Eine Zusammenstellung von Aussprüchen hervorragender Naturforscher und Philosophen. Mainz, Kirchheim, 1878", *ZPK* **75** (1879), 301–302.

25. [Rez. v.:] „F. Jodl: Die Culturgeschichtschreibung, ihre Entwickelung und ihr Problem. Halle, Pfeffer, 1878", *ZPK* **75** (1879), 302–304.

1880

1. „Meine Stellung zum s. g. Spiritismus. Postscriptum zum voranstehenden Artikel [Fr. Hoffmann <lt. Inhaltsverzeichnis>, Rez. v. ‚Stimmen aus dem Reich der Geister. Veröffentlicht von Dr. Robert Friese. Mit einer Tafel im Lichtdruck. Leipzig, Mutze, 1879', 118–140]", *ZPK* **76** (1880), 140–143.

2. „Zur logischen Frage. Mit Beziehung auf die Schriften von 1) C. Sigwart: Logik. Zweiter Band: Die Methodenlehre. Tübingen, Laupp, 1878. 2) W. Schuppe: Erkenntnißtheoretische Logik. Bonn, Weber, 1878. 3) J. Bergmann, Allgemeine Logik. Erster Theil: Reine Logik. Berlin, Mittler, 1879", *ZPK* **76** (1880), 281–309.

3. „Eine Erwiderung des Hrn. Dr. Jacobson auf meine Recension seiner Schrift ‚Ueber die Beziehungen zwischen Kategorieen und Urtheilsformen' (Vierteljahrsschrift f. wiss. Philosophie, 1879, Heft 4)", *ZPK* **86** (1880), 311–312.

4. [Rez. v.:] „Die Philosophie und das Leben. Akademische Antrittsrede gehalten zu Tübingen am 6. Juni 1878 von Prof. Dr. Edmund Pfleiderer. Tübingen, Fues, 1878. Ueber die Entwickelung der Erkenntniß. Rede an die Studirenden beim Antritt des Rectorats der Ludwig-Maximilians-Universität gehalten am 23. Novbr. 1878 von Dr. Carl von Voit, Professor der Physiologie. München, Rieger, 1879. Ueber die Berechtigung des Optimismus. Rede beim Antritt des Rectorats ebenderselben Universität gehalten am 29. Novbr. 1879 von Dr. Carl von Prantl. München, Kaiser, 1880", *ZPK* **76** (1880), 312–316.

5. [Rez. v.:] „Anti-theistic Theories. Being the Baird Lecture for 1877. By Robert Flint, D. D. L.L. D. Professor of Divinity in the University of Edinburgh. London, Blackwood, 1879. Studies in Theism. By Borden P. Bowne, Professor of Philosophy in Boston University. New York, Philipps & Hunt, 1879", *ZPK* **77** (1880), 173–182.

6. [Rez. v.:] „The Method, Meditations, and Selections from the Principles of Descartes. Translated from the Original Texts. Sixth Edition, with a new Introductory Essay, by John Veitch, LL. D. Professor of Logic etc. London, Blackwood, 1879", *ZPK* **77** (1880), 182–184.

7. „Kant in Italien [Rez. v.: ‚Emanuele Kant. Per Carlo Cantoni, Professore di Filosofia all' Università die Pavia. Vol. I: La filosofia teoretica. Milano, Brigola, 1879 (532 S. 8). Giacomo Barzellotti: La nuova scuola del Kant e la filosofia scientifica contemporanea in Germania. Roma, Barbèra, 1880']", *ZPK* **77** (1880), 184–188.

8. [Rez. v.:] „Filosofia del Diretto, per Vinc. Lilla, Professore pareggiato etc. di Napoli. Parte generale. Napoli, Jovene, 1880", *ZPK* **77** (1880), 188–191.

9. [Rez. v.:] „Paul Hohlfeld: Die Krause'sche Philosophie in ihrem geschichtlichen Zusammenhange und in ihrer Bedeutung für das Geistesleben der Gegenwart. Von der philosophischen Facultät der Universität Jena gekrönte Preisschrift. Jena, Costenoble, 1879", *ZPK* **77** (1880), 192–193.

10. [Bemerkung zu: Alexius Meinong, „Zu Herrn Prof. E. Pfleiderer's Recension meiner ‚Hume-Studien'", 193–197], *ZPK* **77** (1880), 197.

11. [Rez. v.:] „Ueber Bilder und Gleichnisse in der Philosophie. Eine Festschrift von Rudolf Eucken, Professor in Jena. Leipzig, Veit, 1880", *ZPK* **77** (1880), 315–317.

12. [Rez. v.:] „Die Philosophie in ihrer Geschichte. I. Psychologie. Von Dr. Friedrich Harms, ordentlichen Professor der Philosophie zu Berlin. Berlin, Grieben, 1878", *ZPK* **77** (1880), Ergänzungsheft, 67–76.

13. [Rez. v.:] „Geschichte der Psychologie. Von Dr. Hermann Siebeck, Professor der Philosophie an der Universität Basel. Erster Theil, erste Abtheilung: Die Psychologie vor Aristoteles. Gotha, Perthes, 1880", *ZPK* **77** (1880), Ergänzungsheft, 76–78.

14. [Rez. v.:] „Das Gedächtniß. Von Johannes Huber. München, Ackermann, 1878", *ZPK* **77** (1880), Ergänzungsheft, 78–83.

15. „Psychiatrische Psychologie. [Rez. v.:] 1) Noch ein Wort über das Bewußtseyn. Von Dr. J. L. A. Koch, Director der Kön. Pflegeanstalt Zwiefalten (Separatabdruck aus der Zeitschrift für Psychiatrie, Bd. 35. Berlin, G. Reimer.) 2) Ein Beitrag zur Lehre von der primären Verrücktheit. Von Demselben. (Separatabdruck aus derselben Zeitschrift, Bd. 36.) 3) Psychiatrische Winke für Laien. Von Demselben. Stuttgart, Neff, 1880", *ZPK* **77** (1880), Ergänzungsheft, 84–89.

16. [Rez. v.:] „Die Lehre von der Autonomie der Vernunft in den Systemen Kant's und Günther's, dargestellt von Dr.

Ernst Melzer. Nebst einem Anhang über E. v. Hartmann's Phänomenologie des sittlichen Bewußtseyns. Neiße, Graveur, s. a.", *ZPK* **77** (1880), Ergänzungsheft, 89–90.

17. [Rez. v.:] „Kant: Die Religion innerhalb der Grenzen der reinen Vernunft. Text der Ausgabe 1793 mit Beifügung der Ausg. 1794. Herausg. von K. Kehrbach. Leipzig, Reclam, s. a. Kant: Träume eines Geistersehers erläutert durch Träume der Metaphysik. Text der Ausgabe (A) 1766 unter Berücksichtigung der Ausgaben B und C. Herausg. von Demselben. Ibid. J. G. Fichte: Die Bestimmung des Menschen. Text der Ausgabe 1800 unter Berücksichtigung der Ausgaben 1801, 1838 und 1845. Desgleichen", *ZPK* **77** (1880), Ergänzungsheft, 90–91.

18. [Rez. v.:] „Friedrich Ueberweg's Grundriß der Geschichte der Philosophie. Dritter Theil. Die Neuzeit. Fünfte mit einem Philosophen- und Litteratoren-Register versehene Auflage, bearbeitet und herausgegeben von Dr. Max Heinze, ordentl. Professor der Philosophie an der Universität Leipzig. Berlin, Mittler, 1880", *ZPK* **77** (1880), Ergänzungsheft, 158–159.

19. [Rez. v.:] „Boston Monday Lectures. Heredity, with Preludes on Current Events. By Joseph Cook. Boston, Houghton, 1879", *ZPK* **77** (1880), Ergänzungsheft, 159–160.

20. [Erläuterungen zu: Der Sturm, Othello, Die lustigen Weiber von Windsor, König Heinrich IV, in:] Moritz Retzsch, *Gallerie zu Shakespeare's dramatischen Werken. In Umrissen*, Ausg. in 1 Bd., Riehm: Basel 1880.

1881

1. „Anmerkung [zu: Schuppe, ‚Das System der „Erkenntnißtheoretischen Logik" ‘, 70–105]", *ZPK* **78** (1881), 105–106.

2. [Rez. v.:] „Die neuesten Bestrebungen auf dem Gebiete der Logik bei den Deutschen und die logische Frage. Von Prof. Dr. L. Rabus. Erlangen, Deichert, 1880", *ZPK* **78** (1881), 158–172.

3. [Rez. v.:] „A Critical Account of the Philosophy of Kant, with an Historical Introduction. By Edward Caird, M. A.,

Professor of Moral Philosophy etc. Glasgow, Maclehose, 1877", *ZPK* **78** (1881), 172–175.

4. [Rez. v.:] „Religion und Kunst. Von Lic. Dr. Gustav Portig. 2 Theile. Iserlohn, Bädecker, 1879/80", *ZPK* **78** (1881), 178–185.

5. [Rez. v.:] „Moses Mendelssohn's Schriften zur Philosophie, Aesthetik und Apologetik. Mit Einleitungen, Anmerkungen und einer biographisch-historischen Charakteristik Mendelssohn's herausgegeben von Dr. Moritz Brasch. 2 Bände. Leipzig, Voß, 1880", *ZPK* **78** (1881), 314–316.

6. „Nachschrift [zu: J. L. A. Koch, ‚Ueber das Unterscheidungsvermögen', 71–88]", *ZPK* **79** (1881), 89–90.

7. [Rez. v.:] „Ethik. Katechismus der Sittenlehre. Von Friedrich Kirchner. Leipzig, Weber, 1881", *ZPK* **79** (1881), 103–108.

8. [Rez. v.:] „Das Erkenntnißproblem. Mit Rücksicht auf die gegenwärtig herrschenden Schulen. Von Dr. O. Caspari, a. o. Professor der Philosophie an der Universität Heidelberg. Breslau, Trewendt, 1881", *ZPK* **79** (1881), 108–114.

9. [Rez. v.:] „Anton Günther. Eine Biographie von Peter Knoodt. Zwei Bände. Wien, Braumüller, 1881", *ZPK* **79** (1881), 114–115.

10. „Nachschrift [zu: O. Caspari, ‚Ueber die Nothwendigkeit im Seyn gegenüber der Denknothwendigkeit. Ein offenes Schreiben an Herrn Prof. Herm. Ulrici in Halle', 260–268]", *ZPK* **79** (1881), 268–270.

11. [Rez. v.:] „Das Leiden, beurtheilt vom theistischen Standpunkt. Ein historisch-kritischer Versuch von Dr. F. Wilhelm Harnisch, Pastor. Halle, M. Niemeyer, 1881", *ZPK* **79** (1881), 301–309.

1882

1. „Erläuternde und berichtigende Bemerkungen zu dem vorstehenden Aufsatz [Rabus, ‚Logische Differenzen. Eine Erwiderung', 90–118]", *ZPK* **80** (1882), 118–128.

2. [Rez. v.:] „Theismus und Pantheismus. Eine geschichtsphilosophische Untersuchung von Dr. W. Deisenberg, Docent der Philosophie. Wien, Faesy & Frick, 1880", *ZPK* **80** (1882), 167–170.

3. [Rez. v.:] „Geschichte des Materialismus und Kritik seiner Bedeutung in der Gegenwart von Fr. Albert Lange. Wohlfeile Ausgabe, in der Reihe der Auflagen die vierte. Besorgt und mit einem biographischen Vorwort versehen von Prof. H. Cohen. Iserlohn, Baedecker, 1882; Friedrich Ueberweg's Grundriß der Geschichte der Philosophie. Zweiter Theil: Die mittlere oder die patristische und scholastische Zeit. Sechste mit einem Philosophen- und Litteratoren-Register versehene Auflage, bearbeitet und herausgegeben von Dr. Max Heinze, ordentl. Professor der Philosophie an der Universität zu Leipzig. Berlin, E. S. Mittler, 1881", *ZPK* **80** (1882), 170–171.

4. [Rez. v.:] „Lehrbuch der Logik. Von Dr. J. H. Loewe, o. ö. Professor der Philosophie an der Universität zu Prag. Wien, Braumüller, 1881", *ZPK* **80** (1882), 306–314.

5. [Rez. v.:] „Das Ziel der Geschichte. Rede bei der Marburger Universitätsfeier des Geburtstages Sr. Maj. des Kaisers etc. von Dr. J. Bergmann, ord. Prof. der Philosophie. Marburg, Elwert, 1881", *ZPK* **81** (1882), 147–152.

6. [Rez. v.:] „Das Grundproblem der Erkenntnißtheorie. Eine philosophische Studie von Dr. Georg Neudecker, Privatdocent der Philosophie an der Universität Würzburg. Nördlingen, Beck, 1881", *ZPK* **81** (1882), 152–173.

7. [Rez. v.:] „Die Grundgedanken des Materialismus und die Kritik derselben. Ein Vortrag etc. von Dr. Fritz Schultze, o. ö. Professor der Pilosophie und Pädagogik an der technischen Hochschule zu Dresden. Leipzig, Günther, 1881. Philosophie der Naturwissenschaft. Eine philosophische Einleitung in das Studium der Natur und ihrer Wissenschaften. Von Dr. Fritz Schultze, o. ö. Professor etc. Leipzig, Günther, 1882", *ZPK* **81** (1882), 173–180.

8. [Rez. v.:] „Anthropologische Vorträge von J. Henle. Zweites Heft. Braunschweig, Vieweg, 1880", *ZPK* **81** (1882), 281–300.

1883

1. „Nachschrift [zu: Josef Schuchter, Rez. v. ‚Gust. Teichmüller: Die wirkliche und die scheinbare Welt. Neue Grundlegung der Metaphysik. Breslau, W. Koebner, 1882. XXVIII u. 357 S.', 56–71]", *ZPK* **82** (1883), 71–79.

2. [Rez. v.:] „Ueber den letzten Grund der Dinge. Von R. E. Pößneck, Latendorf, 1882. (14 S. 8.)", *ZPK* **82** (1883), 79–80.

3. [Rez. v.:] „Die Philosophie als descriptive Wissenschaft. Eine Studie von Dr. Alex. Wernicke, Docent der Mathematik und Philosophie an der herzogl. techn. Hochschule zu Braunschweig. Braunschweig und Leipzig, Goeritz, 1882. (VII, 40. 8)", *ZPK* **82** (1883), 80–83.

4. [Rez. v.:] „The Life of Immanuel Kant. By J. H. W. Stuckenberg, D. D. Late Professor in Wittenberg College, Ohio. London, Macmillan, 1882. Kant's Critique of Pure Reason. A Critical Exposition by George S. Morris, Ph. D. Professor of Ethics, History of Philosophy and Logic in the University of Michigan, and Lecturer on Philosophy in the Johns Hopkins University, Baltimore. — Griggs's German Philosophical Classics, Vol. I. Chicago, 1882", *ZPK* **82** (1883), 83–87.

5. [Rez. v.:] „Der Darwinismus und seine Consequenzen in wissenschaftlicher und socialer Beziehung. Von Dr. Eugen Dreher, Docent an der Universität Halle. Halle, Pfeffer, 1882", *ZPK* **82** (1883), 88–90.

6. [Rez. v.:] „Die Macht der Vererbung und ihr Einfluß auf den moralischen und geistigen Fortschritt der Menschheit. Von Prof. Dr. Ludwig Büchner. Darwinistische Schriften No. 12. Leipzig, Günther, 1882", *ZPK* **82** (1883), 90–94.

7. [Rez. v.:] „I. Kant's Kritik der Vernunft und deren Fortbildung durch J. F. Fries. Mit besondrer Beziehung zu den abweichenden Ansichten des Herrn Professor Dr. H. Ulrici. Von Prof. Dr. Grapengießer. Jena, Pohle, 1882", *ZPK* **82** (1883), 94–100.

8. [Rez. v.:] „Anti-Savarese von Anton Günther. Herausgegeben mit einem Anhange von Peter Knoodt. Wien, Braumüller, 1883", *ZPK* **82** (1883), 100–106.

9. [Zwölf erläuternde und berichtigende Anmerkungen zu: G. Neudecker, „Denknothwendigkeit und Selbstgewißheit in ihrem erkenntnißtheoretischen Verhältniß"], *ZPK* **82** (1883), 231–249.

10. [Rez. v.:] „Grundlegung der reinen Logik. Ein Beitrag zur Lösung der logischen Frage von Dr. Georg Neudecker, Privatdocent der Philosophie an der Universität Würzburg. Würzburg, Stuber, 1882", *ZPK* **82** (1883), 263–267.

11. „Noch einmal die psychophysische Frage. Mit Beziehung auf Fechner's neueste Schrift: Revision der Hauptpunkte der Psychophysik. Leipzig, Breitkopf und Härtel, 1882", *ZPK* **82** (1883), 267–283.

12. [Rez. v.:] „Die Größe der Schöpfung. Zwei Vorträge gehalten vor der Tiberinischen Akademie in Rom von P. Angelo Secchi, Director der Sternwarte des Collegium Romanum. Aus dem Italienischen übertragen mit einem Vorwort von Carl Güttler. Leipzig, Bidder, 1882", *ZPK* **82** (1883), 310–313.

13. [Acht Anm. zu: Eugen Dreher, „Antikritik"], *ZPK* **83** (1883), 114–126.

14. [Rez. v.:] „Philosophical Classics for English Readers. Edited by W. Knight, LL. D. Professor of Moral Philosophy, University of St. Andrews. Hamilton. By John Veitch, LL. D. Professor of Logic and Rhetoric in the University of Glasgow. Edinburgh and London, W. Blackwood, 1882", *ZPK* **83** (1883), 137–140.

15. [Rez. v.:] „James Mill. A Biography by Alexander Bain, LL. D. emeritus Professor of Logic in the University of Aberdeen. London, Longmans, Greene [richtig: Green] & Comp. 1882. John Stuart Mill. A Criticism: with Personal Recollections by Alexander Bain, LL. D. emeritus Professor etc. London, ibid. 1882", *ZPK* **83** (1883), 140–145.

16. [Rez. v.:] „The Development from Kant to Hegel with Chapters on the Philosophy of Religion. By Andrew Seth, M. A., Assistant to the Professor of Logic and Metaphysics in the University of Edinburgh and late Hibbert Travelling Scholar. Published by the Hibbert Trustees. London, Williams & Norgate, 1882. Schelling's Transcendental Idealism.

A Critical Exposition by John Watson, LL. D. Professor of Mental and Moral Philosophy, Queen's University, Kingston, Canada. Chicago, Griggs & Company, 1882", *ZPK* **83** (1883), 145–150.

17. [Rez. v.:] „A Study of Spinoza. By James Martineau. LL. D., D. D. Principal of Manchester New College, London. With a Portrait. London, Macmillan, 1882", *ZPK* **83** (1883), 151–153.

18. [Rez. v.:] „Criteria of Diverse Kinds of Truth as Opposed to Agnosticism being a Treatise on Applied Logic by James McCosh, DD., LL. D., D. L. Author of 'Intuitions of the Mind', 'The Emotions' etc. New York, Ch. Scribner's Sons, 1882", *ZPK* **83** (1883), 153–155.

19. [Rez. v.:] „ Ἀριστοτελης περι Ψυχης. Aristotle's Psychology in Greek and English, with Introduction and Notes by Edwin Wallace, M. A., Fellow and Tutor of Worcester College, Oxford. Cambridge: at the University Press, 1882", *ZPK* **83** (1883), 156.

20. [Neun Anm. zu Teichmüller, „Ueber den Ursprung des Bewußtseyns. Antwort an Herrn Professor Ulrici"], *ZPK* **83** (1883), 225–245.

21. „Der Begriff des Rechts. Mit Beziehung auf die Schrift: ‚Rechtsphilosophische Studien' von Felix Dahn. Berlin, O. Janke, 1883", *ZPK* **83** (1883), 245–254.

22. „Der Begriff der Notwendigkeit. Mit Beziehung auf die Schrift von Otto Liebmann: Gedanken und Thatsachen. Philosophische Abhandlungen, Aphorismen und Studien. Erstes Heft. Die Arten der Notwendigkeit. — Die mechanische Naturerklärung. — Idee und Entelechie. Straßburg, K. J. Trübner, 1882", *ZPK* **83** (1883), 254–263.

1884

1. [Rez. v.:] „Ueber den Satz des Widerspruchs und die Bedeutung der Negation. Von J. J. Borelius, Professor der Philosophie in Lund. Leipzig, Koschny, 1881", *ZPK* **84** (1884), 106–110.

1890

1. *Shakespeare's Dramatic Art. History and Character of Shakespeare's Plays.* Translated from 3rd ed. with additions and corrections by the author by L. Dora Schmitz, G. Bell and sons: London 1890/91.

1896

1. *Shakespeare's Dramatic Art. History and Character of Shakespeare's Plays.* Translated from 3rd ed. with additions and corrections by the author by L. Dora Schmitz, G. Bell and sons: London 1896.

1906

1. „Berichtigung" (1835), in: Houben (Hg.) *1906*, Sp. 421.

2. Wienberg, Ludolf/Carl Gutzkow, „Für den Herrn Ulrici" (1835), darin Abdruck eines Schreibens von Ulrici an Wienberg und Gutzkow v. 28.9.1835, in: Houben (Hg.) *1906*, 422–423.

3. „Abermalige Berichtigung" (1835), in: Houben (Hg.) *1906*, 423–424.

o. J.

1. [Erläuternde Bemerkungen zu:] *Das Leben einer Hexe in Zeichnungen.* Gestochen von Heinrich Merz und C. Gonzenbach, Düsseldorf/Leipzig o. J.

Personenindex zum Schriftenverzeichnis Hermann Ulricis

Abbot, T. K. 1869.2, 1875.4
Amiel, H. F. 1874.7
Aristoteles 1863.2, 1877.13, 1880.13, 1883.19
Arnoldt, E. 1879.13
Astié, J. F. 1874.7
Avenarius, R. 1879.9

v. Baader, F. 1852.4
Bacon, F. 1863.3, 1875.10, 1879.23
v. Baerenbach, Fr. 1879.10
Baggensen, C. A. R. 1859.2
Baggensen, J. 1859.2
Bain, A. 1861.4, 1883.15
Barzellotti, G. 1872.8, 1880.7
Benedikt, M. 1877.4
Bergmann, J. 1880.2, 1882.5
Berkeley, G. 1869.2, 1870.4, 1871.2, 1878.5
Biedermann, C. 1843.2, 1844.1
Biedermann, G. 1870.8
Böhmer, 1853.3, 1855.7
Bonghi, R. 1855.3
Boole, G. 1855.8, 1878.8
Borelius, J. J. 1884.1
Botta, V. 1875.7
Bouvier, A. 1874.7
Bowne, B. P. 1880.5
Brandis, C. A. 1843.2, 1844.1
Braniß, C. J. 1843.2, 1844.1
Brasch, M. 1881.5
Brentano, F. 1875.14, 1876.3
Brown, H. 1871.13
Browne, B. P. 1875.5
Büchner, L. 1883.6
Bühler, A. 1862.5
Buff, H. 1869.5
Bunsen, C. C. J. 1858.3, 1858.7

Caird, E. 1881.3
Calderon, P. 1839.1, 1846.2
Calderwood, H. 1856.5, 1879.11
Cantoni, C. 1872.9, 1880.7
Carlblom, A. 1858.2
Carriere, M. 1866.4, 1871.15
Caspari, O. 1879.17, 1881.8, 1881.10
Chalybäus, H. M. 1843.2, 1844.1, 1847.4, 1847.19, 1862.2
Chastel, E. 1874.7
Cicero, M. T. 1875.9
Claparède, T. 1874.7
Cohen, H. 1882.3
Comte, A. 1852.3, 1866.3, 1876.5
Cook, J. 1879.3, 1880.19
Cousin, M. 1856.5

Dahn, F. 1883.21
Dandiran, E. 1874.7
Darwin, C. 1874.8, 1877.16
Deisenberg, W. 1882.2
Descartes, R. 1848.8, 1880.6
Dingelstedt, F. 1865.2
Dreher, E. 1879.7, 1883.5, 1883.13
Drobisch, M. W. 1852.4
du Bois-Reymond, E. 1873.6, 1877.16
Dühring, E. 1879.12

Engels, F. 1879.12
d'Ercole, P. 1876.8
Erdmann, B. 1879.13
Erdmann, J. E. 1847.6
Ersch, J. S. 1878.7
Eucken, R. 1879.21, 1880.11

Faber, E. 1878.4
Fechner, G. T. 1847.7,
  1848.1, 1872.2, 1872.4,
  1874.8, 1878.6, 1883.11
Ferri, L. 1872.7, 1877.13
Ferrier, J. F. 1869.4
Feuerbach, 1847.8
Fichte, I. H. 1847.2, 1848.5,
  1852.2, 1876.12, 1879.8,
  1879.14
Fichte, J. G. 1868.2, 1879.18,
  1880.17
Fischer, E. L. 1877.17
Fischer, K. 1847.9, 1869.7,
  1869.8, 1870.2, 1870.3,
  1875.10
Fleischer, E. 1841.2, 1842.1
Fleming, W. 1879.11
Flint, R. 1875.6, 1879.3,
  1880.5
Fortlage, K. 1861.5, 1875.12
Fowler, Th. 1879.23
Frauenstädt, J. 1854.5,
  1871.8
Fries, J. F. 1883.7
Friese, R. 1880.1
Frohschammer, J. 1859.7,
  1860.4
Funck-Brentano, T. 1871.1
Furness, H. H. 1874.13
Furtmair, M. 1854.7

Galiani, F. 1877.16
George, L. 1869.7, 1869.8,
  1870.2, 1870.3, 1870.5
Germar, F. H. 1858.5
di Giovanni, V. 1879.15
v. Gizycki, G. 1877.5
Gluck, C. W. 1834.1
v. Goethe, J. W. 1839.1,
  1846.2
Gonzenbach, C. o. J.
Gottschall, R. 1871.8
Grant, A. 1869.4
Grapengießer, C. 1883.7

Gray, E. P. 1868.2
Grebel, C. 1879.17
Groos, Fr. 1847.13
Gruber, J. G. 1878.7
Günther, A. 1878.7, 1880.16,
  1881.9, 1883.8
Güttler, C. 1883.12
Gutzkow, C. 1835.3, 1835.4,
  1835.5, 1906.2

Häckel, E. 1875.11, 1879.17
Halsted, G. B. 1878.8
Hamilton, W. 1855.6,
  1856.5, 1860.2, 1883.14
Harms, F. 1880.12
Harnisch, F. W. 1881.11
Harris, W. T. 1870.7
v. Hartmann, E. 1872.2,
  1872.4, 1874.4, 1875.11,
  1879.15, 1880.16
v. Hartsen, F. A. 1869.6
Haym, R. 1847.8, 1864.4,
  1871.4, 1874.4
Hazard, R. G. 1877.2
Hegel, G. W. F. 1841.1,
  1847.9, 1848.6, 1853.2,
  1853.4, 1862.2, 1869.3,
  1874.5, 1876.8, 1883.16
Heinze, M. 1877.3, 1877.11,
  1880.18, 1882.3
Helferich, A. 1847.14
Helmholtz, H. 1863.1,
  1879.17
Henle, J. 1877.8, 1882.8
Herbart, J. F. 1853.4, 1854.3
Herschel, J. 1852.3
Hettner, H. 1856.4, 1871.3
Hillebrand, J. 1843.2, 1844.1
Hodgson, S. H. 1873.8,
  1873.9, 1879.3
v. Hoffinger, Johann 1870.10
v. Hoffinger, Josefa 1870.10
Hoffmann, F. 1852.4, 1862.7,
  1877.14, 1879.22,
  1880.1

163

Hohlfeld, P. 1880.9
Hoppe, R. 1871.2, 1871.6
Horwicz, A. 1873.12
Houben, H. H. 1906.1, 1906.2, 1906.3
Huber, J. 1875.11, 1877.6, 1879.4, 1880.14
Hufeland, C. W. 1875.3
Hume, D. 1875.9, 1880.10
Huxley, Th. H. 1877.9

Jacobson, J. 1879.6, 1879.3
Jacoby, L. 1877.17
Jamieson, G. 1861.7
Jodl, F. 1879.25
Jung, A. 1876.7

Kant, I. 1860.3, 1862.2, 1862.3, 1862.9, 1863.4, 1872.2, 1872.4, 1875.3, 1875.4, 1875.9, 1877.19, 1879.13, 1879.16, 1880.7, 1880.16, 1880.17, 1881.3, 1883.4, 1883.7, 1883.16
Karpf, C. 1870.9
Katzenberger, M. 1858.6
Kehrbach, K. 1877.19, 1877.16, 1880.18
v. Kirchmann, J. H. 1875.9, 1877.18
Kirchner, F. 1877.15, 1877.18, 1881.7
Klein, J. 1871.14
Knauer, G. 1874.4
Knight, W. 1883.14
Knoodt, P. 1881.9, 1883.8
Koch, J. L. A. 1878.2, 1880.15, 1881.6
König, E. 1847.16
Krause, K. C. F. 1880.9
Krauth, C. P. 1874.3, 1878.5, 1879.11
Kroeger, A. E. 1868.2
Kym, A. L. 1848.3, 1855.2, 1876.4

L., W. 1877.17
Lange, Fr. A. 1882.3
Langenbeck, H. 1861.2, 1864.2
Lehman, E. 1877.2
Leibniz, G. W. 1847.14, 1848.8, 1875.9, 1877.15, 1877.16
Lewes, G. H. 1876.5
Licius 1878.4
v. Liebig, J. 1863.3
Liebmann, O. 1883.22
Lilla, V. 1880.8
Lindsay, T. M. 1873.4
Loewe, J. H. 1882.4
Löwenthal, E. 1862.6
Lott, F. K. 1847.21, 1874.9
Lotze, H. 1847.17, 1876.11
Lushington, E. L. 1869.4
Luthe, W. 1872.5

Mamiani, T. 1877.12
Mansel, H. J. 1860.2
Marlowe, C. 1865.1
Martineau, J. 1883.17
Martius, G. 1879.5
McCosh, J. 1858.8, 1862.3, 1866.6, 1876.9, 1883.18
Meiklejohn, J. M. D. 1860.3
Meinong, A. 1880.10
Melzer, E. 1880.16
Mendelssohn, M. 1881.5
Merz, H. o. J.
Meyr, M. 1861.6
Miceli, V. 1879.15
Michelet, C. L. 1843.2, 1844.1, 1853.1
Micius 1878.4
Mill, J. St. 1852.3, 1866.6, 1877.2, 1883.15
Mill, J. 1883.15
Morrell, J. D. 1856.3, 1862.10
Morris, G. S. 1875.7, 1883.4
Morrison, A. J. W. 1846.2

Müller, M. 1871.8

Nahlowsky, J. W. 1871.5
Neudecker, G. 1882.6,
　1883.9, 1883.10

Oechelhäuser, W. 1865.2
Oltramare, M. J. H. 1874.7
Opzoomer, C. W. 1852.3

Pearson, R. 1867.1
Pfleiderer, E. 1875.13,
　1880.4, 1880.10
Platon 1847.12
Poßneck, R. E. 1883.2
Pomponazzi, P. 1877.13
Porter, N. 1873.7, 1875.7
Portig, G. 1881.4
v. Prantl, C. 1880.4
Prentiss, G. L. 1879.3

Rabus, G. L. 1881.2, 1882.1
Rambert, F. 1874.7
v. Rast, M. 1873.10
v. Reichlin-Meldegg, K.
　1866.5, 1870.6
Reid, T. 1855.6
Reimann, U. 1833.2
Reinhold, E. 1854.6
Rettig, G. F. 1847.12
Retzsch, M. 1841.2, 1842.1,
　1844.2, 1846.3, 1847.1,
　1847.23, 1847.24,
　1860.6, 1860.7, 1871.9,
　1871.10, 1878.9,
　1878.10, 1880.20
Röder, K. D. A. 1847.20
Röse, F. 1847.10
Rosenkranz, K. 1848.3,
　1855.5, 1859.6
Rousseau, J. J. 1873.10

Savarese, G. 1883.8
Schaarschmidt, C. 1875.9
Schasler, M. 1874.5
Scheidemacher, C. 1877.1

Schelling, F. W. J. 1883,16
Schellwien, R. 1858.4
Schiel, J. 1852.3
Schildener, H. 1859.3
Schlegel, A. W. 1867.5,
　1871.17
Schleiermacher, F. D. E.
　1848.4, 1853.4
Schmid, F. X. 1864.3
Schmidt, J. C. 1848.9
Schmitz, D. L. 1876.2,
　1890.1, 1896.1
Schneider, G. H. 1877.10
Schopenhauer, A. 1854.5,
　1864.4
Schuchter, J. 1883.1
v. Schütz, D. 1879.24
Schultze, F. 1882.6
Schulze, F. 1877.9
Schuppe, W. 1880.2, 1881.1
Schwindt, G. 1852.3
Secchi, A. 1883.12
Seth, A. 1883.16
Shaftesbury, A. A. C. 1877.5
Shakespeare, W. 1839.1,
　1841.2, 1842.1, 1844.2,
　1846.2, 1846.3, 1847.1,
　1847.23, 1847.24,
　1853.5, 1854.10, 1860.6,
　1860.7, 1865.1, 1867.5,
　1868.3, 1869.1, 1870.9,
　1871.9, 1871.10,
　1871.11, 1871.13,
　1871.14, 1871.16,
　1871.17, 1874.2,
　1874.13, 1876.2, 1878.9,
　1878.10, 1880.20,
　1890.1, 1896.1
Siebeck, H. 1880.13
Sigwart, C. 1875.2, 1880.2
Sillig, P. H. 1854.10
Simon, C. 1870.4
Smith, H. B. 1879.3
Smith, J. 1855.9
Spencer, H. 1860.5, 1866.3,

1875.5, 1875.8, 1877.17
Spinoza, B. 1848.8, 1853.3, 1854.5, 1876.6, 1883.17
Stark, C. 1871.16
Steudel, A. 1878.3
Stirling, J. H. 1869.3
Strauß, D. F. 1873.2, 1873.5, 1874.3
Stuckenberg, J. H. W. 1883.4
Stumpf, C. 1873.11

Teichmüller, G. 1883.1, 1883.20
Thales 1876.5
Tieck, L. 1867.5, 1871.17
Trendelenburg, A. 1843.3, 1848.8, 1854.3, 1854.5, 1861.8, 1869.7, 1869.8, 1870.2, 1870.3
Treplin, H. 1847.11
Turbiglio, S. 1876.6

Ueberhorst, C. 1877.20
Ueberweg, F. 1859.1, 1859.6, 1869.7, 1869.8, 1870.2, 1870.3, 1870.6, 1873.4, 1875.7, 1877.3, 1877.11, 1880.18, 1883.3
Ulrici, H. 1835.3, 1835.4, 1835.5, 1854.8, 1860.4, 1861.5, 1862.7, 1867.5, 1868.1, 1870.5, 1871.2, 1871.6, 1871.17, 1872.2, 1872.3, 1872.4, 1875.12, 1881.10, 1883.7, 1883.20, 1906.2

Vaucher, T. 1874.7

Veitch, J. 1860.2, 1880.6, 1883.14
Vetter, B. 1875.8, 1877.17
Virchow, R. 1879.17
Vogt, T. 1874.9
v. Voit, C. 1880.4
Volkmann, A. W.
v. Volkmar, W. V. 1876.10
Vorländer, F. 1848.10
Vuilleumier, H. 1874.7

Wallace, E. 1883.19
Watson, J. 1883.16
Weber, Th. 1878.7
Weiße, C. H. 1854.4, 1854.8
Weißenborn, G. 1848.4
Weinholtz, K. 1847.18
Weitbrecht, C. G. 1848.7
Wernicke, A. 1883.3
Werther, C. A. 1856.2
Whewell, W. 1852.3
Wienberg, L. 1835.3, 1835.4, 1835.5, 1906.2
Wigand, A. 1877.16
Windelband, W. 1874.10
Wirth, J. U. 1852.2, 1864.1, 1879.20
Wolff, C. 1853.2
Wundt, W. 1879.1

Zeising, A. 1859.5, 1860.3
Zeller, E. 1876.12
Zimmer, Fr. 1879.18
Zimmermann, R. 1870.10
Zöllner, J. C. F. 1873.3, 1879.8

Literaturverzeichnis

ARNAULD, Antoine/NICOLE, Pierre *1662 La Logique ou L'Art de Penser: contenant, outre les règles communes, plusieurs observations nouvelles propres à former le jugement*, Charles Savreux: Paris; kritische Ausgabe: *Édition critique*, hg. v. Pierre Clair/François Girbal, J. Vrin: Paris ²1981 (= *Bibliothèque des textes philosophiques*).

AVENARIUS, Richard *1877a* „Zur Einführung", *Vierteljahrsschrift für wissenschaftliche Philosophie* 1, 1–14.

— *1877b* „In Sachen der wissenschaftlichen Philosophie", *Vierteljahrsschrift für wissenschaftliche Philosophie* 1, 553–580.

— *1878* „In Sachen der wissenschaftlichen Philosophie. Zweiter Artikel", *Vierteljahrsschrift für wissenschaftliche Philosophie* 2, 468–483.

— *1879* „In Sachen der wissenschaftlichen Philosophie. Dritter Artikel", *Vierteljahrsschrift für wissenschaftliche Philosophie* 3, 53–78.

BACHMANN, Carl Friedrich *1828 System der Logik*, Brockhaus: Leipzig.

BAMMEL, Erich *1927 Hermann Ulricis Anschauung von der Religion und von ihrer Stellung zur Wissenschaft*, Buchdruckerei „Glaube und Heimat": Birkenfeld, zugl. Diss. phil. Bonn 1926.

Bericht vom Goldenen Doktorjubiläum Hermann Ulricis, in: *Chronik der Königlichen vereinigten Friedrichs-Universität Halle-Wittenberg für das Jahr 1881*, Druck Otto Hendel: Halle 1882, 16–18.

BERNHARDI, Wilhelm *1894* Art. „Tieck", in: *Allgemeine Deutsche Biographie*, Bd. 38, Duncker & Humblot: Berlin, Repr. 1971, 251–276.

BOOLE, George *1847 The Mathematical Analysis of Logic. Being an Essay Towards a Calculus of Deductive Reasoning*, Macmillan, Barclay, and Macmillan: Cambridge/George Bell: London; Repr. Basil Blackwell: Oxford 1951.

— *1854 An Investigation of the Laws of Thought, on which are Founded the Mathematical Theories of Logic and Probabilities*, Walton & Waberly: London; Repr. Dover: New York o. J. [1951].

BRÜMMER, Franz *1890* Art. „Salchow", in: *Allgemeine Deutsche Biographie*, Bd. 30, Duncker & Humblot: Berlin, Repr. 1970, 211.

BUHL, Günter *1966* „Die algebraische Logik im Urteil der Deutschen Philosophie des 19. Jahrhunderts", *Kant-Studien* 57, 360–372.

„Carl Samuel Villaume", *Neuer Nekrolog der Deutschen* 11 (1833), 470–472.

CARRIERE, Moritz *1884* „Hermann Ulrici", *Allgemeine Zeitung* Nr. 39 v. 8.2.1884, Beilage, 569–570.

— *1890* „Hermann Ulrici" in: Carriere, *Lebensbilder*, Brockhaus: Leipzig, 335–344 (= Carriere, *Gesammelte Werke*; 12).

DATHE, Uwe *1992 Frege in Jena. Eine Untersuchung von Gottlob Freges Jenaer Mikroklima zwischen 1869 und 1918*, unveröffentl. Diss. phil. Leipzig.

DRBAL, M[athias] A[mos] *1866* [Rez. v.] „Ulrici, Dr. H., Compendium der Logik. Zum Selbstunterricht und zur Benutzung für Vorträge auf Universitäten und Gymnasien. Leipzig 1860, T. O. Weigel. IV u. 207 S.", *Zeitschrift für exacte Philosophie* 6, 201–214.

DROBISCH, Moritz Wilhelm *1836 Neue Darstellung der Logik nach ihren einfachsten Verhältnissen. Nebst einem logisch-mathematischen Anhange*, Leopold Voß: Leipzig.

— *1851 Neue Darstellung der Logik nach ihren einfachsten Verhältnissen mit Rücksicht auf Mathematik und Naturwissenschaften*, 2. Aufl., Leopold Voß: Leipzig; Erstauflage Drobisch *1836*.

EUKLID *1973 Die Elemente. Buch I–XII*, nach Heibergs Text aus dem Griechischen übersetzt und hg. v. Clemens Thaer, Vieweg & Sohn: Braunschweig, Wissenschaftliche Buchgesellschaft: Darmstadt ^{8}1991 (= *Bibliothek klassischer Texte*).

FRANK, Hartwig *1991* "Reform Efforts of Logic at Mid-Nineteenth Century in Germany", in: *World Views and*

Scientific Discipline Formation. Science in the German Democratic Republic. Papers from a German-American Summer Institute, 1988, hg. v. William R. Woodward/Robert S. Cohen, Kluwer: Dordrecht/Boston/London (= *Boston Studies in the Philosophy of Science*; 134), 247–258.

FRÄNKEL, Ludwig *1894* „Zu Otto Roquettes 70. Geburtstag", *Zeitschrift für den deutschen Unterricht* 8, 387–394.

— *1895* Art. „Ulrici", *Allgemeine Deutsche Biographie*, Bd. 39, Duncker & Humblot: Leipzig, 261–269.

FREGE, Gottlob *1879 Begriffsschrift, eine der arithmetischen nachgebildete Formelsprache des reinen Denkens*, Louis Nebert: Halle; Repr. in Frege *1977*.

— *1977 Begriffsschrift und andere Aufsätze*, 3. Aufl., mit E. Husserls und H. Scholz' Anmerkungen hg. v. Ignacio Angelelli, Wissenschaftliche Buchgesellschaft: Darmstadt.

GEORGE, Leopold *1854 Lehrbuch der Psychologie*, Reimer: Berlin.

GOEDEKE, Karl *1913 Grundriß zur Geschichte der deutschen Dichtung aus den Quellen*, 2. Aufl. fortgeführt v. Edmund Goetze, Bd. 10: *Vom Weltfrieden bis zur französischen Revolution 1830*, Ellermann: Dresden.

GRASSMANN, Hermann *1861 Lehrbuch der Arithmetik für höhere Lehranstalten*, Enslin: Berlin (= Grassmann, *Lehrbuch der Mathematik für höhere Lehranstalten*; Tl. 1).

GRASSMANN, Robert *1872a Die Formenlehre oder Mathematik*, R. Grassmann: Stettin; Repr. in Grassmann *1966*.

— *1872b Die Grösenlehre. Erstes Buch der Formenlehre oder Mathematik*, R. Grassmann: Stettin; Repr. in Grassmann *1966*.

— *1872c Die Begriffslehre oder Logik. Zweites Buch der Formenlehre oder Mathematik*, R. Grassmann: Stettin; Repr. in Grassmann *1966*.

— *1872d Die Bindelehre oder Combinationslehre. Drittes Buch der Formenlehre oder Mathematik*, R. Grassmann: Stettin; Repr. in Grassmann *1966*.

— *1872e Zahlenlehre oder Arithmetik. Viertes Buch der Formenlehre oder Mathematik*, R. Grassmann: Stettin; Repr. in Grassmann *1966*.

— *1872f Die Ausenlehre oder Ausdehnungslehre. Fünftes Buch der Formenlehre oder Mathematik*, R. Grassmann: Stettin; Repr. in Grassmann *1966*.

— *1875 Die Denklehre*, R. Grassmann: Stettin (= Grassmann, *Die Wissenschaftslehre oder Philosophie*, Tl. 1).

— *1966 Die Formenlehre oder Mathematik*, mit einer Einführung von J.E. Hofmann, Georg Olms: Hildesheim.

GRÜNEISEN, E. *1894* „Zur Erinnerung an Hermann Ulrici", *Zeitschrift für Philosophie und philosophische Kritik* N. F. **103**, 287–291.

HAAPARANTA, Leila *1988* "Frege and His German Contemporaries on Alethic Modalities", in: *Modern Modalities. Studies of the History of Modal Theories from Medieval Nominalism to Logical Positivism*, hg. v. Simo Knuuttila, Kluwer: Dordrecht/Boston/London (= *Synthese Historical Library*; 33), 239–274.

HAILPERIN, Theodore *1986 Boole's Logic and Probability. A Critical Exposition from the Standpoint of Contemporary Algebra, Logic and Probability Theory*, 2. Aufl. "revised and enlarged", North-Holland: Amsterdam u. a. (= *Studies in Logic and the Foundations of Mathematics*; 85).

HALSTED, George Bruce *1878a* "Boole's Logical Method", *The Journal of Speculative Philosophy* **12**, 81–91.

— *1878b* "Statement and Reduction of Syllogism", *Journal of Speculative Philosophy* **12**, 419–426.

— *1879* "Algorithmic Division in Logic", *Journal of Speculative Philosophy* **13**, 107–112.

HAMACHER-HERMES, Adelheid *1994 Inhalts- oder Umfangslogik? Die Kontroverse zwischen E. Husserl und A. H. Voigt*, Karl Alber: Freiburg/München; zugl. Diss. phil. Aachen 1992.

v. HANKEL, Hermann *1867 Theorie der complexen Zahlensysteme. Insbesondere der gemeinen imaginären Zahlen und der Hamilton'schen Quaternionen nebst ihrer geometrischen Darstellung*, Leopold Voss: Leipzig (= Hankel, *Vorlesungen über complexe Zahlen und ihre Functionen*, Tl. 1).

v. HARTMANN, Eduard *1870/71* „Dynamismus und Atomismus (Kant, Ulrici, Fechner)", *Philosophische Monatshefte* **6**, 187–205.

HOUBEN, Heinrich Hubert (Hg.) *1906 Zeitschriften des Jungen Deutschland*, Tl. 1, Behr's Verlag: Berlin (= *Bibliographisches Repertorium*; 3).

JEVONS, William Stanley *1864 Pure Logic, or Logic of Quality Apart from Quantity: With Remarks on Boole's System and on the Relation of Logic and Mathematics*, E. Stanford: London, wieder in Jevons *1890*, 3–77.

— *1874 The Principles of Science: A Treatise on Logic and Scientific Method*, 2 Bde., Macmillan: London/New York 1875; weitere Auflagen in einem Band: 2., veränderte Aufl., London/New York 1877, 3. Aufl., London 1879.

— *1890 Pure Logic and Other Minor Works*, hg. v. Robert Adamson/Harriet A. Jevons, Macmillan: London/New York, Repr. Thoemmes Press: Bristol 1991.

KEYNES, John Neville *1894 Studies and Exercises in Formal Logic Including a Generalization of Logical Processes in their Application to Complex Inferences*, 3. Aufl. ("rewritten and enlarged"), Macmillan: London/New York.

KNEALE, William/KNEALE, Martha *1962 The Development of Logic*, Clarendon Press: Oxford; Repr. 1986.

KOCH, J[ulius] L[udwig] A[ugust] *1885* „Hermann Ulrici", *Biographisches Jahrbuch für Alterthumskunde* **8** (erschienen 1886), 66–76.

KÖHNKE, Klaus Christian *1986 Entstehung und Aufstieg des Neukantianismus. Die deutsche Universitätsphilosophie zwischen Idealismus und Positivismus*, Suhrkamp: Frankfurt a. M.

KOSER, Reinhold/DROYSEN, Hans (Hgg.) *1911 Briefwechsel Friedrichs des Grossen*, Tl. 3: *Briefwechsel König Friedrichs 1753–1778*, Hirzel: Leipzig (= *Publikationen aus den K. Preussischen Staatsarchiven*; 86).

LENZEN, Wolfgang *1984* „Leibniz und die Boolesche Algebra", *studia leibnitiana* **16**, 187–203.

— *1990 Das System der Leibnizschen Logik*, de Gruyter: Berlin/New York (= *Grundlagen der Kommunikation und Kognition*).

LEWIS, Albert C. *1976* "George Bruce Halsted and the Development of American Mathematics", in: *Men and Institu-*

tions in American Mathematics, hg. v. J. Dalton Tarwater/John T. White/John D. Miller, Texas Tech Press: Lubbock, Texas (= *Texas Tech University Graduate Studies*; 13), 123–129.

LIARD, Louis *1877a* « Un nouveau système de logique formelle. M. Stanley Jevons », *Revue philosophique de la France et de l'Étranger* **2**, Nr. 3, 277–293.

— *1877b* « La logique algébrique de Boole », *Revue philosophique de la France et de l'Étranger* **2**, Nr. 4, 285–317.

— *1878 Les logiciens anglais contemporains*, Librairie Germer Baillière: Paris, weitere Auflagen 1883, 1890, 1901, 1907.

— *1883 Die neuere englische Logik*, übersetzt von Johannes Imelmann, Denicke: Berlin, ²1883.

LIEBMANN, Otto *1894* Art. „Tieftrunk", in: *Allgemeine Deutsche Biographie*, Bd. 38, Duncker & Humblot: Berlin, Repr. 1971, 286.

LOTZE, Rudolf Hermann *1843 Logik*, Weidmann'sche Buchhandlung: Leipzig.

MACHALE, Desmond *1985 George Boole. His Life and Work*, Boole Press: Dublin (= *Profiles of Genius Series*; 2).

MEJER *1885* Art. „Mühlenbruch", *Allgemeine Deutsche Biographie*, Bd. 22, Duncker & Humblot: Berlin, Repr. 1970, 463–467.

MERVAUD, Christiane *1985 Voltaire et Frédéric II: une dramaturgie des lumières 1736–1778*, The Voltaire Foundation: Oxford.

MILL, John Stuart *1843 A System of Logic, Ratiocinative and Inductive. Being a Connected View of the Principles of Evidence and the Methods of Scientific Investigation*, 2 Bde., J.W. Parker: London.

— *1849 Die inductive Logik: Eine Darlegung der philosophischen Principien wissenschaftlicher Forschung, insbesondere der Naturforschung*, übersetzt von J. Schiel, Vieweg & Sohn: Braunschweig.

Nachruf auf Hermann Ulrici, in: *Chronik der Königlichen vereinigten Friedrichs-Universität Halle-Wittenberg für das Jahr 1884*, Otto Hendel: Halle o. J. (1885), 5–8.

OPZOOMER, Cornelis Willem *1851 De weg der wetenschap. Een handboek der logica*, 2. Ausg., J. H. Gebhard & Comp.: Leiden/Amsterdam.

— *1852 Die Methode der Wissenschaft. Ein Handbuch der Logik*, übers. v. Georg Schwindt, Dannenfelser: Utrecht.

PECKHAUS, Volker *1988* „Historiographie wissenschaftlicher Disziplinen als Kombination von Problem- und Sozialgeschichtsschreibung: Formale Logik im Deutschland des ausgehenden 19. Jahrhunderts", in: *Die geschichtliche Perspektive in den Disziplinen der Wissenschaftsforschung. Kolloquium an der TU Berlin, Oktober 1988*, hg. v. Hans Poser/Clemens Burrichter, TU Berlin: Berlin (= *TUB-Dokumentation Kongresse und Tagungen*; 39), 177–215.

— *1990 Hilbertprogramm und Kritische Philosophie. Das Göttinger Modell interdisziplinärer Zusammenarbeit zwischen Mathematik und Philosophie*, Vandenhoeck & Ruprecht: Göttingen (= *Studien zur Wissenschafts-, Sozial- und Bildungsgeschichte der Mathematik*; 7).

— *1992* „Hilbert, Zermelo und die Institutionalisierung der mathematischen Logik in Deutschland", *Berichte zur Wissenschaftsgeschichte* **15**, 27–38.

PICARDI, Eva *1987* "The Logics of Frege's Contemporaries, or 'Der verderbliche Einbruch der Psychologie in die Logik'", in: *Speculative Grammar, Universal Grammar, and Philosophical Analysis of Language*, hg. v. Dino Buzzetti/Maurizio Ferriani, John Benjamins: Amsterdam/Philadelphia (= *Studies in the History of the Language Sciences*; 42), 173–204.

V. PRANTL, Carl *1880* „Hinrichs", in: *Allgemeine Deutsche Biographie*, Bd. 12, Duncker & Humblot: Berlin, 462–463.

PULKKINEN, Jarmo *1994 The Threat of Logical Mathematism. A Study on the Critique of Mathematical Logic in Germany at the Turn of the 20th Century*, Peter Lang: Frankfurt a. M. u. a. (= *Scandinavian University Studies in the Humanities and Social Sciences*; 7).

QUINE, W[illard] V[an Orman] *1985* "In the Logical Vestibule" [Rez. von MacHale *1985*], *Times Literary Supplement* Nr. 4293 v. 21.7.1985, 767.

Rabus, Georg Leonhard *1880 Die neuesten Bestrebungen auf dem Gebiete der Logik bei den Deutschen und Die logische Frage*, Deichert: Erlangen.

Riehl, Alois *1877* „Die englische Logik der Gegenwart", *Vierteljahrsschrift für wissenschaftliche Philosophie* 1, 277–293.

— *1878* [Rez. v.:] „Lange, Friedrich Albert. Logische Studien. Ein Beitrag zur Neubegründung der formalen Logik und der Erkenntnisstheorie. Iserlohn, Verlag von Bädecker. 1877. VI u. 149 S.", *Vierteljahrsschrift für wissenschaftliche Philosophie* 1, 240–250.

Roquette, Otto *1894 Siebzig Jahre. Geschichte meines Lebens*, Bd. 1, Arnold Bergstraeßer: Darmstadt.

Rossi, M. *1982* Art. „Ulrici", in: *Enciclopedia Filosofica*, Bd. 8, Nachdruck der 2. Aufl., Lucarini: Firenze, Sp. 439–440.

Scheidig, W. *1942* „Wiese", in: *Allgemeines Lexikon der Bildenden Künstler* („Thieme/Becker"), Bd. 35, hg. v. Hans Vollmer, Seemann: Leipzig, 311.

Scholz, Heinrich *1931 Geschichte der Logik*, Junker und Dünnhaupt: Berlin (= *Geschichte der Philosophie in Längsschnitten*; 4).

Schrader, Wilhelm *1894 Geschichte der Friedrichs-Universität zu Halle*, Tl. 2, Ferd. Dümmler: Berlin.

Schröder, Ernst *1873 Lehrbuch der Arithmetik und Algebra für Lehrer und Studirende*, Bd. 1 [mehr nicht erschienen]: *Die sieben algebraischen Operationen*, B. G. Teubner: Leipzig.

— *1874 Über die formalen Elemente der absoluten Algebra*, Schweizerbart'sche Buchdruckerei: Stuttgart; zugl. Beilage zum Programm des Pro- und Real-Gymnasiums in Baden-Baden für 1873/74.

— *1877a Der Operationskreis des Logikkalkuls*, Teubner: Leipzig; Repr. als „Sonderausgabe", Wiss. Buchgesellschaft: Darmstadt 1966.

— *1877b* „Note über den Operationskreis des Logikcalculs", *Mathematische Annalen* 12, 481–484.

Schweitzer, Johann Er. *1905 Hermann Ulrici's Gotteslehre. Ein Beitrag zur Geschichte der Religionsphilosophie*, Druck der Bonitas-Bauer'schen k.b. Hofbuchdruckerei: Würzburg, zugl. Diss. phil. Würzburg 1905.

STAMMLER, Gerhard *1936 Deutsche Logikarbeit seit Hegels Tod als Kampf von Mensch, Ding und Wahrheit*, Bd. 1: *Spekulative Logik*, Verlag für Staatswissenschaften und Geschichte: Berlin.

— *1944* „Hallesche Vertreter der Philosophie seit der Vereinigung mit Wittenberg", in: *250 Jahre Universität Halle. Streifzüge durch ihre Geschichte in Forschung und Lehre*, Niemeyer: Halle, 234–243.

STUMPF, Carl *1924* „Carl Stumpf", in: *Die Philosophie der Gegenwart in Selbstdarstellungen*, hg. v. Raymund Schmidt, Bd. 5, Felix Meiner: Leipzig, 205–265.

THIEL, Christian *1993* „Zum Verhältnis von Syntax und Semantik bei Frege", in: *Philosophie und Logik. Frege-Kolloquien 1989/1991*, hg. v. Werner Stelzner, De Gruyter: Berlin/New York (= *Perspektiven der Analytischen Philosophie*; 3), 3–15.

TOBIES, Renate/ROWE, David E. (Hgg.) *1990 Korrespondenz Felix Klein–Adolph Mayer. Auswahl aus den Jahren 1871– 1907*, B. G. Teubner: Leipzig (= *Teubner-Archiv zur Mathematik*; 14).

TRENDELENBURG, Friedrich Adolf *1840 Logische Untersuchungen*, 2 Bde., Bethge: Berlin.

TUGENDHAT, Ernst/Ursula WOLF *1983 Logisch-semantische Propädeutik*, Reclam: Stuttgart 1983 (= *Universal-Bibliothek*; 8206).

UEBERWEG, Friedrich *1857 System der Logik und Geschichte der logischen Lehren*, Adolph Marcus: Bonn.

— *1868 Grundriss der Geschichte der Philosophie der Neuzeit von dem Aufblühen der Alterthumsstudien bis auf die Gegenwart*, zweite, berichtigte und ergänzte und mit einem Philosophen- und Litteratoren-Register versehene Aufl., Mittler & Sohn: Berlin; Erstauflage ebd. 1866.

VENN, John *1876* "Boole's Logical System", *Mind* 1, 479–491.

ZELLER, Eduard *1873 Geschichte der deutschen Philosophie seit Leibniz*, 2. Aufl., Oldenbourg: München (= *Geschichte der Wissenschaften in Deutschland. Neuere Zeit*, Bd. 13).

— *1876 Geschichte der deutschen Philosophie seit Leibniz*, Brockhaus: Leipzig.

ZELTNER, Hermann *1961* Art. „Fichte", in: *Neue Deutsche Biographie*, Bd. 5, Duncker & Humblot: Berlin, 121–122.

ZUSNE, Leonard *1984* „Stumpf, Carl", in: Ders., *Biographical Dictionary of Psychology*, Greenwood Press: Westport, Connecticut, 415.

Personenverzeichnis

Verweise auf Hermann Ulrici sind nicht aufgenommen.

Aristoteles 10, 24, 26, 32, 105
Arnauld, A. 11
Avenarius, R. 25 f.

Bachmann, C. F. 24
Bammel, E. 20
Bernardi, W. 109
Boole, G. 10, 12, 14–16, 25–32, 35 f., 87, 89 f., 92–94, 98, 101–106
Brümmer, F. 109
Buhl, G. 15 f., 25, 32

Carriere, M. 17 f., 21 f.
Chalybäus, H. M. 18
Comte, A. 28

Dathe, U. 13
Delbrück 19
Drbal, M. A. 25
Drobisch, M. W. 22
Droysen, H. 110

Euklid 87

Fichte, I. H. 9, 18, 20 f., 112
Fichte, J. G. 76
Fränkel, F. 17 f., 21
Frank, H. 14
Frege, G. 11–14, 36
Friedrich II 110

George, L. 82
Goedecke, K. 109
Grassmann, H. G. 34 f.
Grassmann, R. 13, 34–36
Grüneisen, E. 17

Haaparanta, L. 13
Hailperin, T. 27

Halsted, G. B. 25, 27, 29, 31, 105 f.
Hamacher-Hermes, A. 14
Hankel, H. 35
v. Hartmann, E. 20
Hegel, G. W. F. 9 f., 14–16, 18, 22, 24, 28, 32, 34, 69, 75 f., 109, 111 f.
Herbart, J. F. 25, 74, 95
Herschel, J. 28
Hilbert, D. 16
Hinrichs, H. F. W. 19
Holzhausen, S. 108
v. Humboldt, W. 18
Hume, D. 78
Husserl, E. 14

Jevons, W. S. 15, 25 f., 27, 31, 33, 105 f.

Keynes, J. N. 24
Klein, F. 36
Kneale, M. 12
Kneale, W. 12
Koch, J. L. A. 17
Köhnke, K. C. 20, 26
Koser, R. 110

Lange, F. A. 26, 105
Leibniz, G. W. 12, 14
Lenzen, W. 12
Lewis, A. C. 27
Liard, L. 15, 26, 105
Liebmann, O. 110
Lotze, R. H. 21 f.

MacHale, D. 12
Mayer, A. 36
Mejer 109
Mervaud, C. 110
Mill, J. S. 27–29, 87–91, 106

Mühlenbruch, C. F. 109

Nicole, P. 11

Opzoomer, C. W. 28

Peano, G. 36
Peckhaus, V. 14, 16
Peirce, C. S. 12
Picardi, E. 13
v. Prantl, C. 19
Pulkkinen, J. 14

Quine, W. V. O. 12

Rabus, G. L. 14, 18, 24, 33
Reimann, U. [Pseudonym H. Ulricis] 109
Riehl, A. 15, 25–27, 105
Roquette, O. 21
Rossi, M. 17
Rowe, D. 36
Russell, B. 36

Salchow, J. C. 109
Schaller, J. 19
Scheidig, W. 111
v. Schelling, F. W. J. 9, 69, 76
Schenk, G. 11
Schiel, J. 87
Schlegel, A. W. 21
Scholz, H. 12
Schrader, W. 19
Schröder, E. 13f., 35f.
Schweitzer, J. E. 20
Shakespeare, W. 9, 21, 112
Sluga, H. 13

Stammler, G. 14, 18f., 21, 23f., 28
Stumpf, K. 113

Thiel, C. 11, 13, 23
Tieck, L. 21, 109
Tieftrunk, J. H. 110
Tobies, R. 36
Trendelenburg, A. 22f.
Tugendhat, E. 11f.

Ueberweg, F. 18, 24
Ulrici, C., geb. Villaume (Ehefrau H. Ulricis) 18, 110
Ulrici, C. F. (Vater H. Ulricis) 17, 108
Ulrici, G. G. [Sohn H. Ulricis] 108
Ulrici, S. A., geb. Klinguth [Mutter H. Ulricis] 108

Venn, J. 25, 31f.
Villaume, C. S. 18, 110
Voigt, A. H. 14
Voltaire, F. M. A. 110
Vuillaume, S. 110

Weiße, C. H. 9, 18
Weise, A. 111
Whewell, W. 28
Wirth, J. U. 18, 20
Wolf, U. 11f.

Zeller, E. 18
Zeltner, H. 112
Zusne, L. 113

Sachverzeichnis

Absolutheit 69
Absonderung
 (Minus-Operation) 91
Algebra der Logik 10
 Analogie zur Sprache 93
 Entstehung 14
 Rezeption in Deutschland
  15*f*., 25, 105
Algebra
 symbolische – 31
Allklasse („Alles") 30*f*., 97,
 99*f*.
Aufmerksamwerden 60
Aussage 92
Auswahlakt 30, 93–96
Axiome 42*f*.
 – der Mathematik 75,
  86–88, 92

Begriff 89
Beobachtung 59
Bestimmtheit 70
Bewegung 50, 53*f*.
 Selbst– 51
Beweis 40
 Indizien– 41
 Tatsachen– 40
Bewußtsein 51*f*., 53, 55–57,
 60*f*., 65, 95
 Inhalt des –s 60, 62
 Selbst– 57

Deduktion 40, 43
Definition 42
Demonstration 42
Denken 72
Denkfähigkeit 61
Denkformen 40, 66
Denkgesetze 40, 72*f*., 79–81,
 84, 88*f*., 101, 103
 Geltung der – 82
Denknormen 40

Geltung der – 82
Denknotwendigkeit 73
Disjunktion 91

Einbildungskraft 67
Empfindung 52, 82
 Bestimmtheit der – 63–65
 Gehörs– 63*f*.
 Gesichts– 63
 Sinnes– 49, 51*f*., 55, 60,
  62–64, 76, 95
Empirismus 28*f*., 95, 102
Erkenntnistheorie 23
Evidenz 38, 40, 44*f*., 90
Experiment 59

Formel
 mathematische 90
Funktion
 logische 90

Gedächtnis 63*f*.
Gedanken 45, 76
Gefühl 76
Geist 56
Gewißheit 45, 90
Gleichheit 92
Grammatik 88
Größe 71

Idempotenz 90, 97*f*.
Identität 29
 absolute – 69
 Satz der – 23, 72, 88*f*.,
  100*f*.
 Satz der – und des
  Widerspruchs 23,
  74–76, 84, 86
Induktion 40, 43

Kategorien 23
Kausalität
 Gewohnheit 78

Satz der – 27, 29, 77, 79–81, 84
Klasse 89, 99
Kommutativität 96*f.*
Konjunktion 90*f.*
Konstruktion 42
kontradiktorischer Gegensatz 98, 101
Konversion 101*f.*

Law of Duality 30*f.*
Logik
    Aufbau der – 66
    Axiome der – 92, 106
    Definition der – 39*f.*
    formale – 10
    Gesetze der – 27, 106
    induktive – 10, 28, 87
    – und Mathematik 33*f.*, 101*f.*
    – und Wissenschaft 38
Logikgeschichte
    Epochen der – 11*f.*
    – des 19. Jahrhunderts 12*f.*
logische Systeme
    Robert Grassmann 35
    Ernst Schröder 35*f.*
Logische Frage 14, 16, 32*f.*, 39

Mathematik 42
matter of fact 88
Merkmal 59
Metaphysik 23, 98
Methodenlehre 33

Name 89
Negation 68
    relative – 70*f.*
Nervenreizung 49, 50*f.*, 95
Nichtsein
    relatives – 70
Nötigung 81
Notwendigkeit 78
    Denk– 37*f.*

logische – 47
Nullklasse („Nichts") 30, 97, 99

Objekt 58

Positivität 70*f.*
Psychologie 33, 51

Realismus 87

Schluß
    unmittelbarer – 101*f.*
Seele 46*f.*, 52–54, 56, 62
    Selbsttätigkeit der – 47*f.*, 54, 57, 78
    Tier– 56, 63
Sein 83, 92
Selbstgefühl 56
Sprache 88*f.*, 96
Stimmungen 51
Subjekt 57*f.*
Syllogistik 24, 42

Tätigkeit 54, 77, 79*f.*, 83
    unterscheidende – 22, 48, 57*f.*, 59–62, 64, 66–68, 71*f.*, 76, 83–85
Tat 77, 79, 80
Tatsachen 45
tertium non datur 85*f.*, 106

Ulrici, Hermann
    Biographie 17–21, 108–113
    logisches Werk 22–25
    Redaktionstätigkeit 20*f.*
    Shakespeare-Forschung 21, 112
    Werke 19–21, 110–112
Universe of Discourse 30, 93*f.*, 96
Unterschied 71, 85
    Beziehungen zwischen –en 68
    Relativität der –e 69

Ursache 77*f*., 81
Urteil
   partikuläres – 101

Vorstellung 62

Wahrheit 40
   notwendige – 103*f*.
Weltanschauung 38
Widerspruch
   logischer – 73
   Satz des –s 30, 73, 98,
     100, 106
Wille 65
Wirkung 77*f*.

Zeichen 88
   mathematische – 89*f*.

Zeitschriften
   Mind 25, 105
   Revue philosophique de la
     France et de l'Étranger
     25, 105
   Vierteljahrsschrift für
     wissenschaftliche
     Philosophie 25–27, 105
   Zeitschrift für exacte
     Philosophie 24
   Zeitschrift für Philosophie
     und philosophische
     Kritik 9*f*., 20*f*.
Zusammenwirken 74

Verlagsinformation

Im Halleschen Verlag erschienen in der Schriftenreihe für Geistes- und Kulturgeschichte: Texte & Dokumente:

Anakreontik, Zweiter Hallescher Dichterkreis, Gleim, Götz, Rudnick, Uz; *Kertscher, Hans-Joachim (Hg.)*
ISBN - 3-929887-00-2
VK 16,80 DM; 1994

Neue Lehre von der Gemüthsbewegung mit einer Vorrede vom Gelde begleitet von Herrn J. G. Krügern, Halle 1746.; Unzer, Johann August; *Zelle, Carsten (Hg.)*
ISBN - 3-929887-08-8
VK 19,85 DM; 1995

Hermann Ulrici (1806-1884), Der Hallesche Philosoph und die Algebra der Logik; *Peckhaus, Volker (Hg.)*
ISBN - 3-929887-03-7
VK 24,80 DM; 1995

In Bearbeitung und Ankündigung sind folgende Titel der Schriftenreihe:

Vernunftlehre; 3 Teile i. 3 Bd.; *Georg Friedrich Meier, Halle 1752*; Gesamt - ISBN 3-929887-09-6
1. Teil/ §§ 1.-280; ISBN - 3-929887-10-X
2. Teil/ §§ 281.-630; ISBN - 3-929887-11-8
3. Teil/ Appendix; Schenk, Günter; ISBN - 3-929887-12-6
voraussichtlich Ende 1995

Über die Gelehrsamkeit eines Frauenzimmers
Texte von und über Frauenzimmer (Johanna Charlotte Unzerin, Georg Friedrich Meier, Johann Gottlob Krüger); *Langer, Thurid (Hg.)*
ISBN - 3-929887-05-3
voraussichtlich Dezember 1995

Joachim Lange [1670-1744]:

Der „Hällische Feind" oder:
Ein anderes Gesicht der Aufklärung.

*Ausgewählte Texte und Dokumente
zum Streit über Freiheit - Determinismus*

herausgegeben von Martin Kühnel
ISBN - 3-929887-06-1
voraussichtlich im Oktober 1995

Diese Edition enthält u. a.:

Textauszüge aus folgenden Arbeiten J. Langes:

1. Bescheidene und ausführliche Entdeckung Der falschen und schädlichen Philosophie in dem Wolffianischen Systemate Metaphysico von GOtt, der Welt, und dem Menschen, Halle 1724;
2. Oeconomica salutis moralis, Oder Verfassung der Christl. Tugend-Lehre und Lebens-Pflichten, Mit anderen zur evangelischen Materie gehörenden wichtigen Materien, Halle 1740;
3. Historische und Dogmatische nach gewissen Grundsätzen kurz gefassete Abhandelung der wichtigen Lehre von der Freiheit und Kränkung des Gewissens in Glaubens- und Religionssachen, Halle 1744;

Zeitdokumente:

1. Copia des ungnädigen durch zween Generale wider den Herrn Kanzler extrahirten Königl. Rescripts, an die Universität zu Halle.
2. Brief J. Langes an den Prorektor Junker vom 5. Nov. 1740;
3. Königliche Cabinets-Ordre an die Theologische Fakultät in Halle vom 7. April 1736;
4. Erläuterung der Ordre von Joachim Lange;
5. Brief Friedrich Wilhelm I. an Lange vom 22. Sept. 1736;
6. Zeitgenössische Berichte: Die Rückkehr des berühmten Philosophen Wolf nach Halle im Jahr 1740;
7. Drei Briefe Friedrich Wilhelm I. an Lange aus dem Jahre 1732;
8. Glückwunsch-Carmen für Joachim Lange, Neujahr 1740;
9. Nachricht vom Tode Langes.

Der Autor

Volker Peckhaus wurde 1955 in Düsseldorf geboren. Er studierte Maschinenbau, Geschichte, Philosophie und Germanistik an der RWTH Aachen. Von 1985 bis 1990 arbeitete er in dem von Christian Thiel in Erlangen geleiteten und von der Deutschen Forschungsgemeinschaft finanzierten Projekt „Fallstudien zur Begründung einer Sozialgeschichte der formalen Logik". 1990 wurde er mit der Arbeit *Hilbertprogramm und Kritische Philosophie. Das Göttinger Modell interdisziplinärer Zusammenarbeit zwischen Mathematik und Philosophie* bei Christian Thiel in Erlangen zum Dr. phil. promoviert. Seit diesem Jahr ist er wissenschaftlicher Assistent am Institut für Philosophie der Universität Erlangen-Nürnberg.

Peckhaus hat zahlreiche Aufsätze zur Geschichte der Logik und zur Philosophie der Mathematik veröffentlicht, insbesondere zur Algebra der Logik Ernst Schröders, zu den axiomatisch-logischen Systemen von David Hilbert und Ernst Zermelo und zur Leibnizrezeption des 19. Jahrhunderts. Er hat über die Institutionalisierung der mathematischen Logik in Deutschland gearbeitet und beschäftigt sich mit methodischen Fragen der Disziplingeschichtsschreibung.